公益財団法人 日本漢字能力検定協会

改訂三版

漢検

ワイド版

漢検 漢字学習 ステップ

漢字練習ノート

別冊（べっさつ）

「漢字練習ノート」は別冊になっています。とりはずして使ってください。

名　前

※「漢字練習ノート」をとじているはり金でけがをしないよう、気をつけてください。

漢検 公益財団法人 日本漢字能力検定協会

700412 (1-5)

この練習ノートの使い方

漢字表で学習した漢字を、ノートに書いて練習しましょう。
見本をみながら、書く順番、とめるところ、はねるところに注意して、ていねいに書いておぼえるようにしてください。

見本

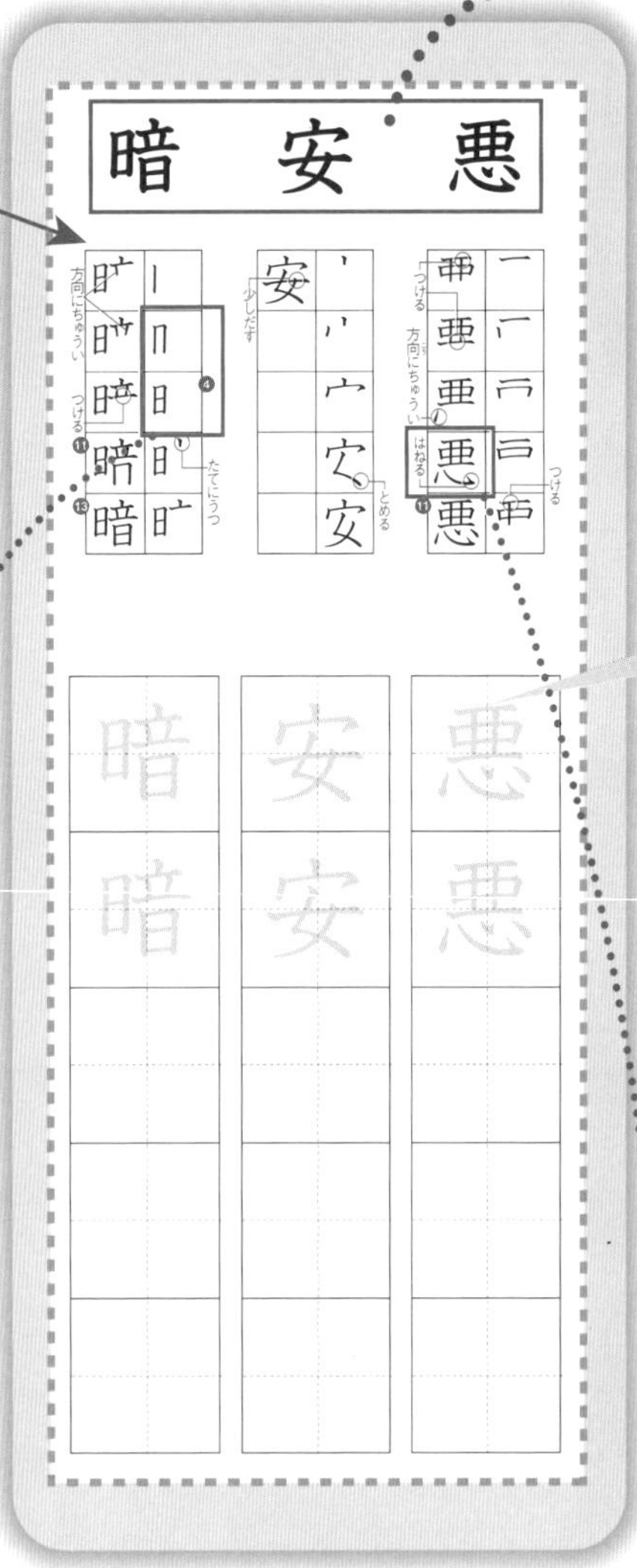

暗　安　悪

書く順番をしめしています。順番のとちゅうをはぶいているところがあります。

なぞって書いてみましょう。

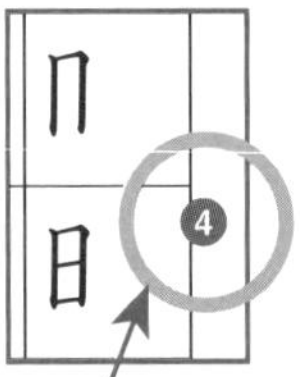

書く順番の3番目がはぶかれて、4番目がしめされていることをあらわしています。

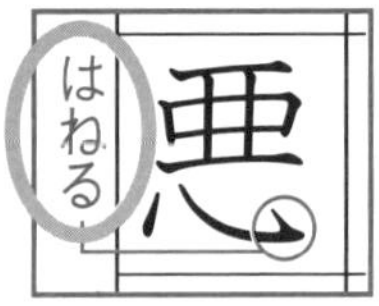

はねる

整った漢字を書くためによいことです。注意すると参考にしてください。

漢字表は8・9ページ

暗　安　悪

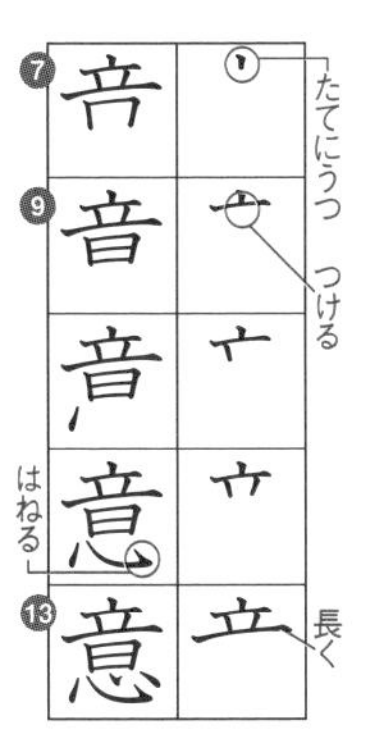

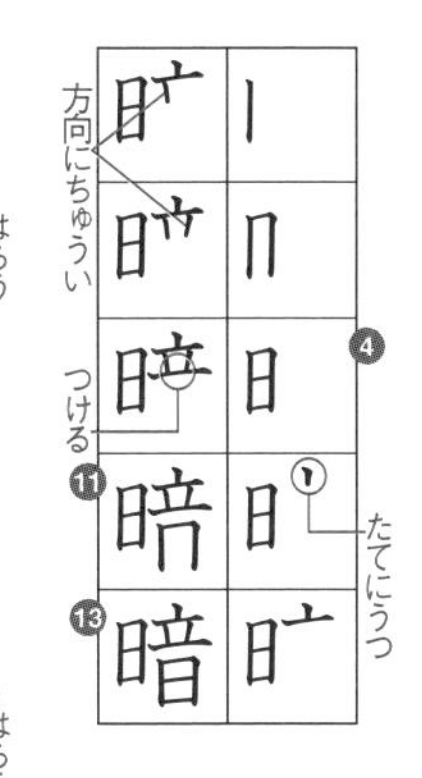

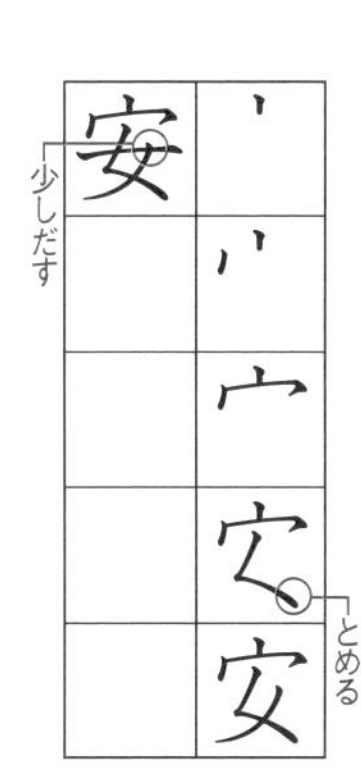

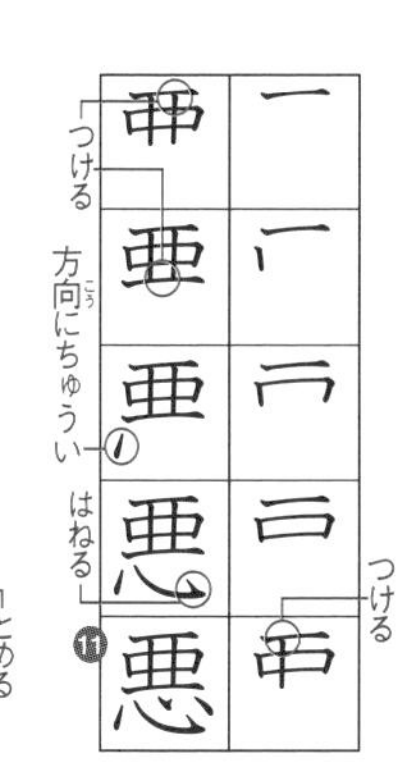

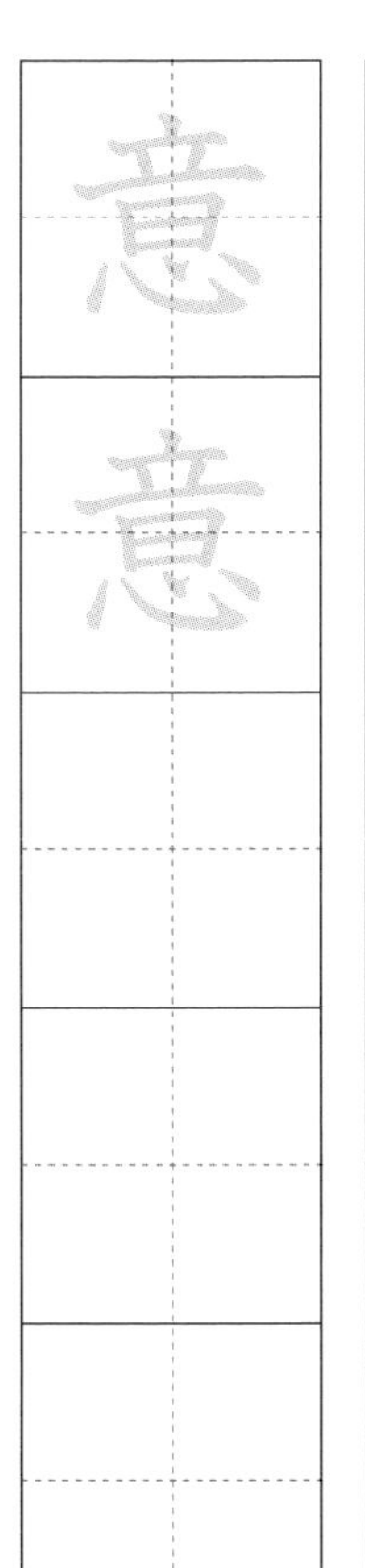
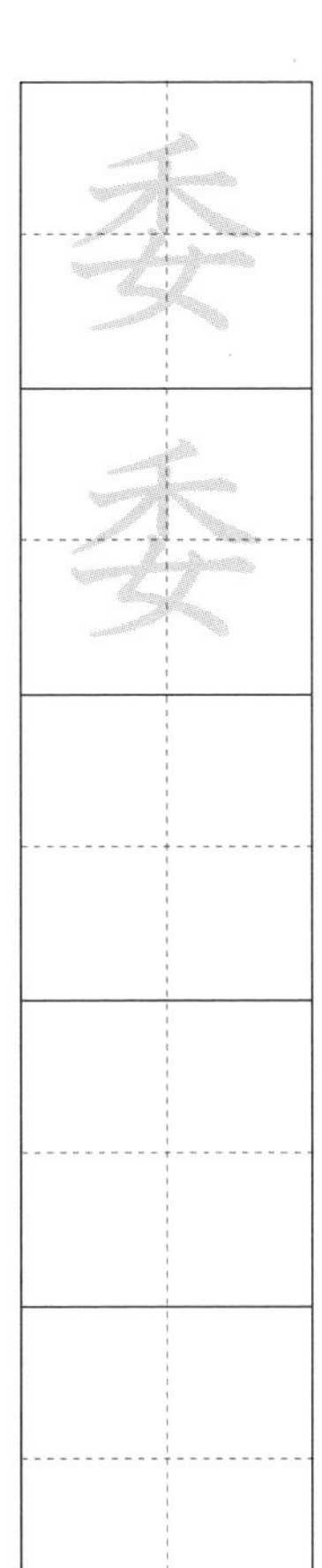
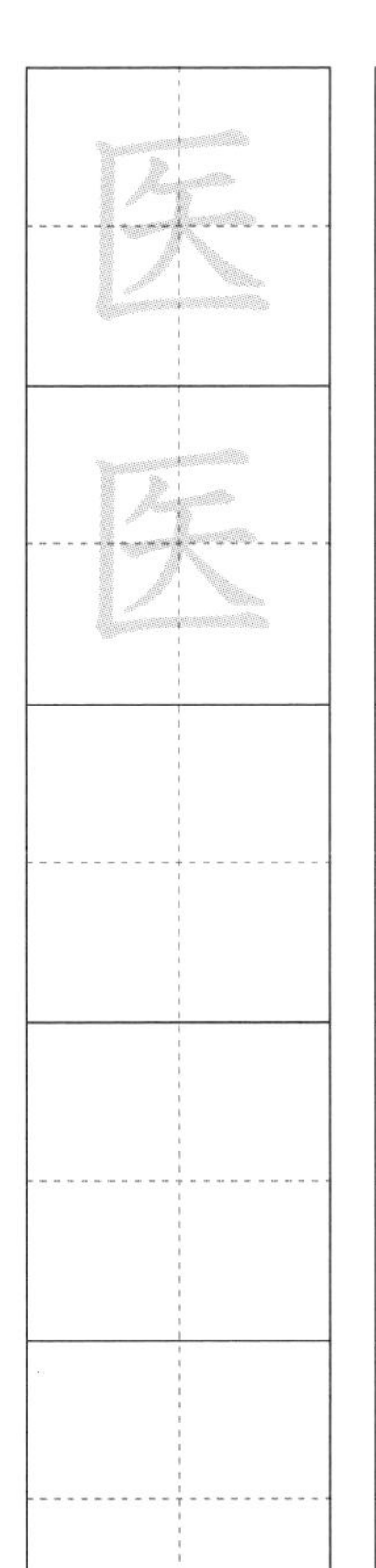
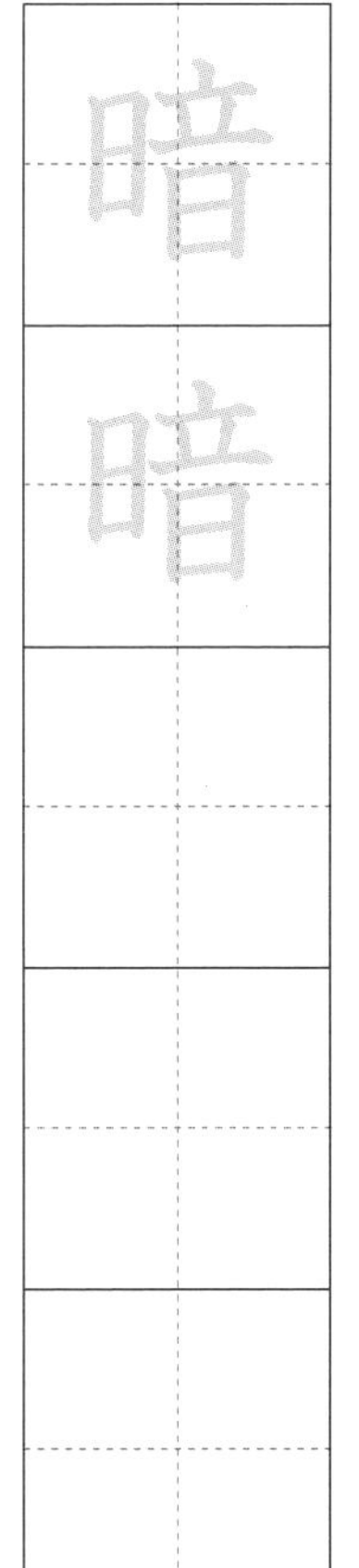

べんきょうした日　　月　　日

ステップ 2

▶▶▶▶ 漢字表は12・13ページ

泳　運　飲　院　員　育

漢字表は16・17ページ

化　温　屋　横　央　駅

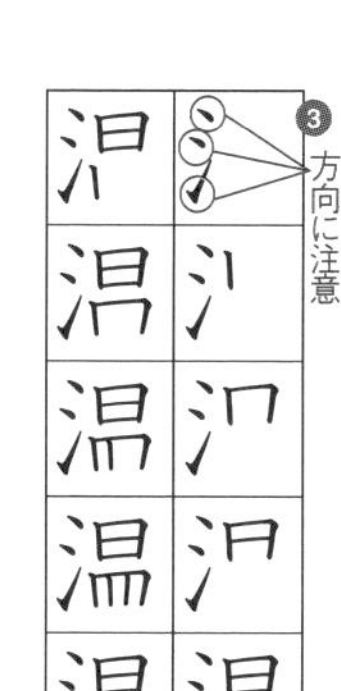

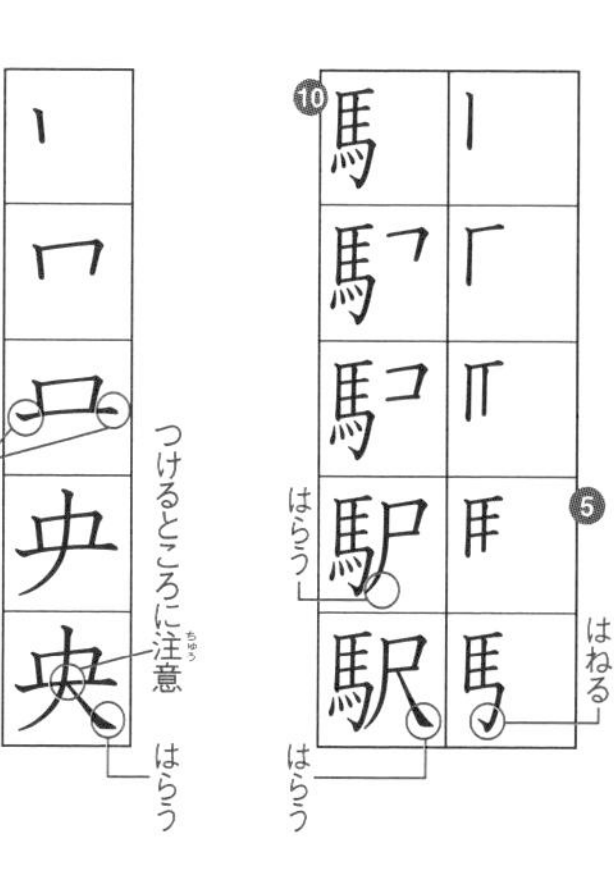

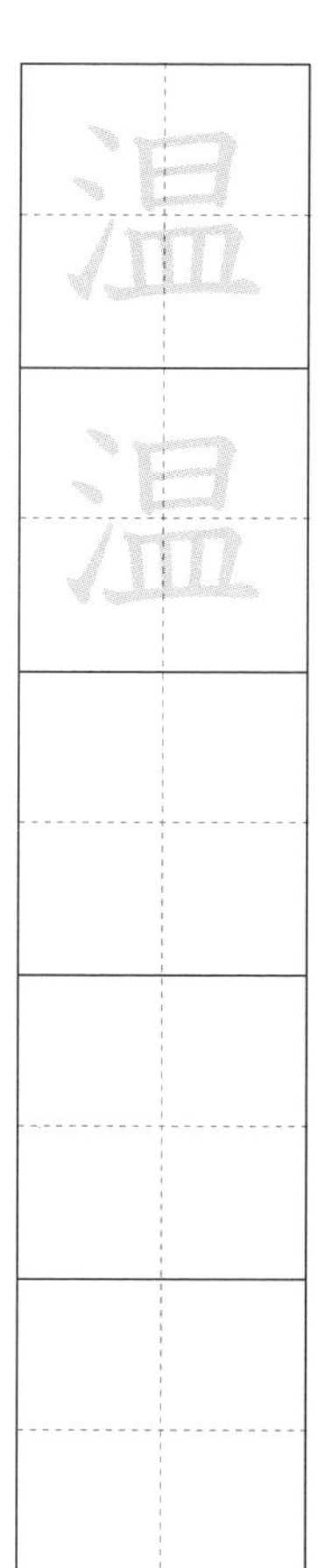
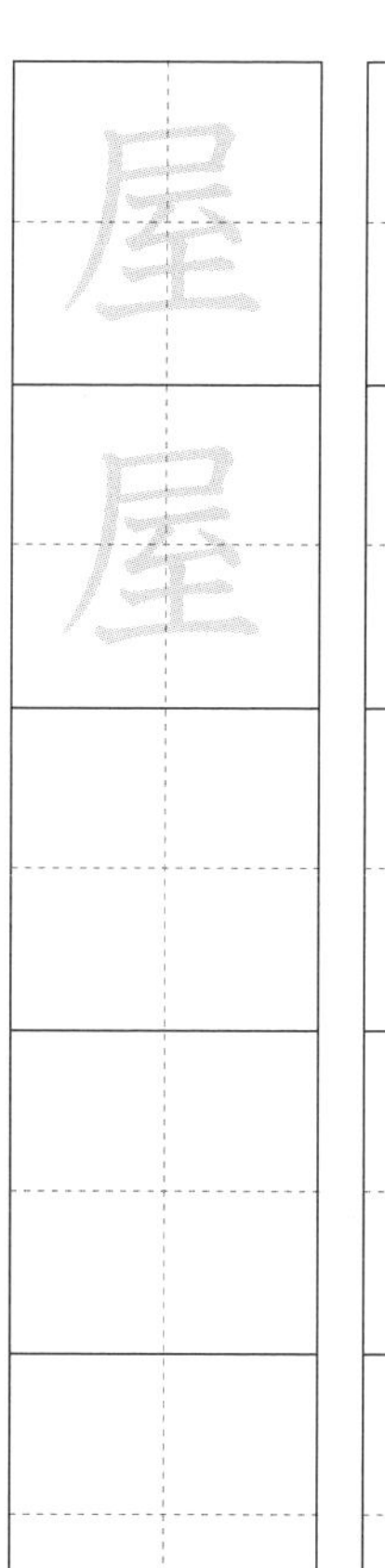
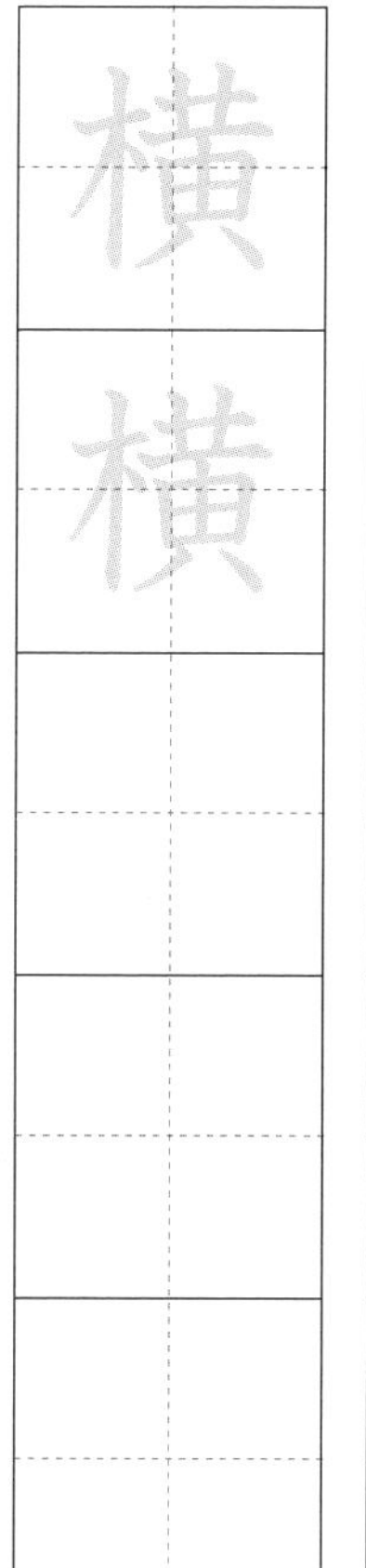
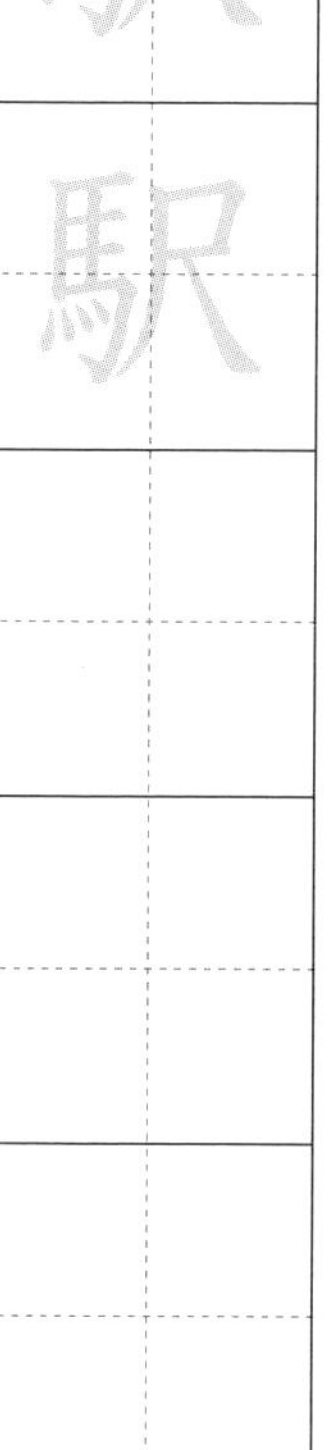

ステップ 4

▶▶▶▶ 漢字表は20・21ページ

感　寒　階　開　界　荷

漢字表は24・25ページ

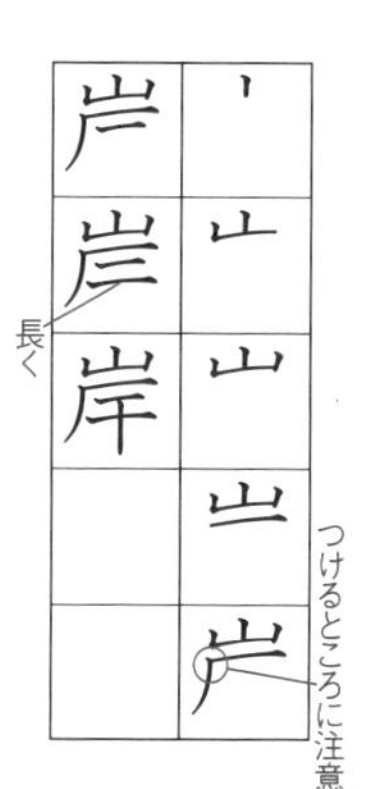

長く
つけるところに注意

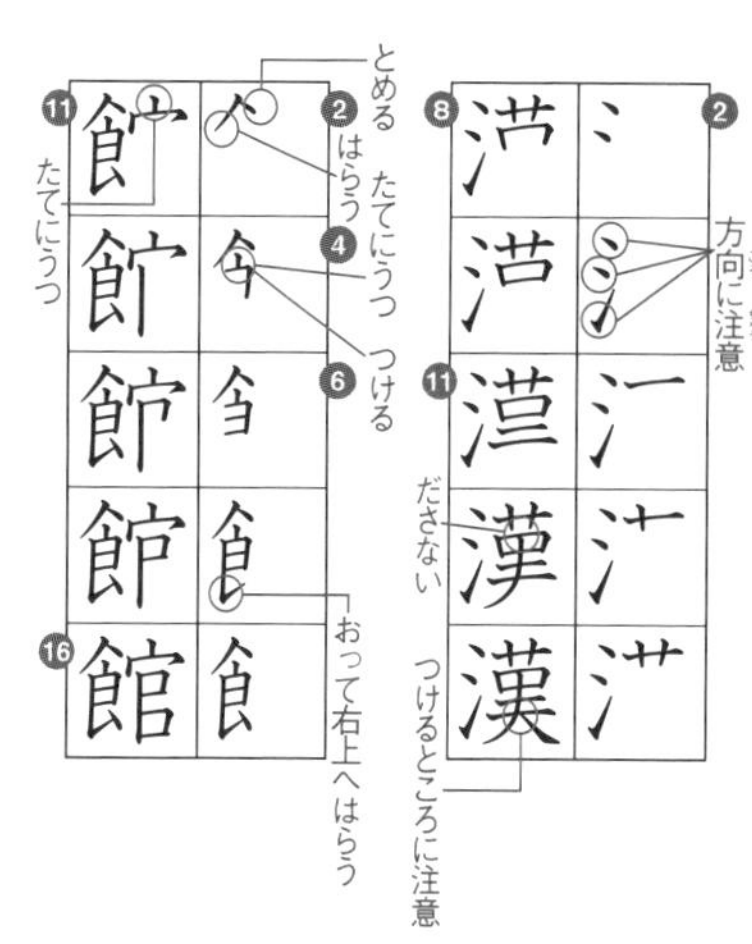

客
期
起
岸
館
漢

ステップ 6

▶▶▶▶ 漢字表は28・29ページ

去　球　宮　級　急　究

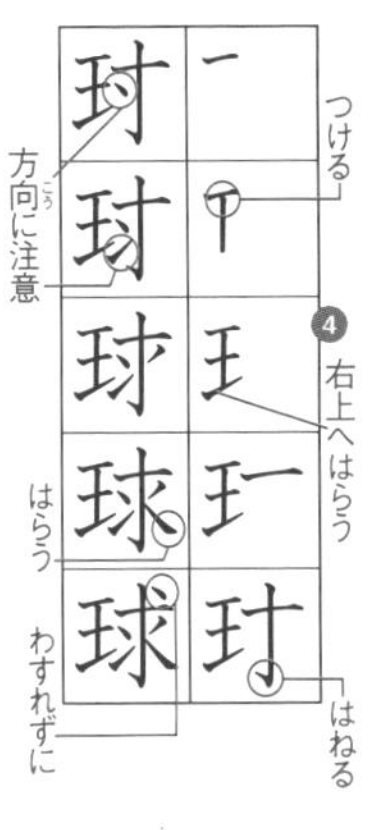

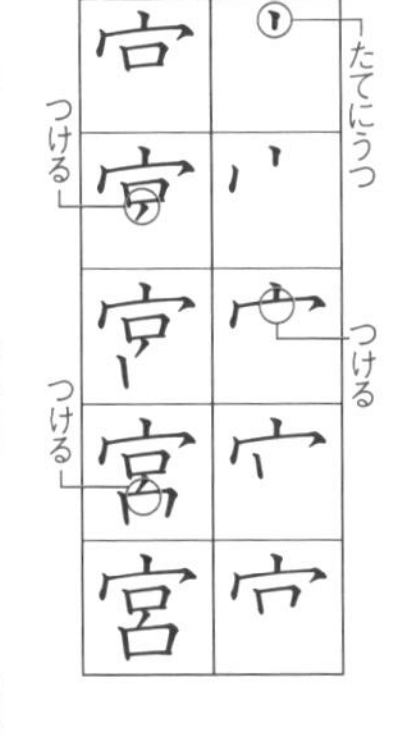

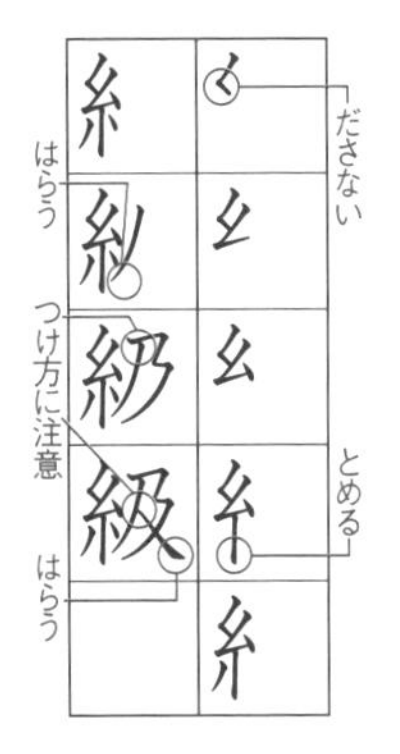

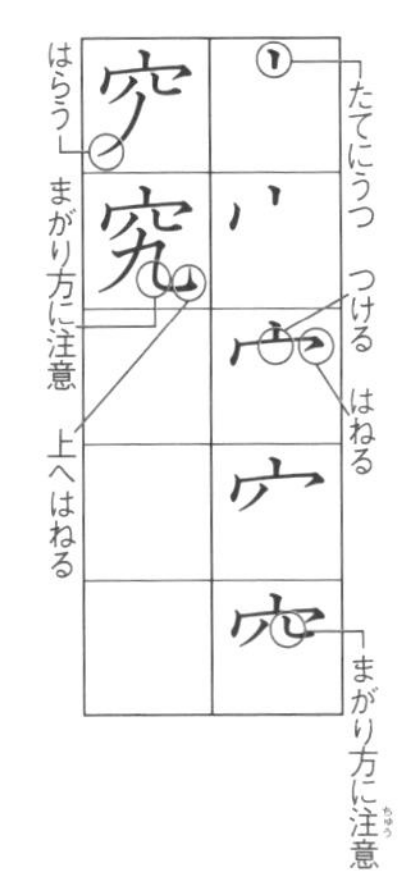

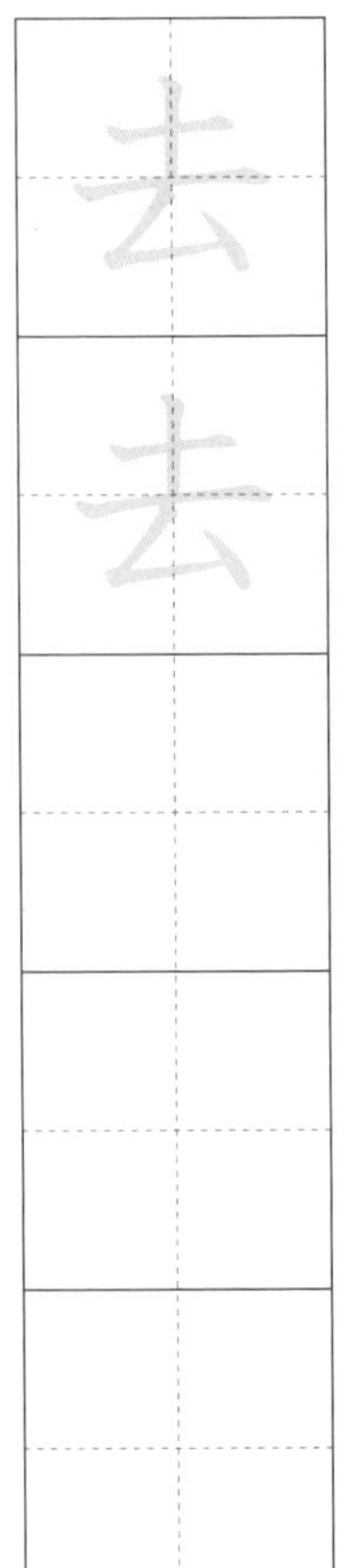
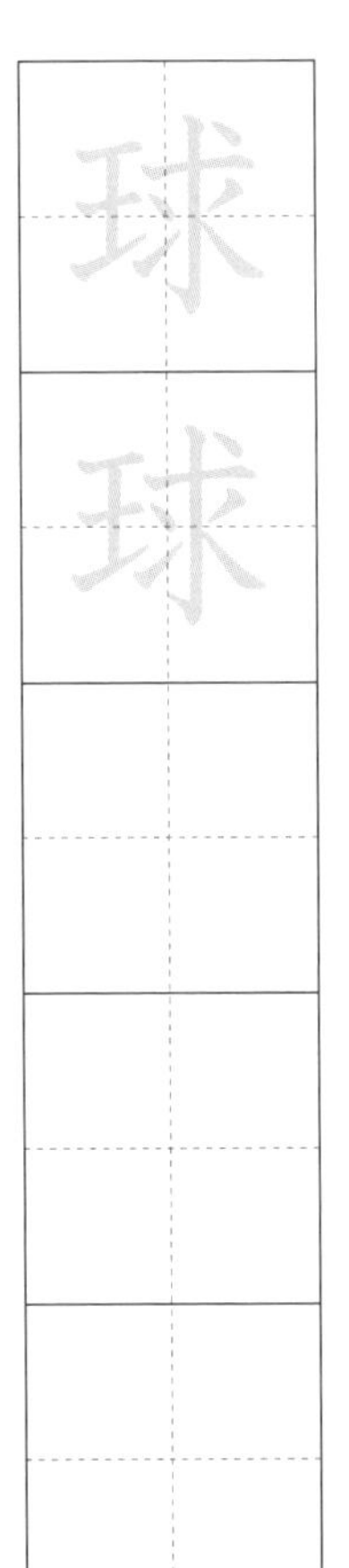
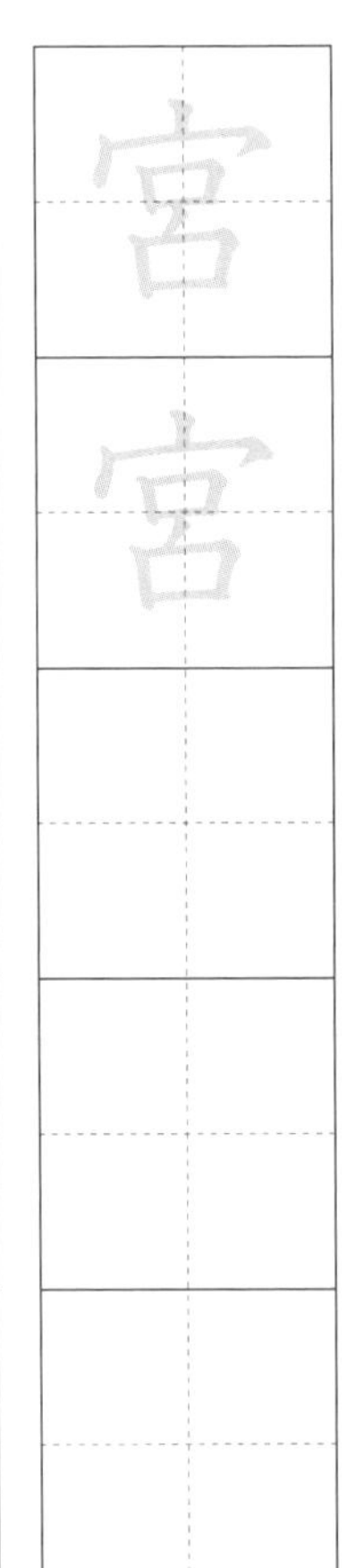
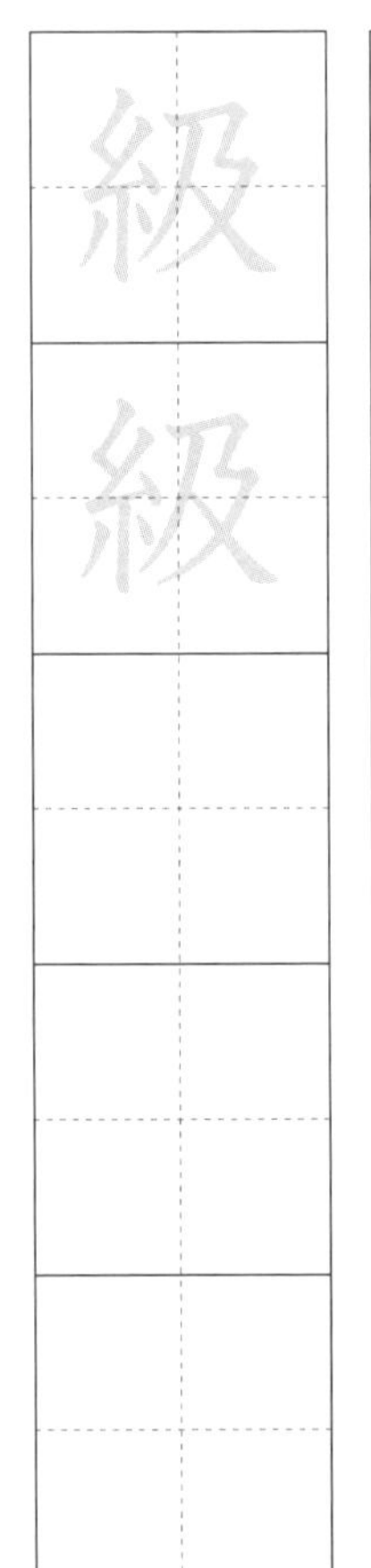
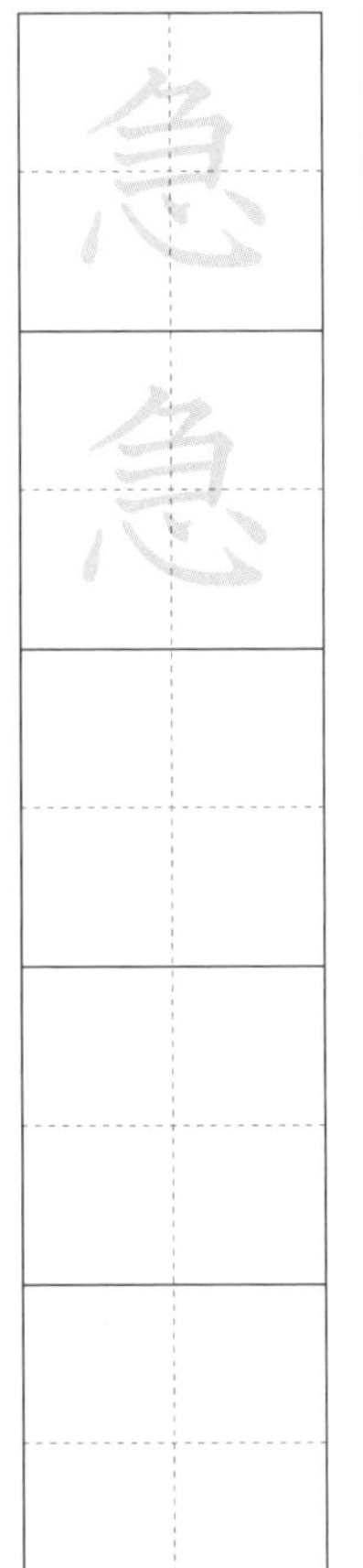

ステップ 7

漢字表は32・33ページ

区　銀　局　曲　業　橋

ステップ 8

漢字表は40・41ページ

血 軽 係 君 具 苦

ステップ 9

漢字表は44・45ページ

向　湖　庫　県　研　決

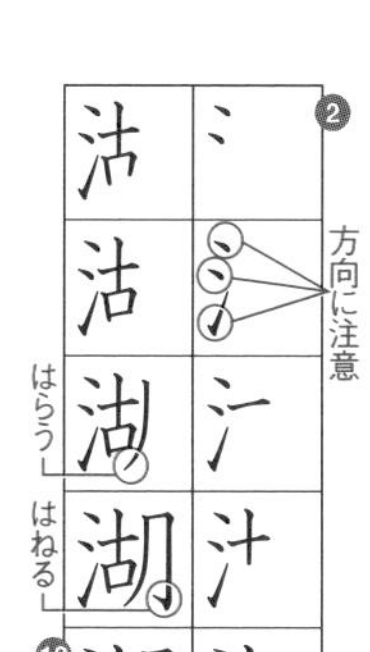

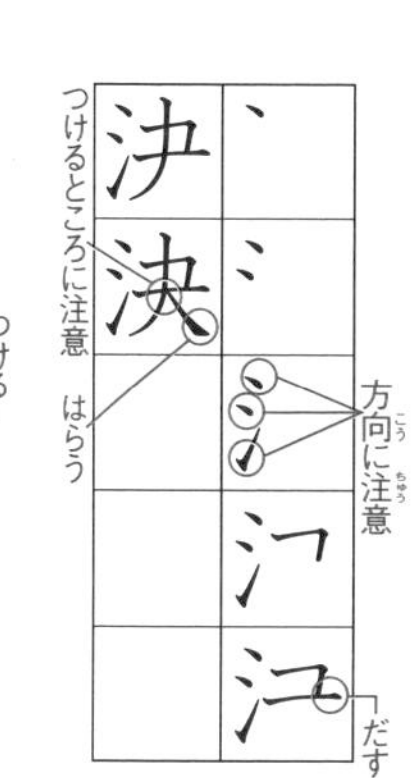

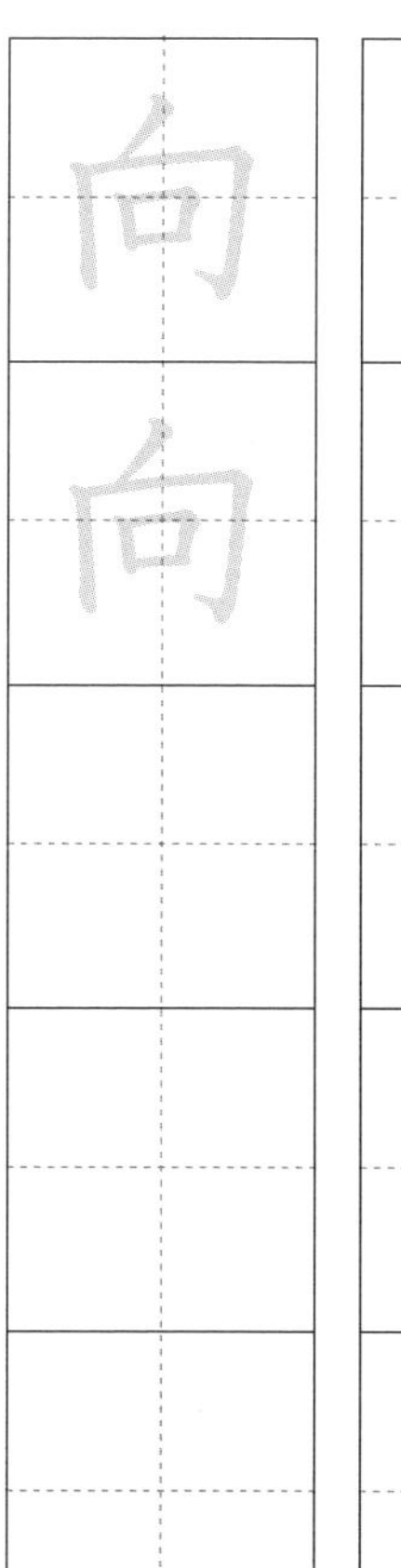

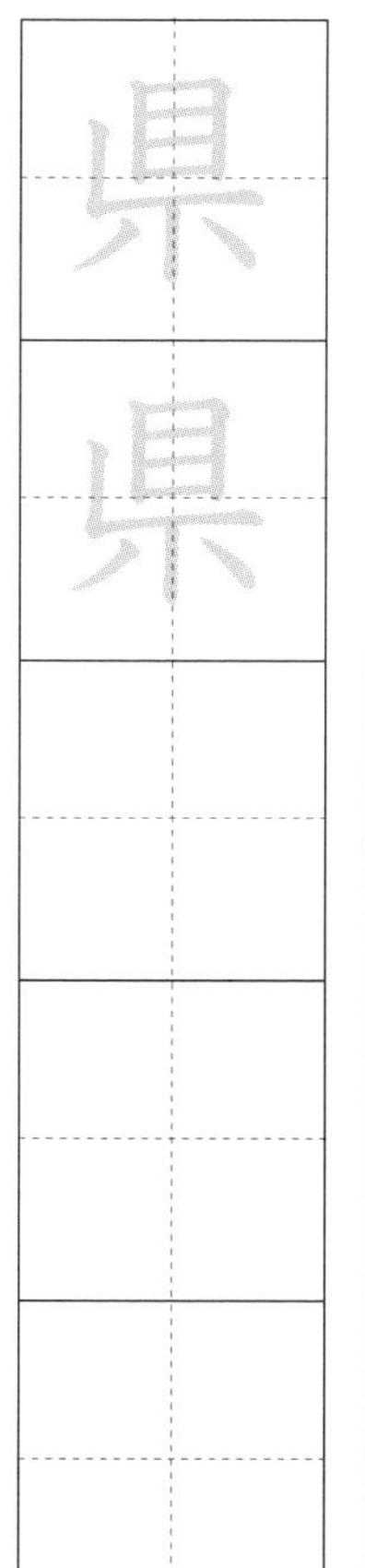

漢字表は48・49ページ

皿　祭　根　号　港　幸

皿：丨 ⺆ 罒 皿（つける・少し長く）

祭：ノ ク タ タ 夕 夕 癶 癶 祭 祭 祭（長く・はねる・はなす・とめる）

根：一 十 才 木 杉 杉 柙 相 根 根（とめる・つける・おって右上へはらう・つけ方に注意・はらう）

号：丶 口 口 旦 号（長く・つける・おれる・はねる）

港：丶 丶 氵 汁 汫 洪 洪 港（方向に注意・つける・はらう・上へはねる）

幸：一 十 土 圭 幸（長く・みじかく）

皿 皿　祭 祭　根 根　号 号　港 港　幸 幸

漢字表は52・53ページ

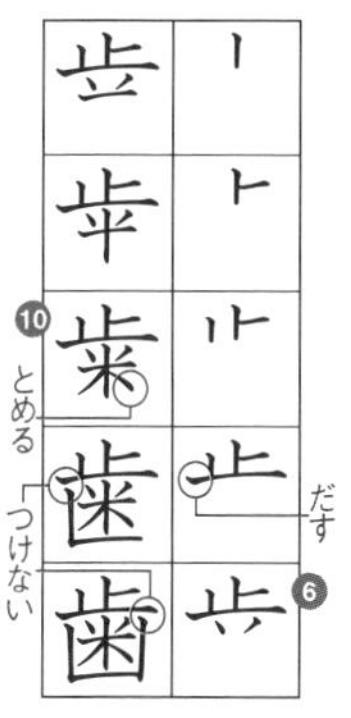

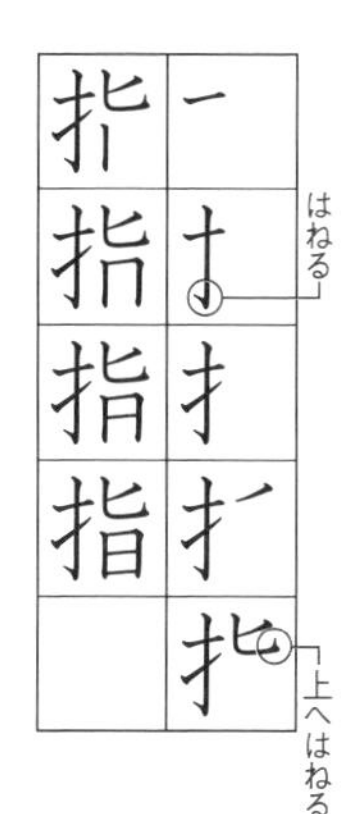

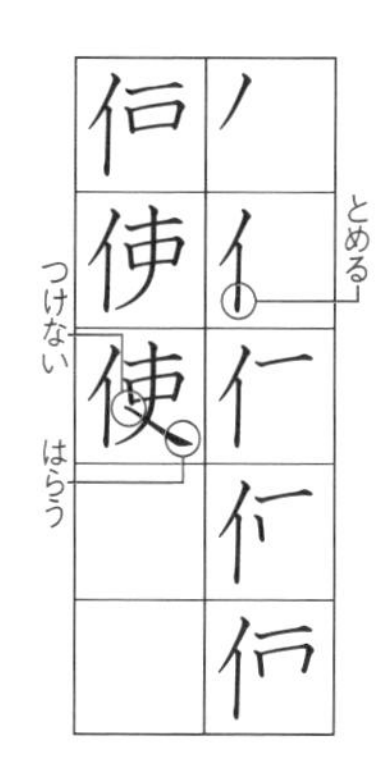

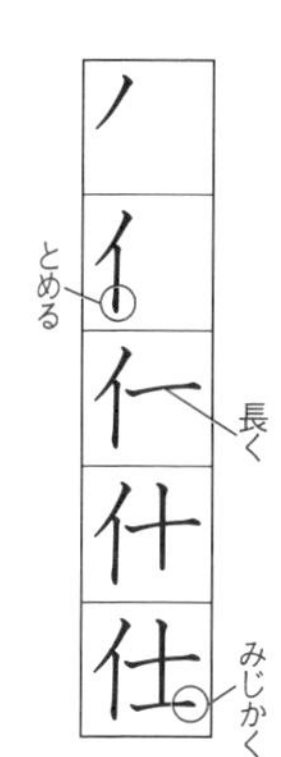

歯 歯
指 指
始 始
使 使
死 死
仕 仕

ステップ12

▶▶▶▶漢字表は56・57ページ

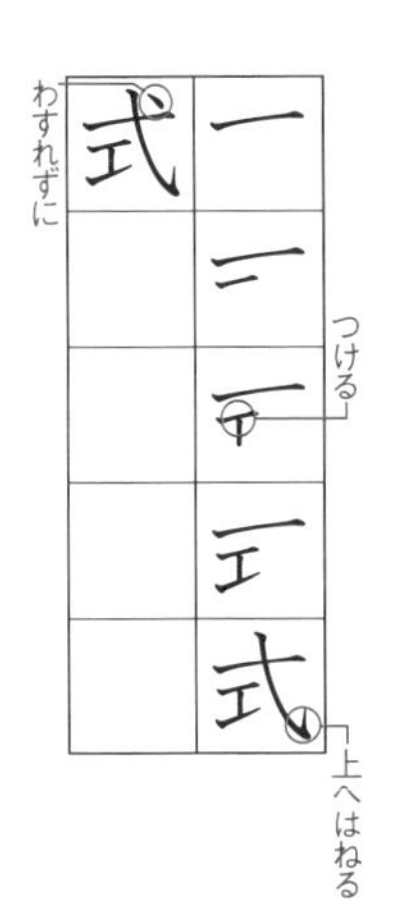

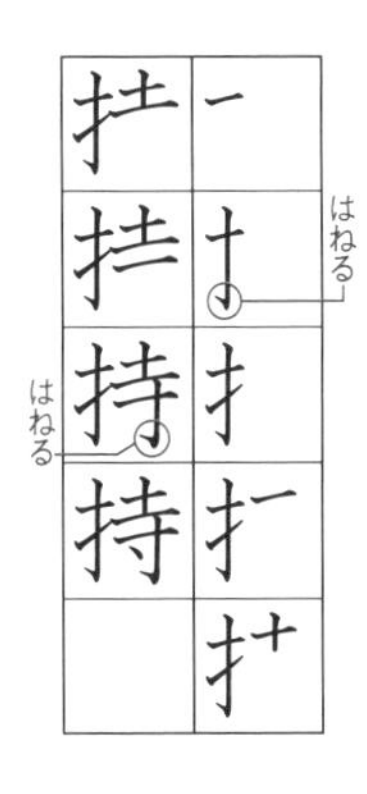

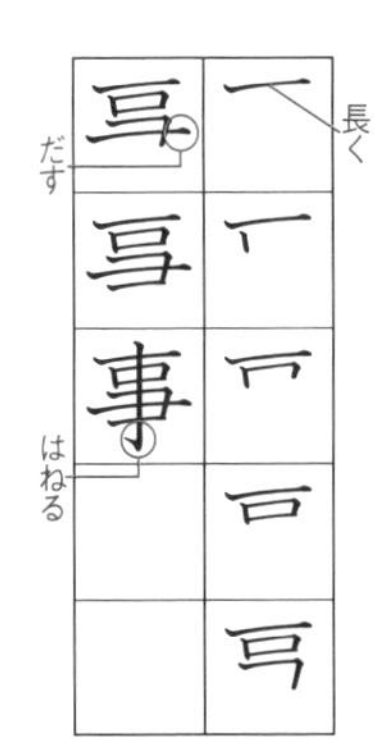

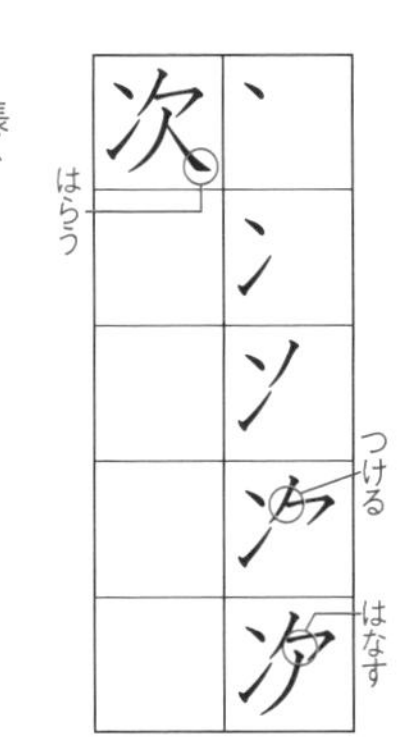

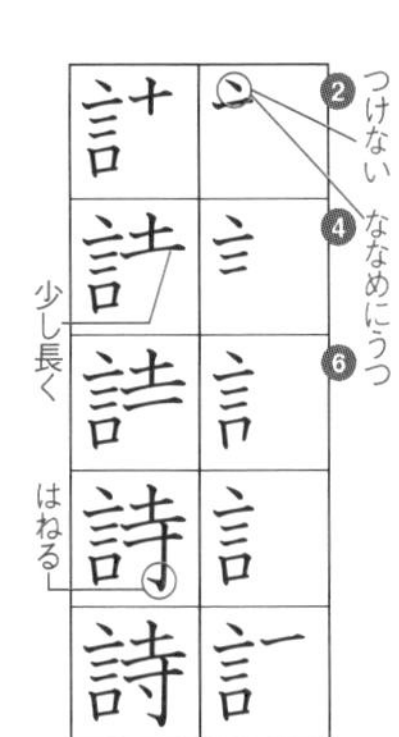

べんきょうした日　　月　　日

ステップ 13

▶▶▶▶ 漢字表は60・61ページ

 取 守   

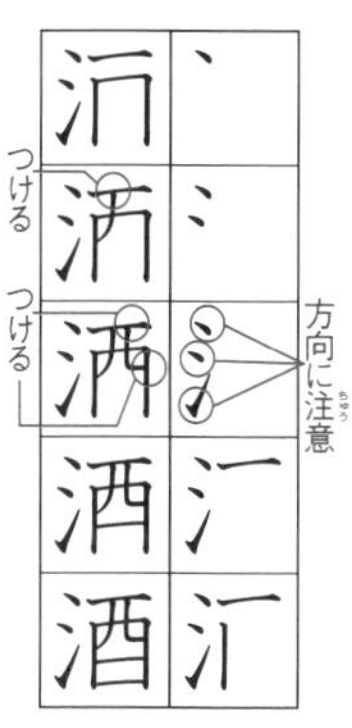

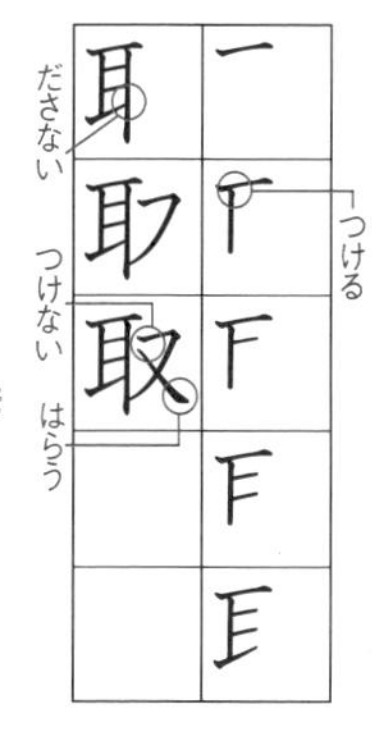

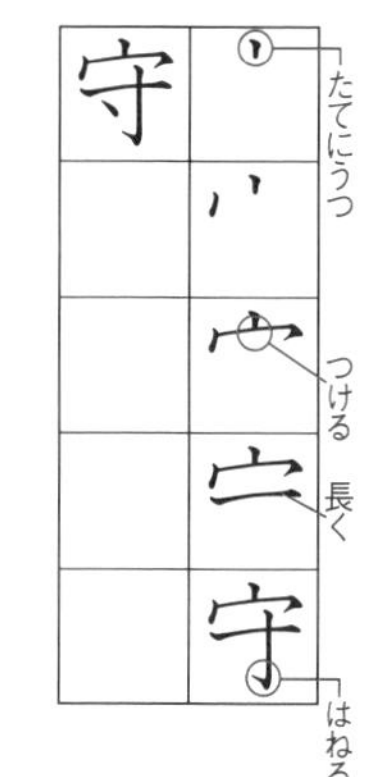

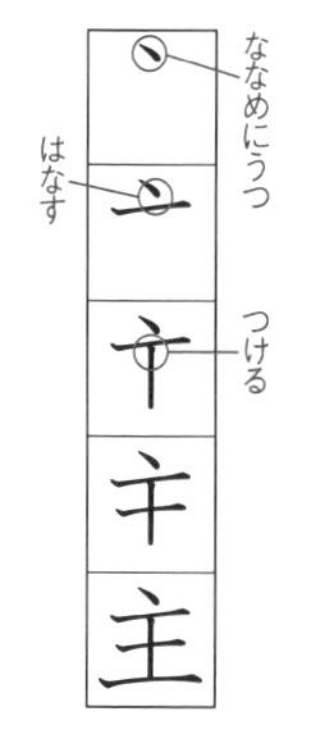

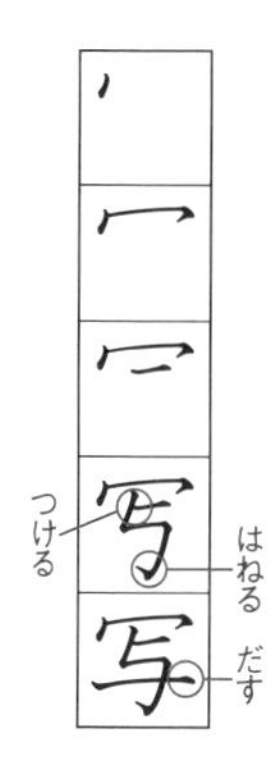

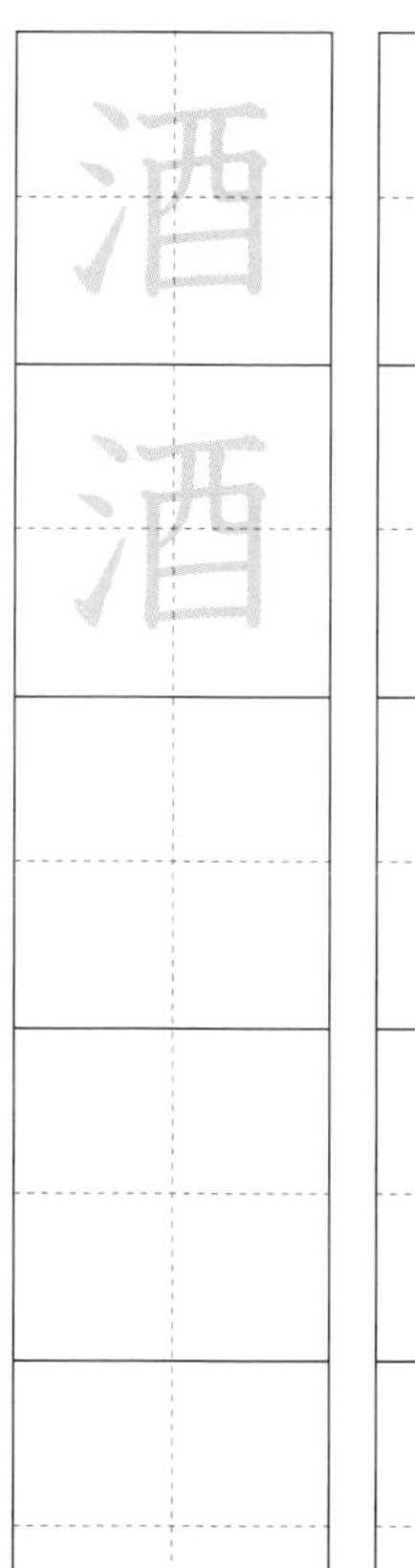

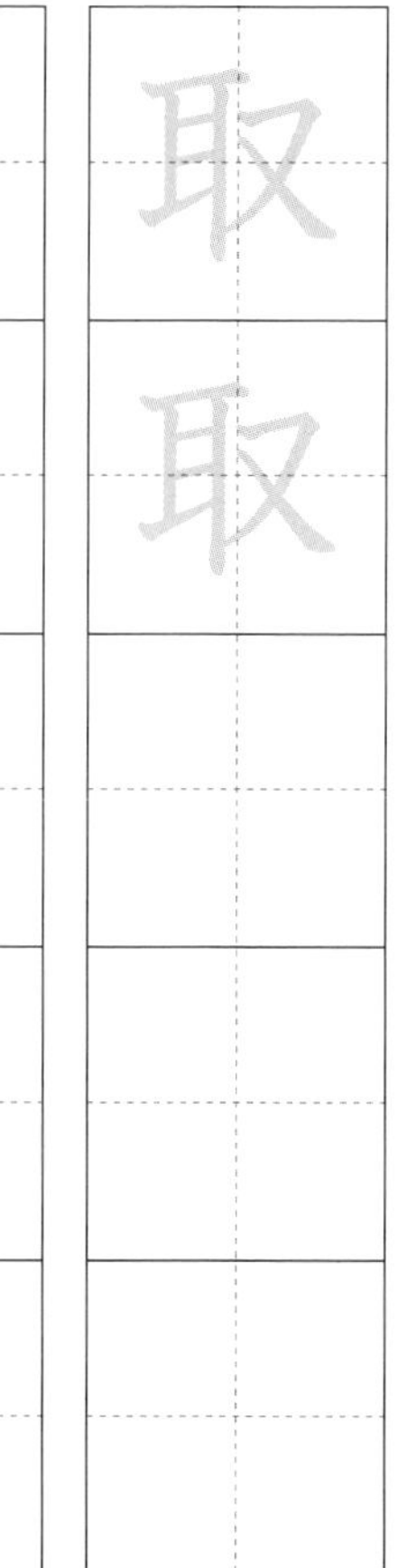

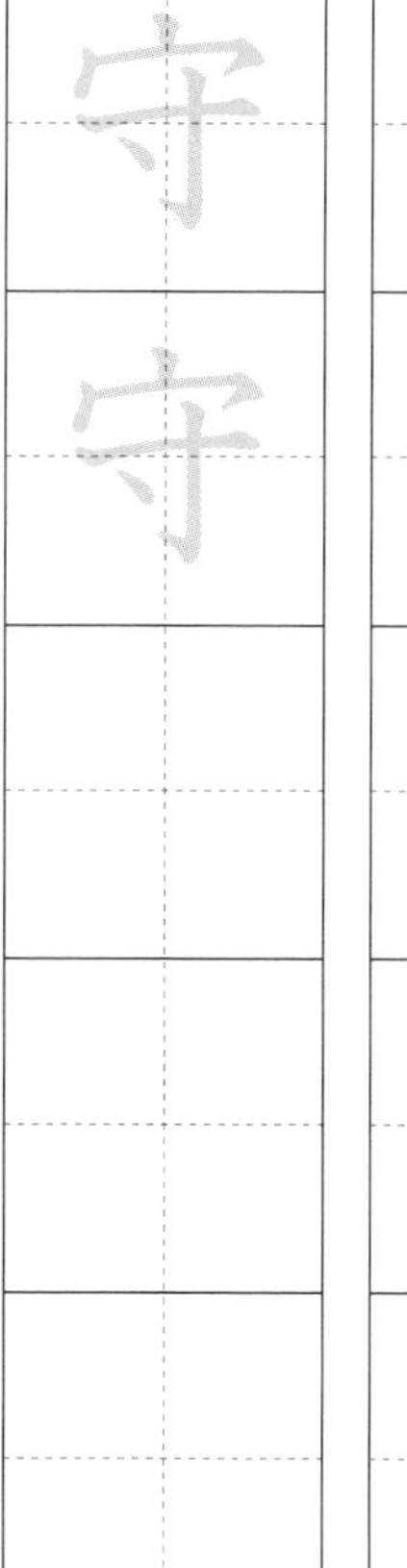

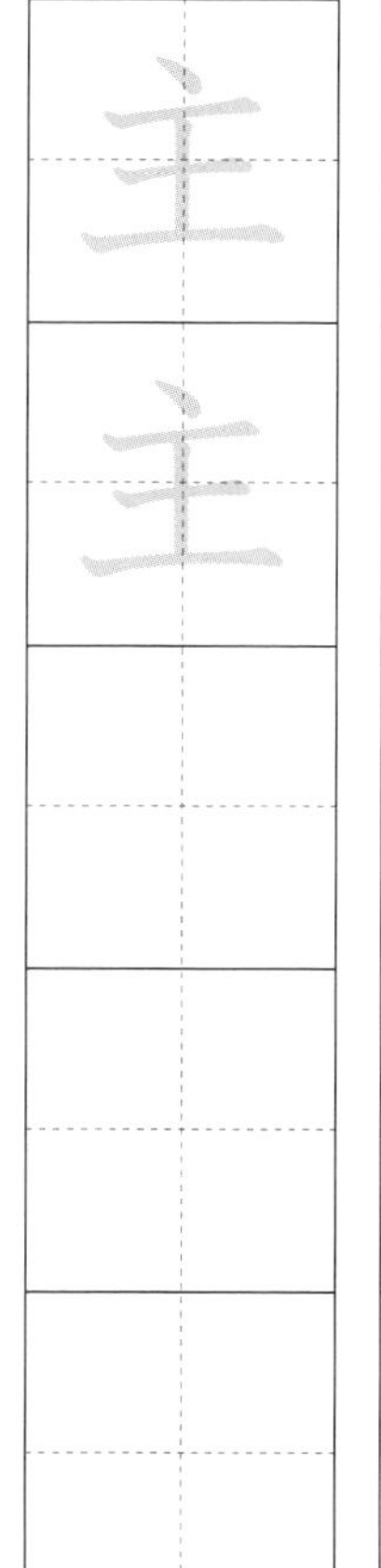

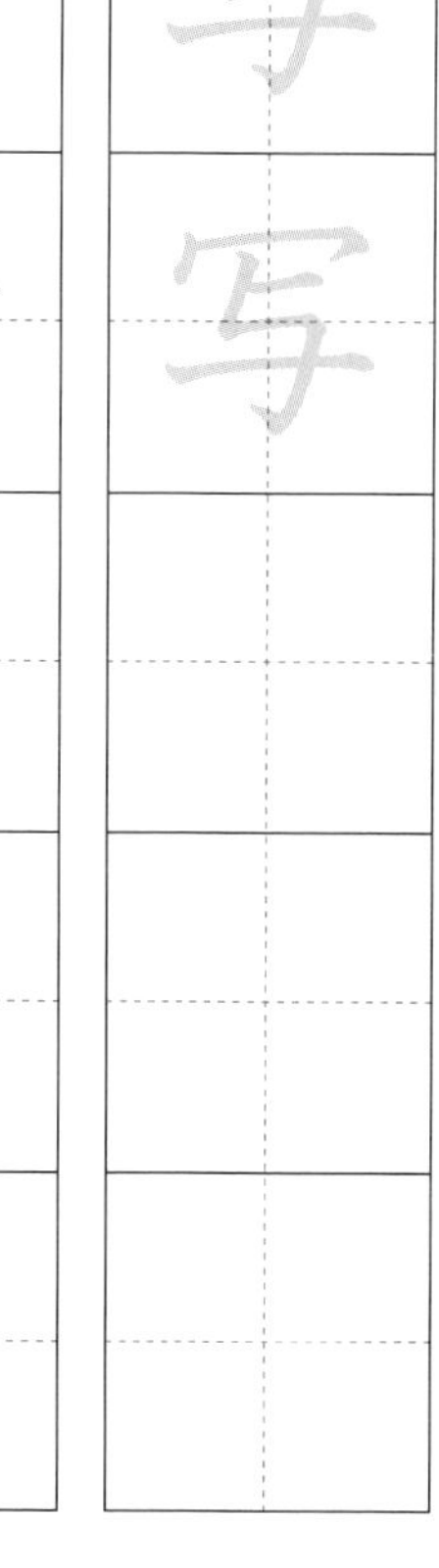

▶▶▶▶漢字表は64・65ページ

集　習　終　拾　州　受

漢字表は72・73ページ

助　暑　所　宿　重　住

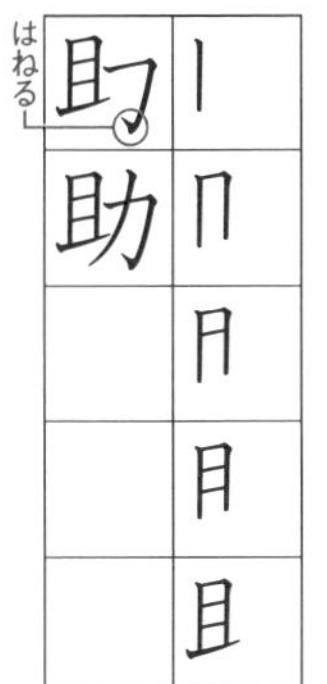

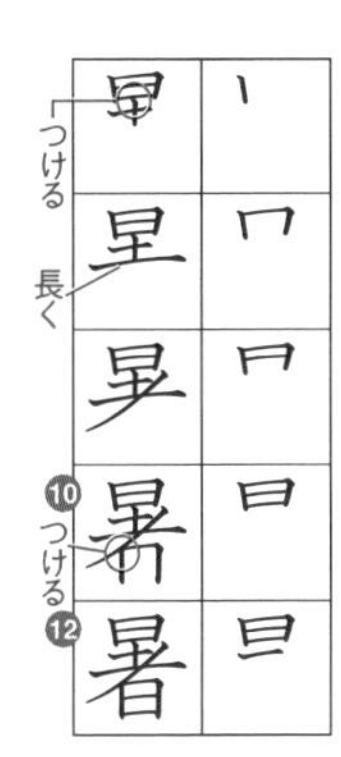

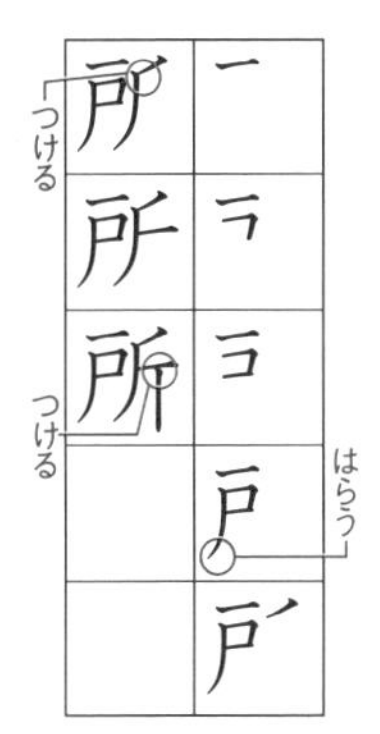

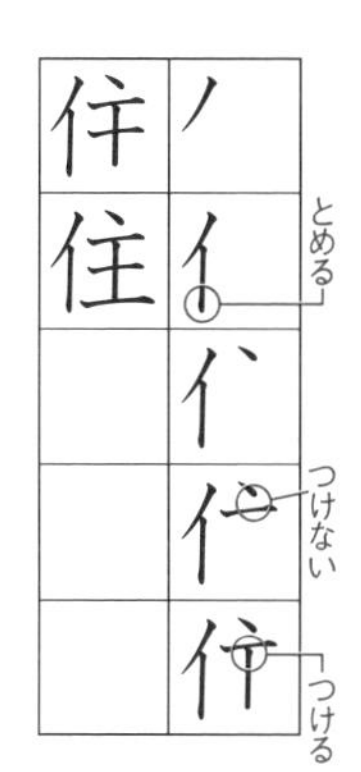

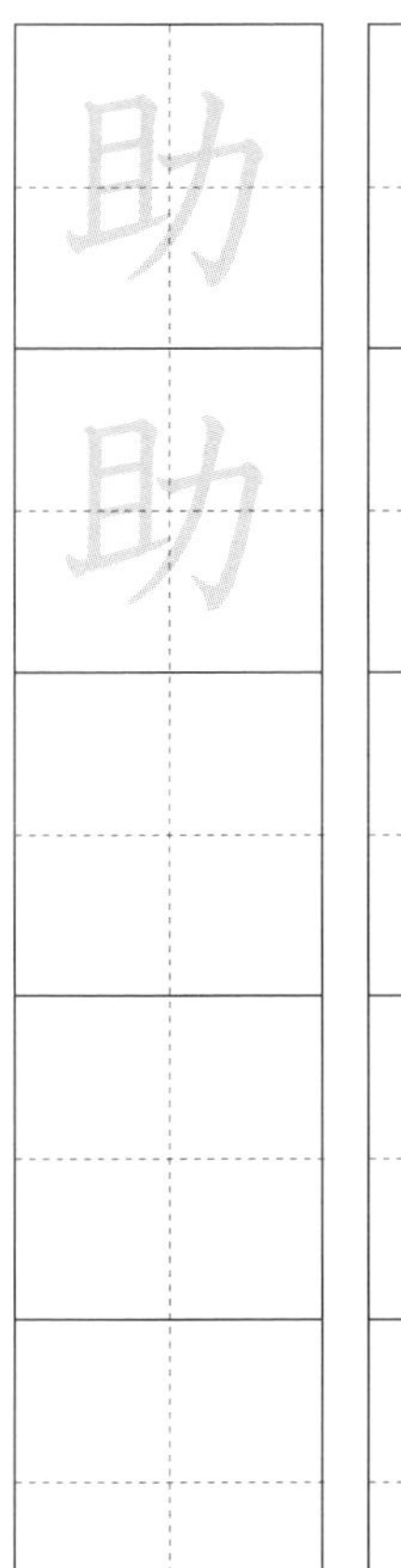

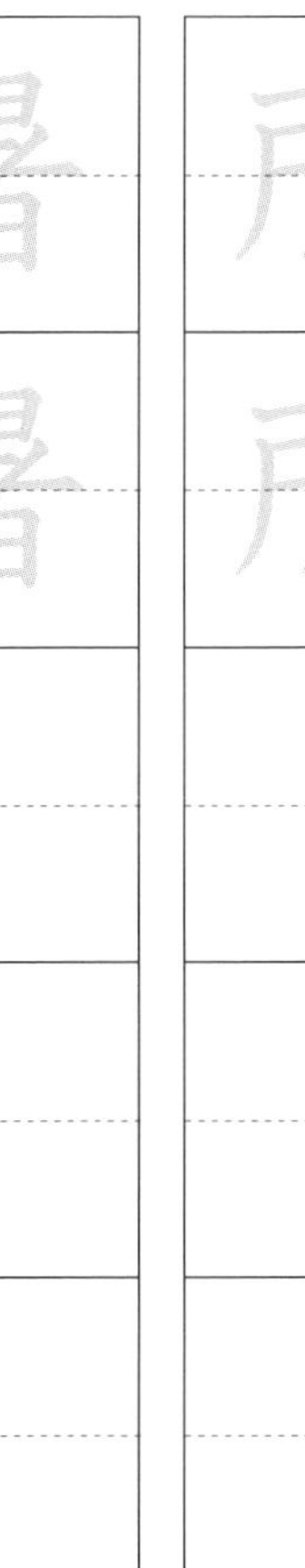

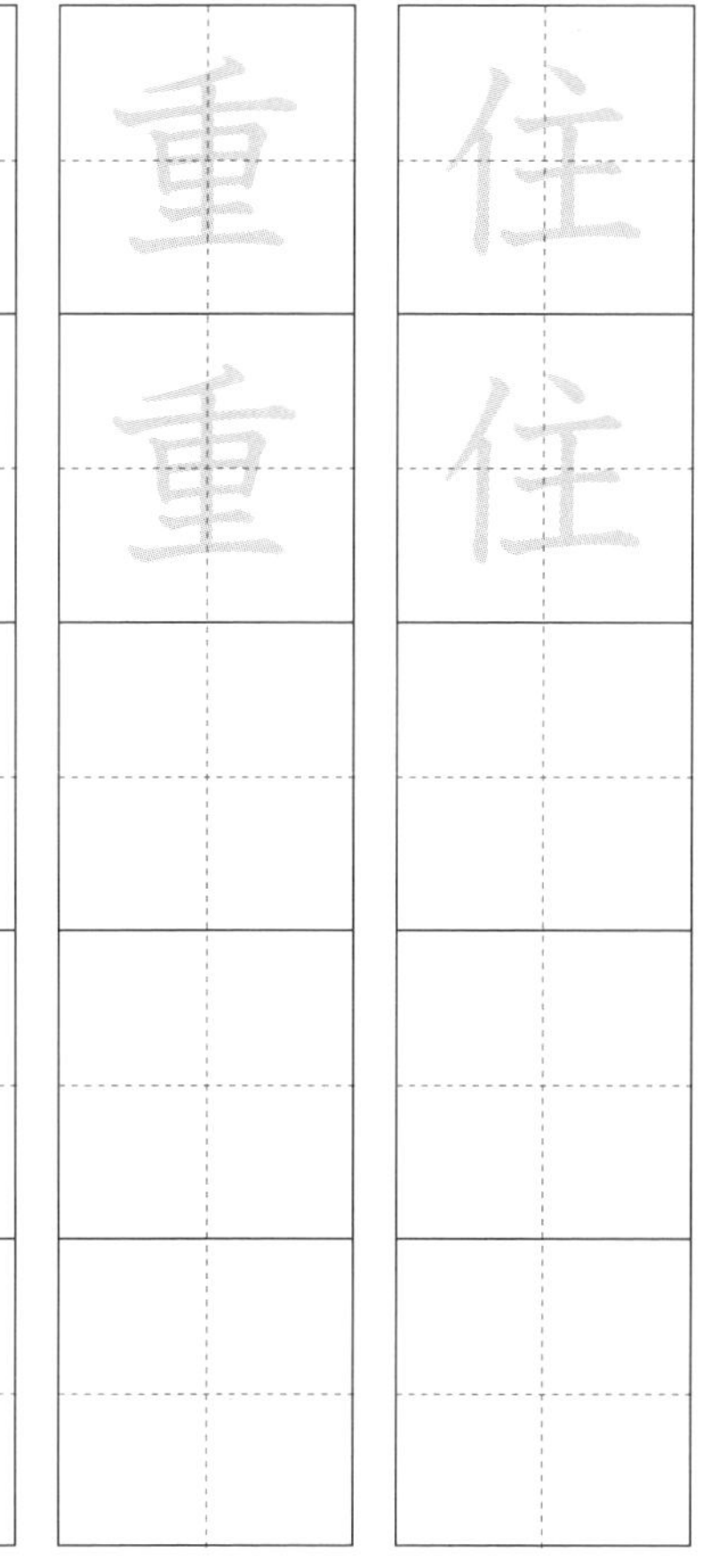

べんきょうした日　　月　　日

▶▶▶▶ 漢字表は76・77ページ

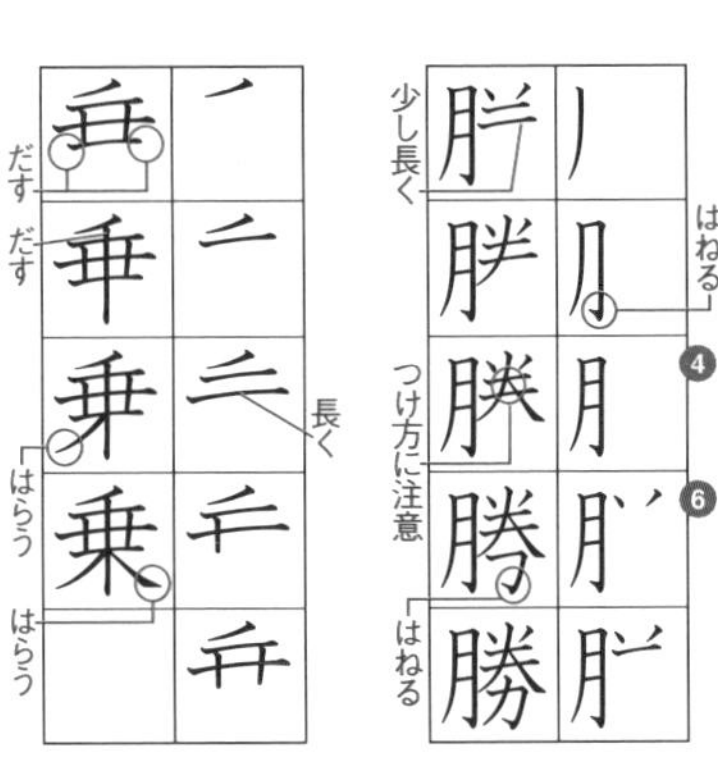

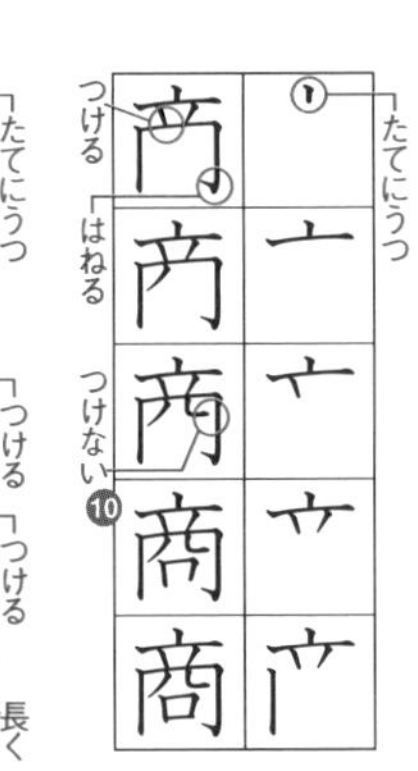

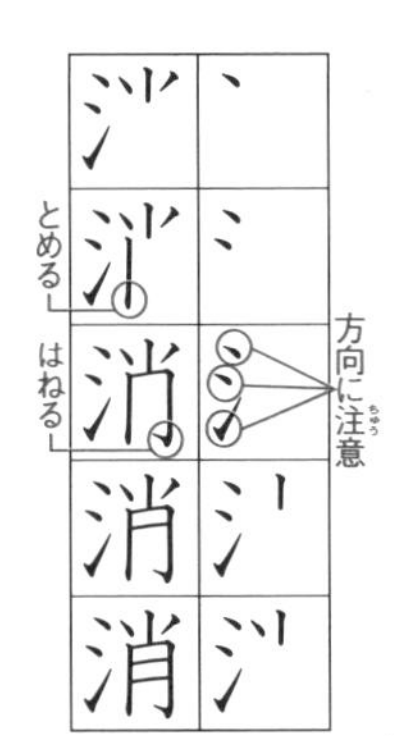

乗　勝　章　商　消　昭

乗　勝　章　商　消　昭

べんきょうした日　月　日

漢字表は80・81ページ

深　真　神　身　申　植

深 深
真 真
神 神
身 身
申 申
植 植

漢字表は84・85ページ

相　全　昔　整　世　進

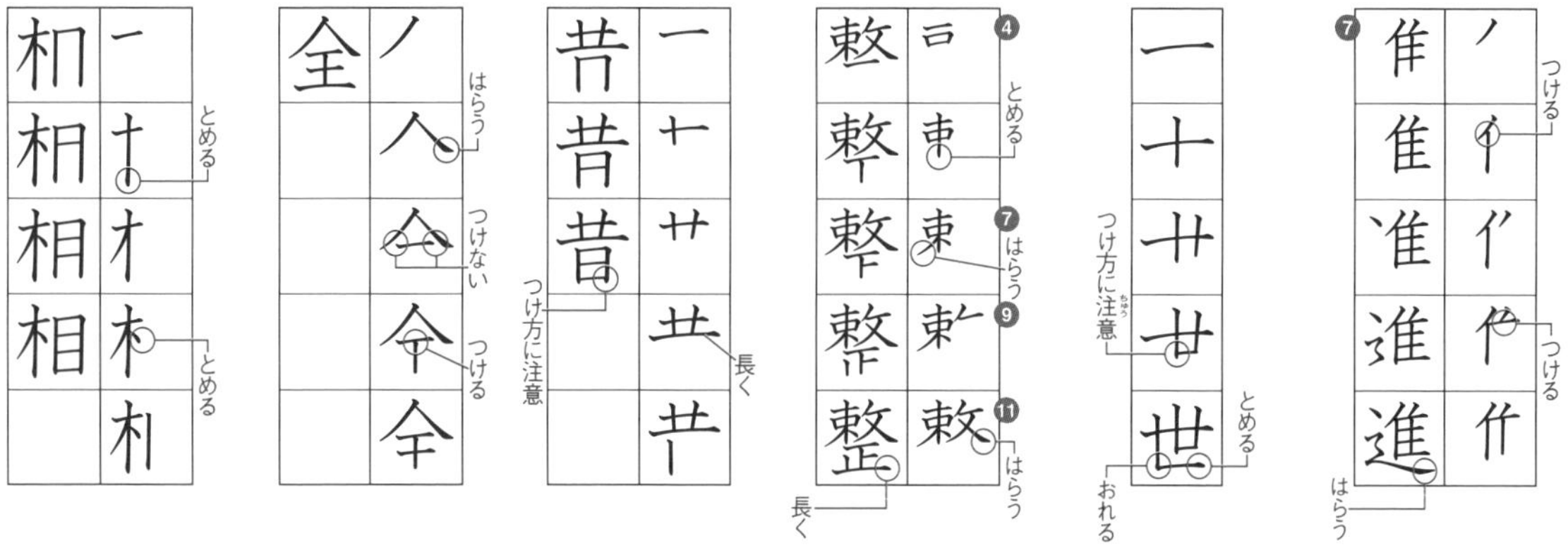

とめる　とめる

はらう　つけない　つける

つけ方に注意　長く

とめる　はらう　はらう　長く

つけ方に注意　とめる　おれる

つける　つける　はらう

相相

全全

昔昔

整整

世世

進進

▶▶▶▶ 漢字表は88・89ページ

他　族　速　息　想　送

▶▶▶▶漢字表は92・93ページ

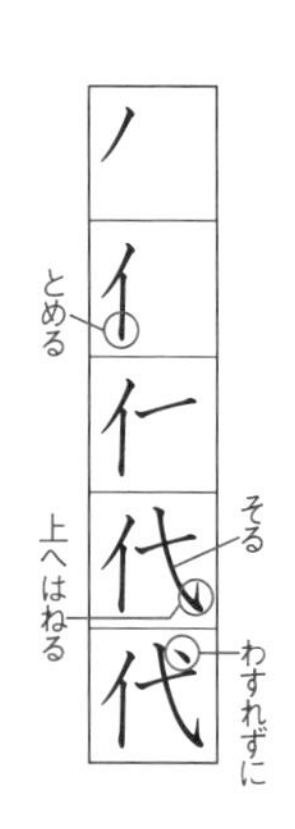

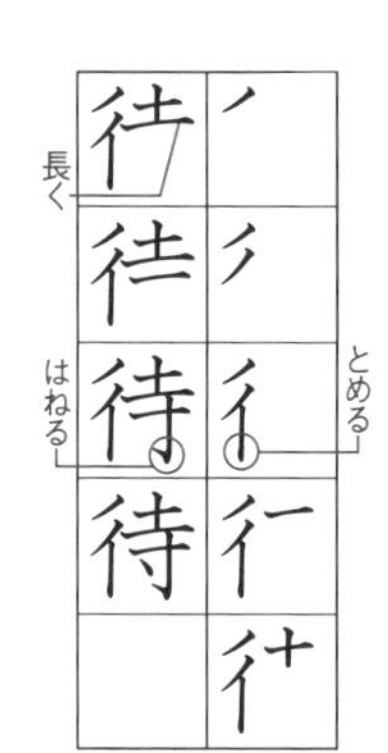

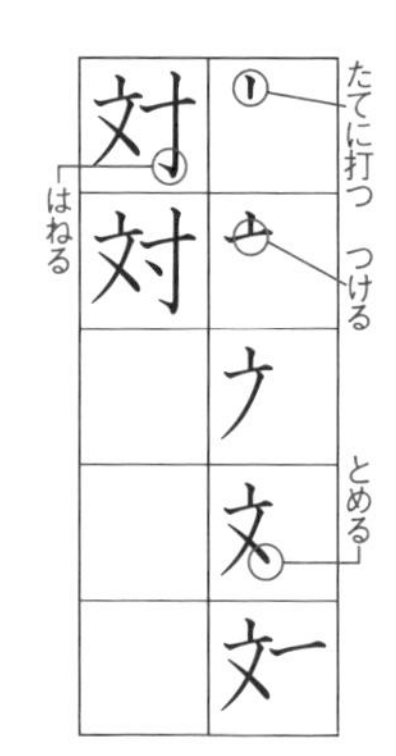

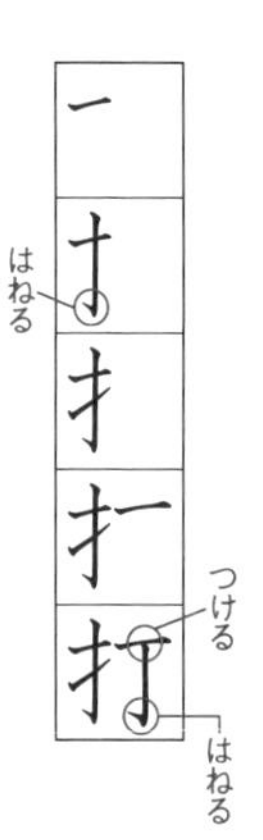

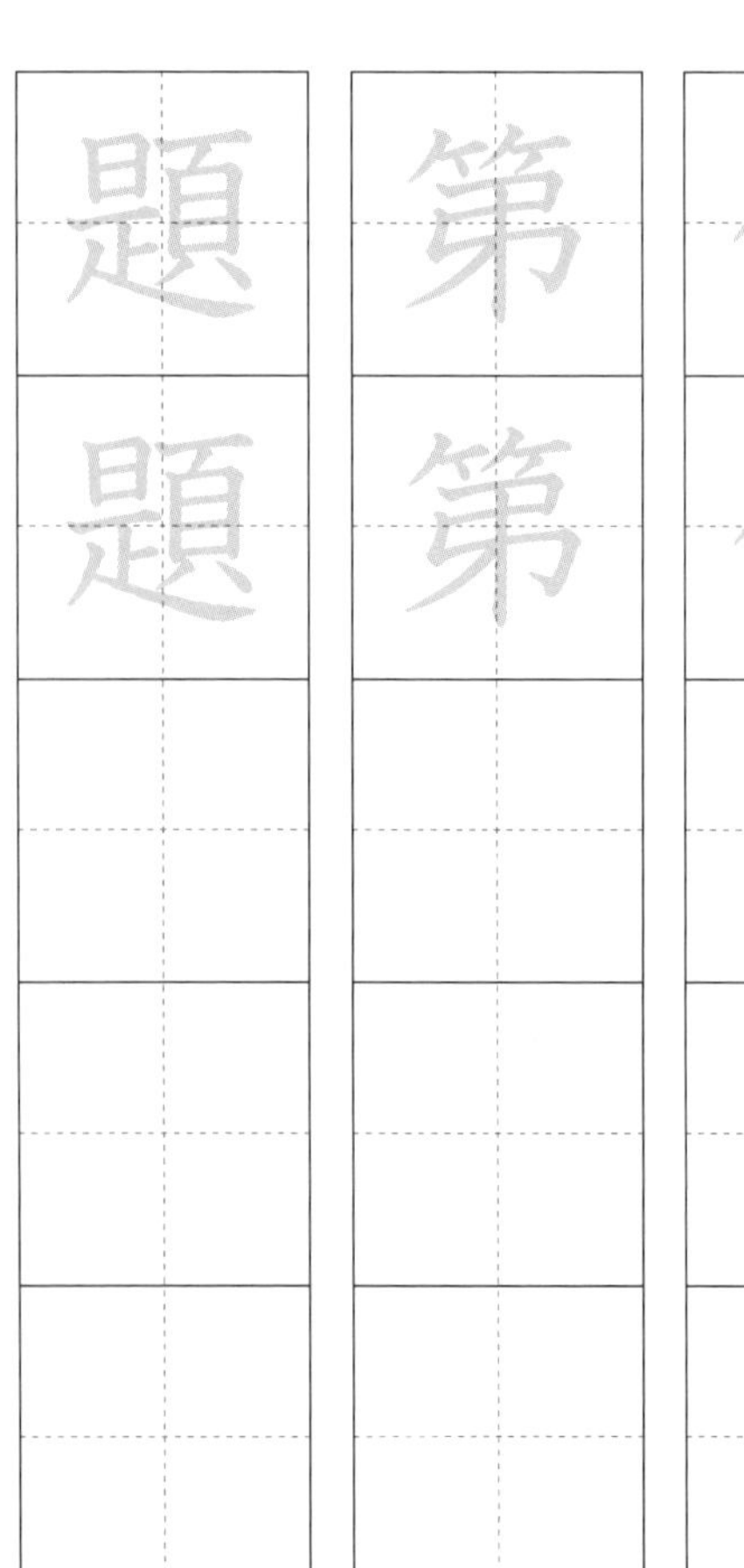
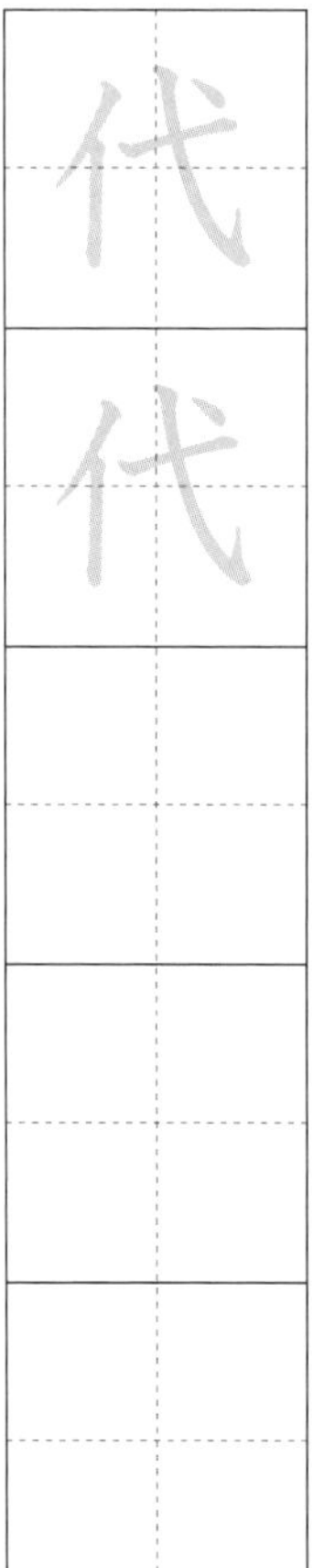
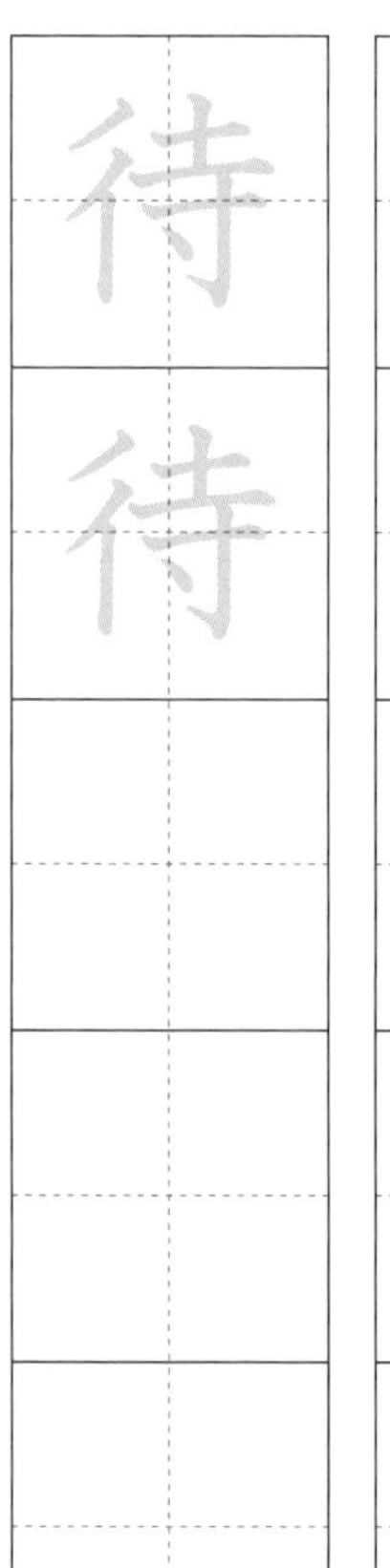
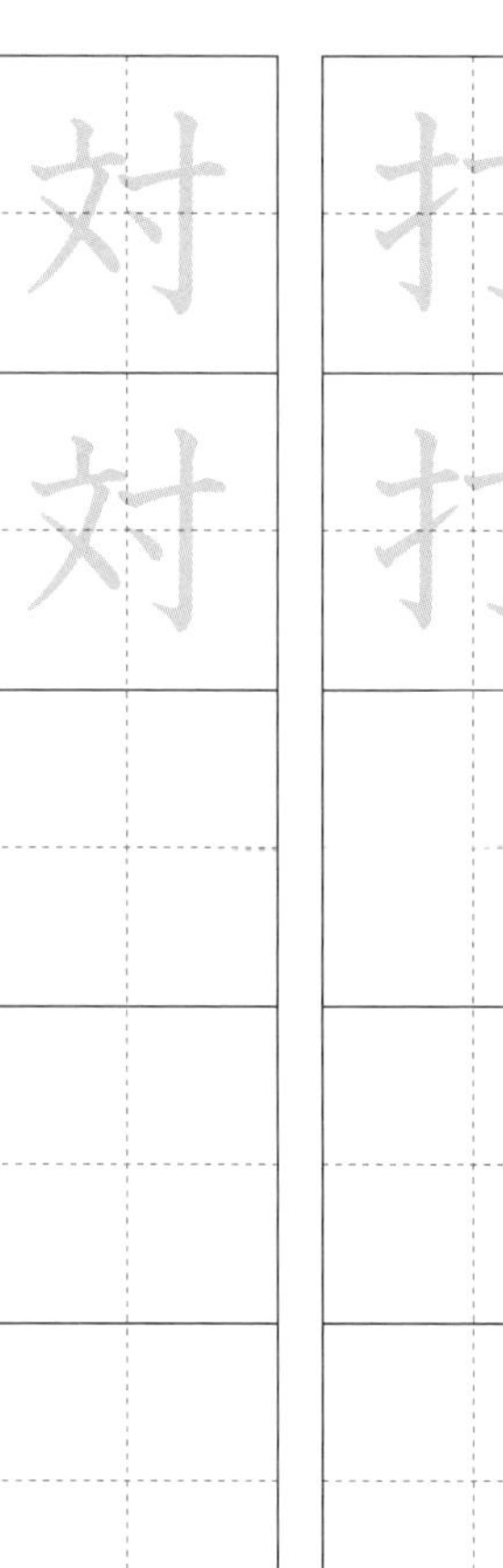

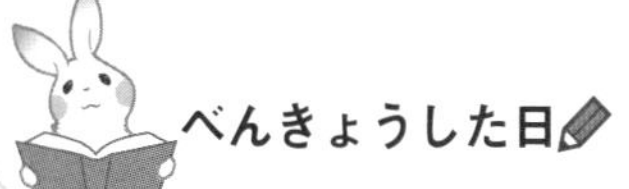

ステップ 21

漢字表は96・97ページ

柱　注　着　談　短　炭

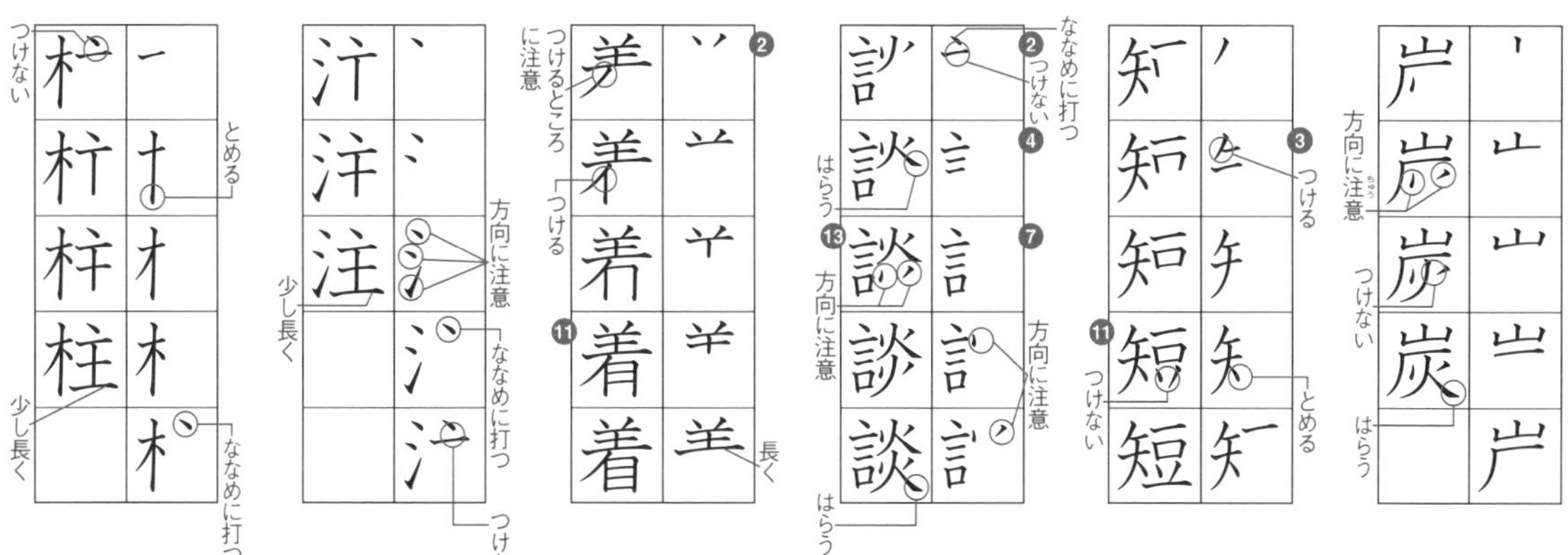

柱 柱
注 注
着 着
談 談
短 短
炭 炭

▶▶▶▶漢字表は104・105ページ

庭　定　追　調　帳　丁

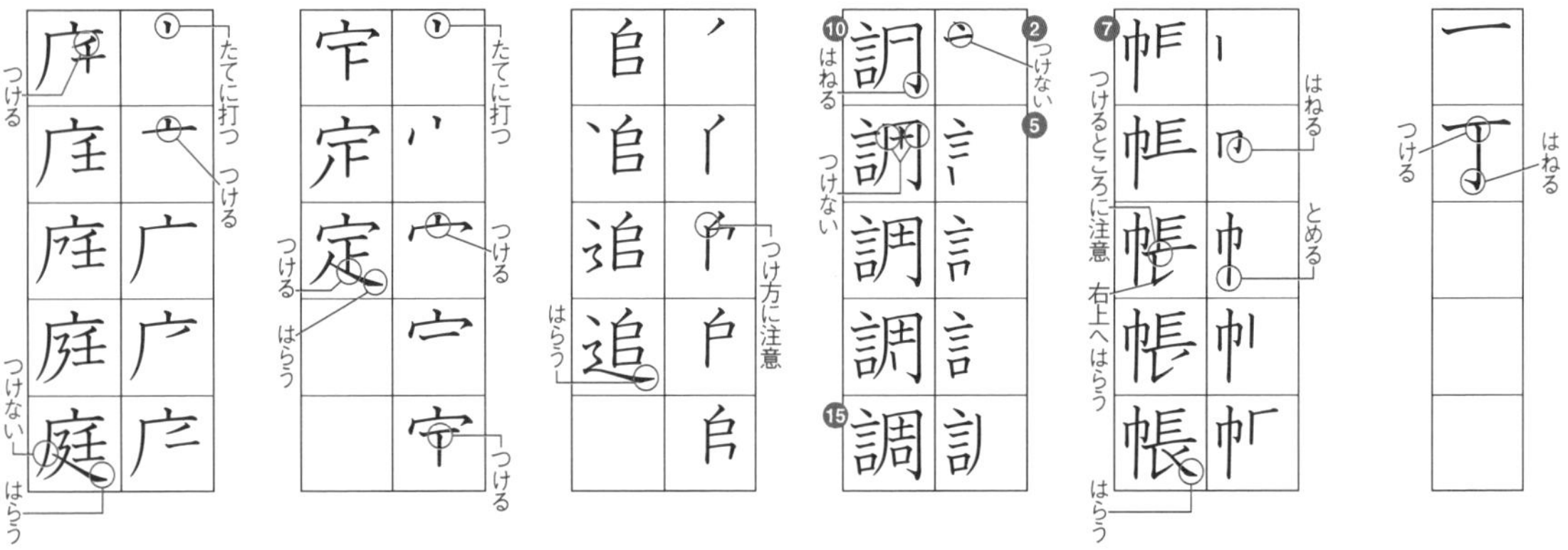

庭：たてに打つ　つける　つける　つけない　はらう

定：たてに打つ　つける　つける　はらう　つける

追：つけ方に注意　はらう

調：つけない　はねる　つけない

帳：はねる　とめる　つけるところに注意　右上へはらう　はらう

丁：つける　はねる

庭　庭

定　定

追　追

調　調

帳　帳

丁　丁

ステップ23

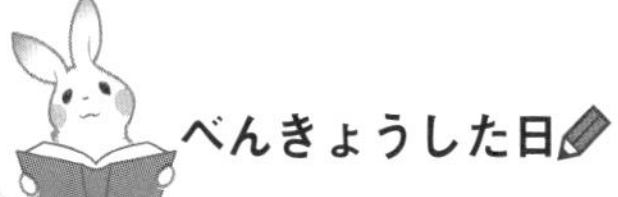

漢字表は108・109ページ

投　度　都　転　鉄　笛

投：一 十 扌 扌 扌 扌 投（はねる／曲がり方に注意／少しあける／はらう）

度：一 广 广 广 广 庐 庐 度 度（たてに打つ／つける／ださない／少しはなす／はらう）

都：一 十 土 耂 耂 者 者 者 者 都 都（つける／はねる／つけない）

転：一 丆 冂 日 旦 車 車 転 転 転 転（とめる／少し長く／つける／おってはらう）

鉄：ノ 人 亼 午 全 金 金 金 鉄 鉄 鉄（方向に注意／つける／はらう）

笛：ノ 𠂉 ⺮ ⺮ ⺮ ⺮ 竹 笛 笛 笛 笛（とめる／ださす／はらう）

投　度　都　転　鉄　笛

投　度　都　転　鉄　笛

べんきょうした日　　月　　日

▶▶▶▶▶漢字表は112・113ページ

動　等　登　湯　島　豆

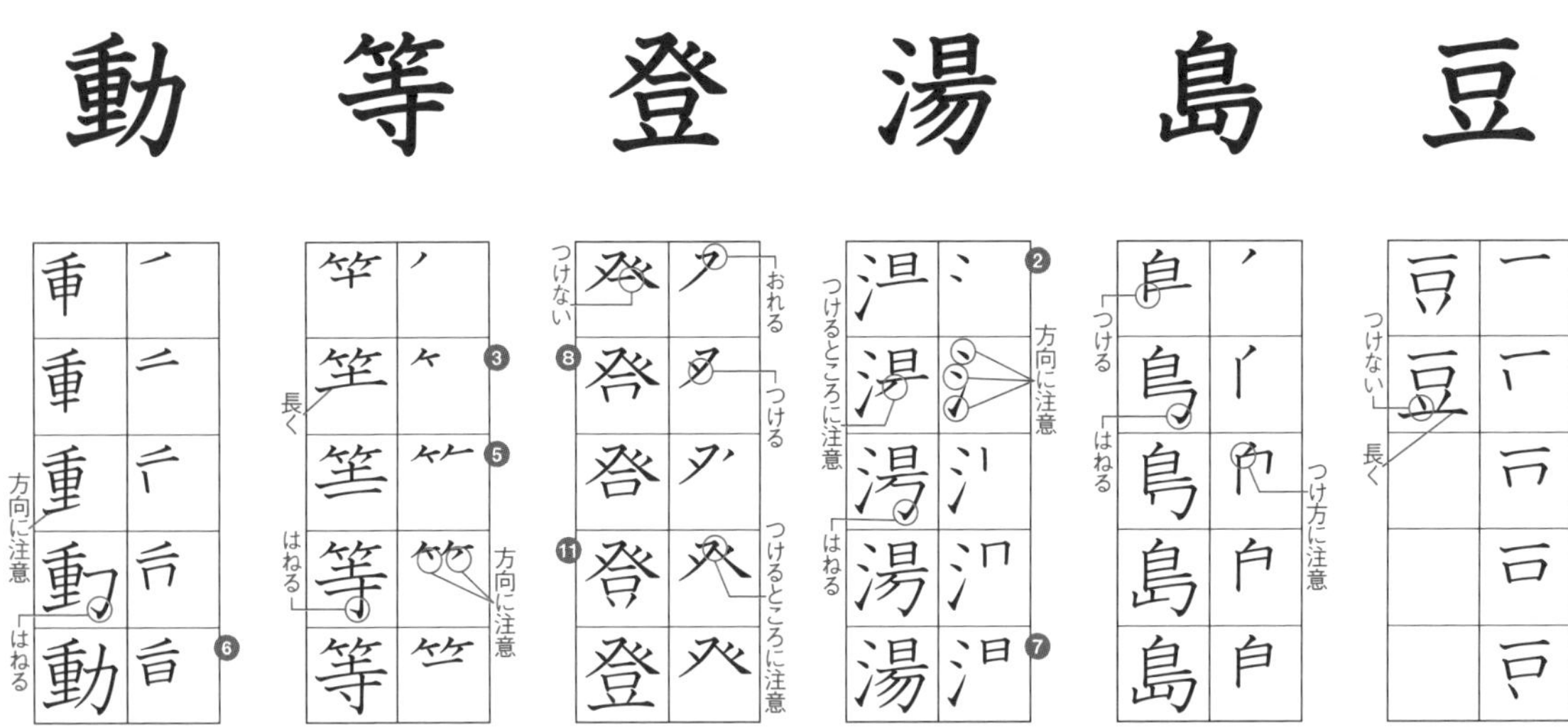

動 動
等 等
登 登
湯 湯
島 島
豆 豆

漢字表は116・117ページ

箱　倍　配　波　農　童

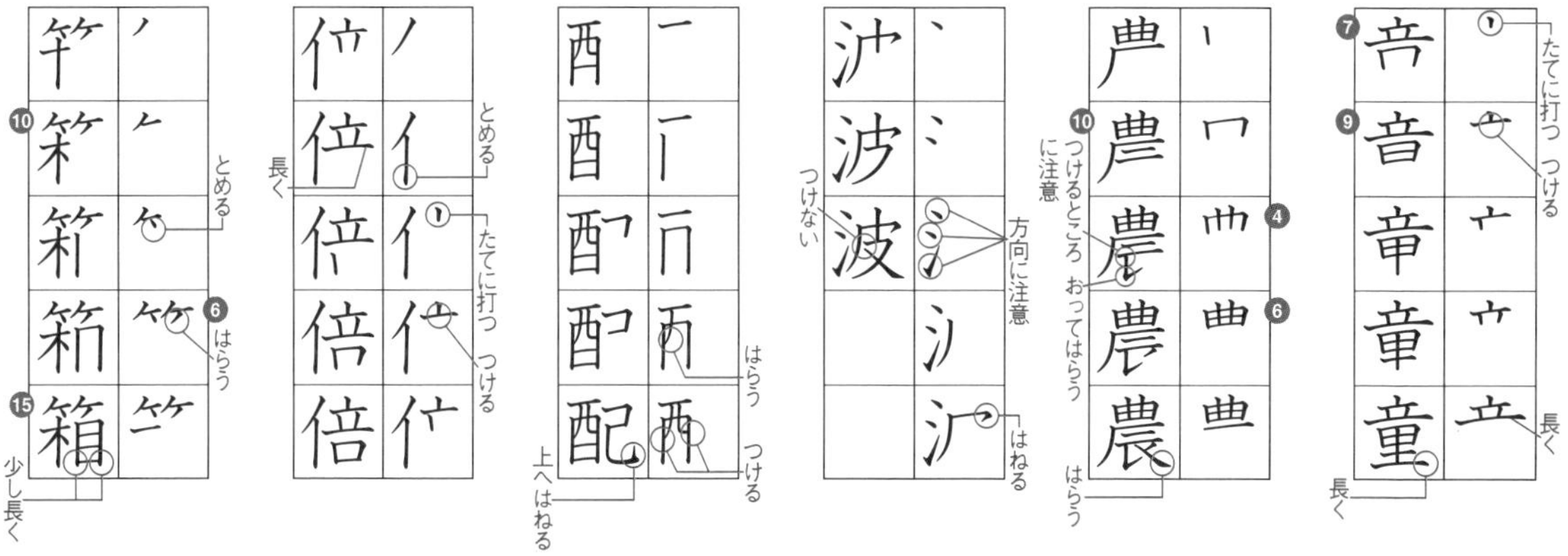

箱：ノ　𠂉　⺮　竹　竺　竿　笁　箈　箱　箱
とめる　はらう　少し長く

倍：ノ　亻　仁　仕　位　位　倍　倍　倍
とめる　たてに打つ　つける　長く

配：一　丆　丙　两　西　酉　酉　酊　酉　配
はらう　つける　上へはねる

波：丶　冫　氵　氵　汁　沙　波　波
方向に注意　はねる　つけない

農：丨　口　曲　曲　曲　声　農　農　農　農
つけるところに注意　おってはらう　はらう

童：丶　亠　立　立　立　立　音　音　章　章　童
たてに打つ　つける　長く

箱　箱
倍　倍
配　配
波　波
農　農
童　童

▶▶▶▶▶漢字表は120・121ページ

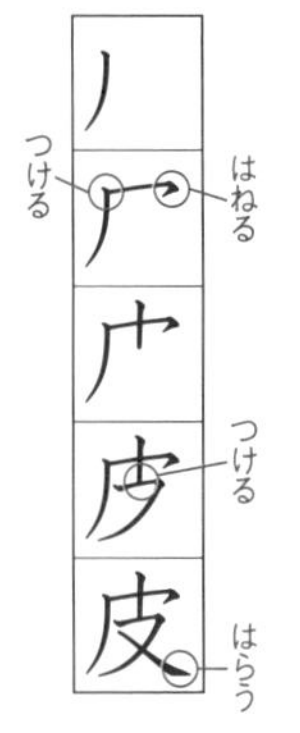

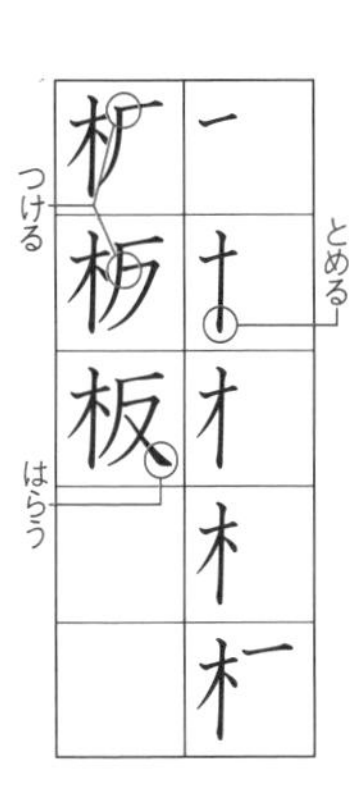

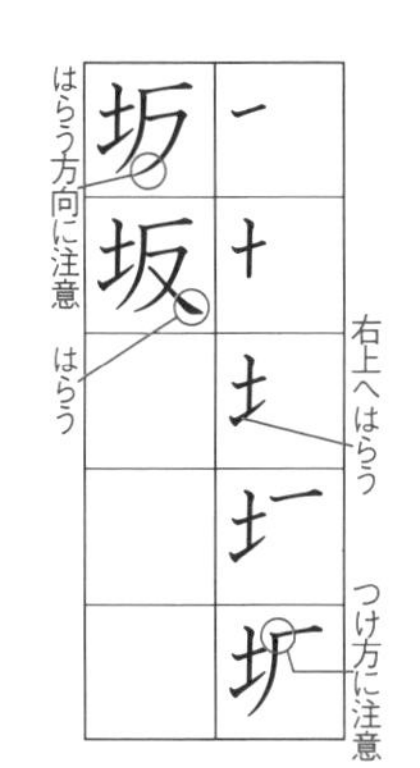

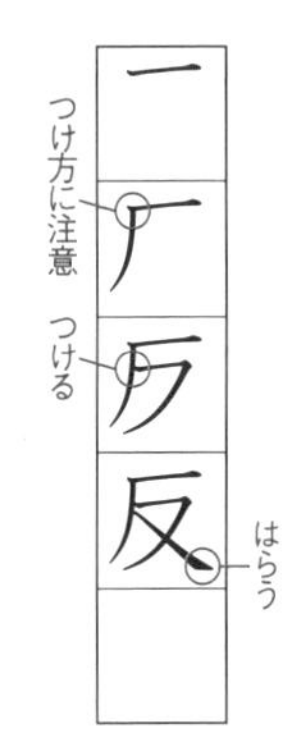

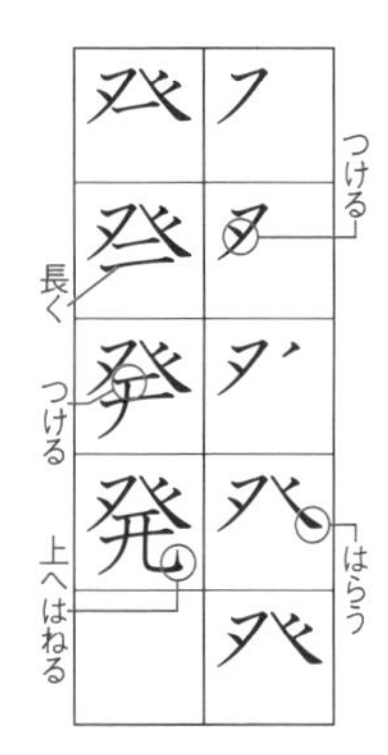

皮　板　坂　反　発　畑

皮　板　坂　反　発　畑

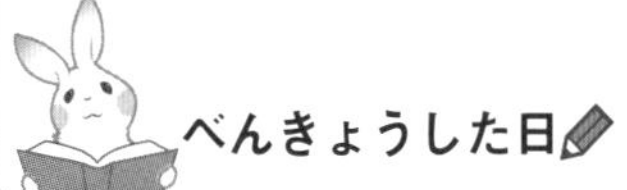

漢字表は124・125ページ

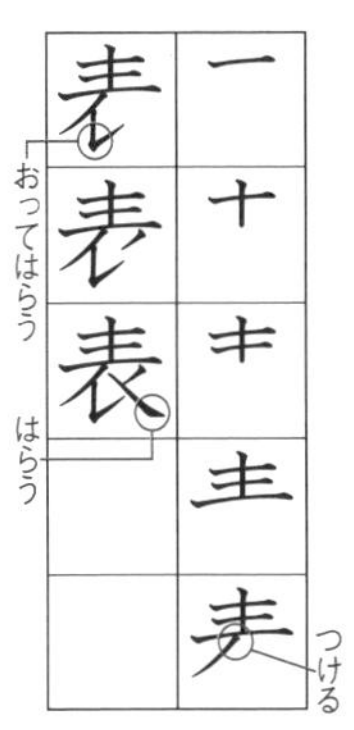

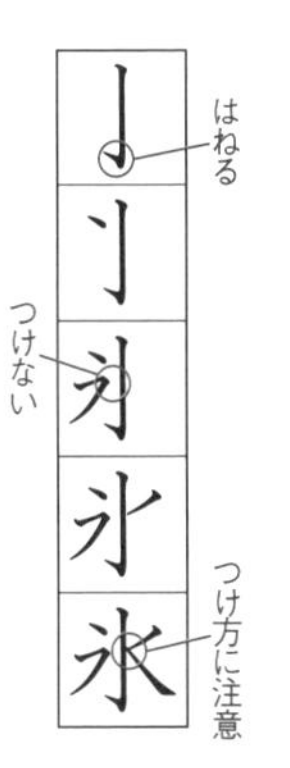

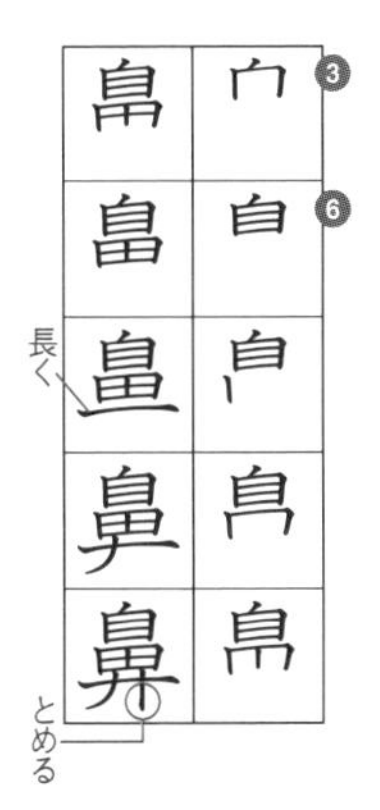

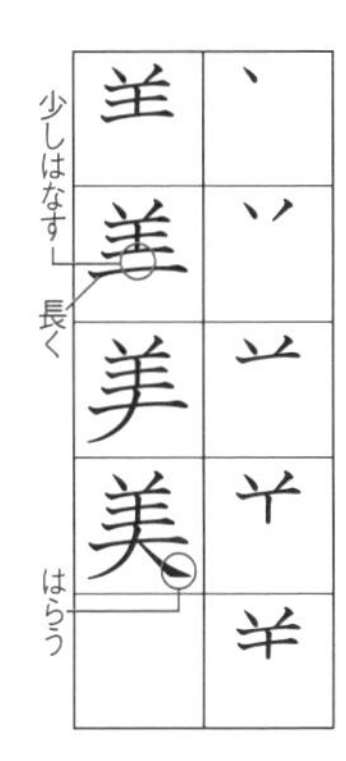

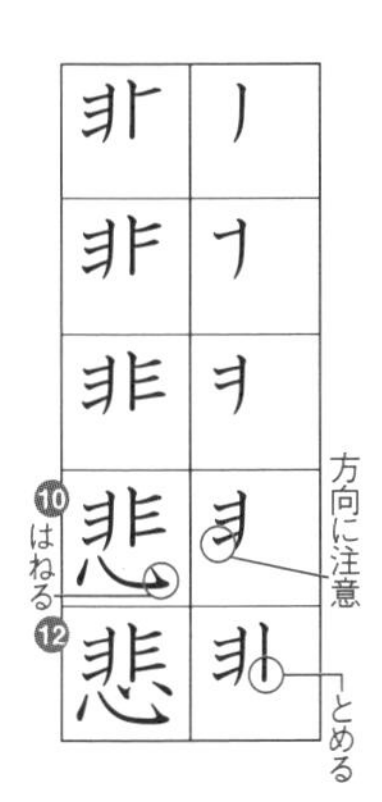

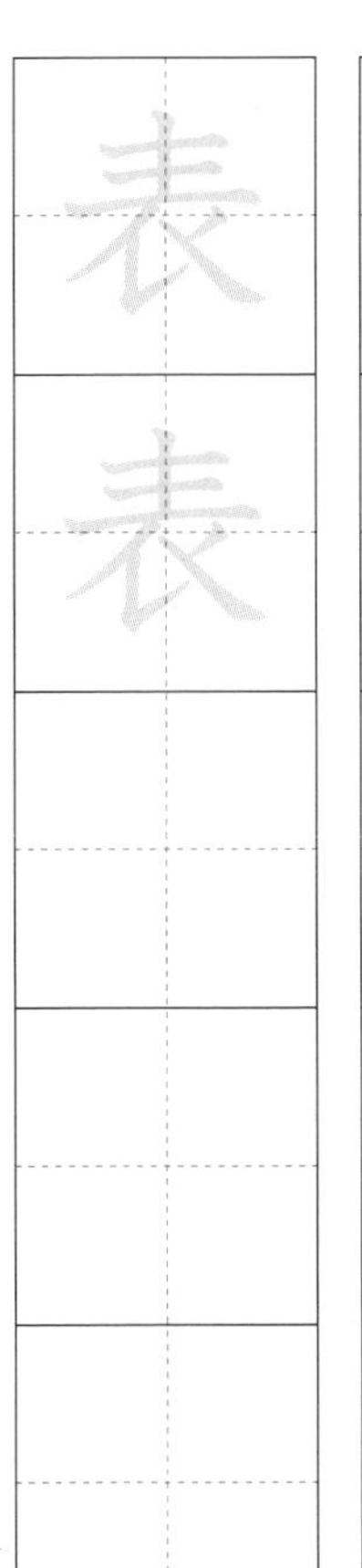
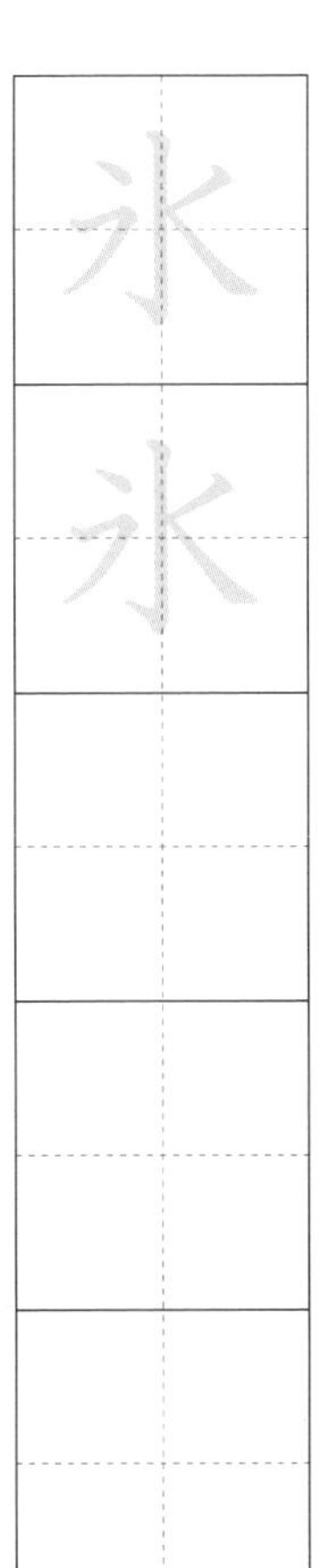
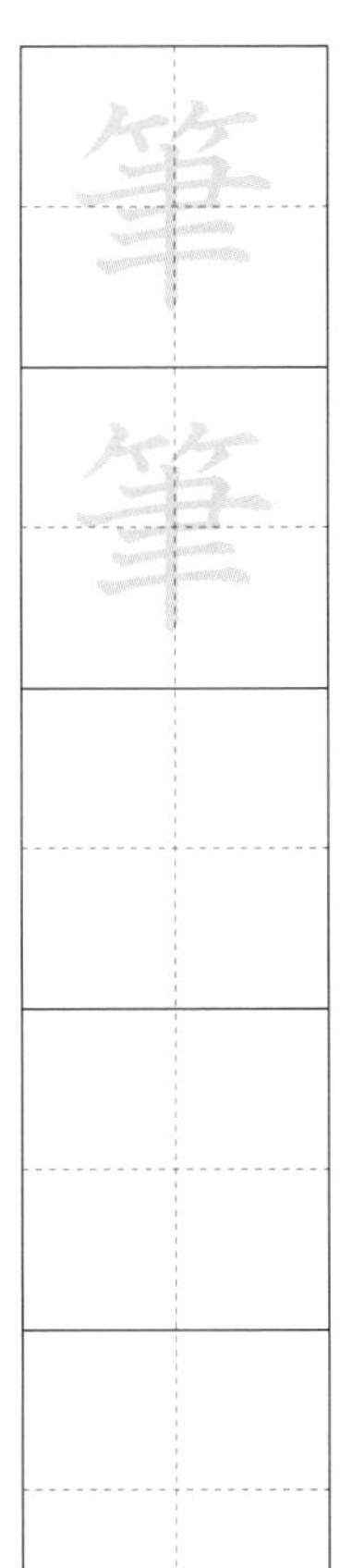
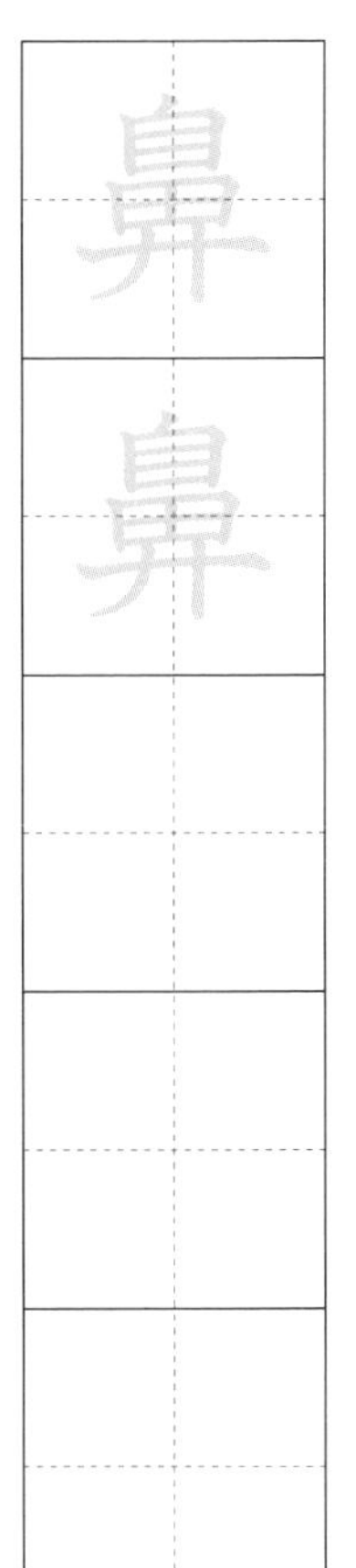

▶▶▶▶▶漢字表は128・129ページ

服　部　負　品　病　秒

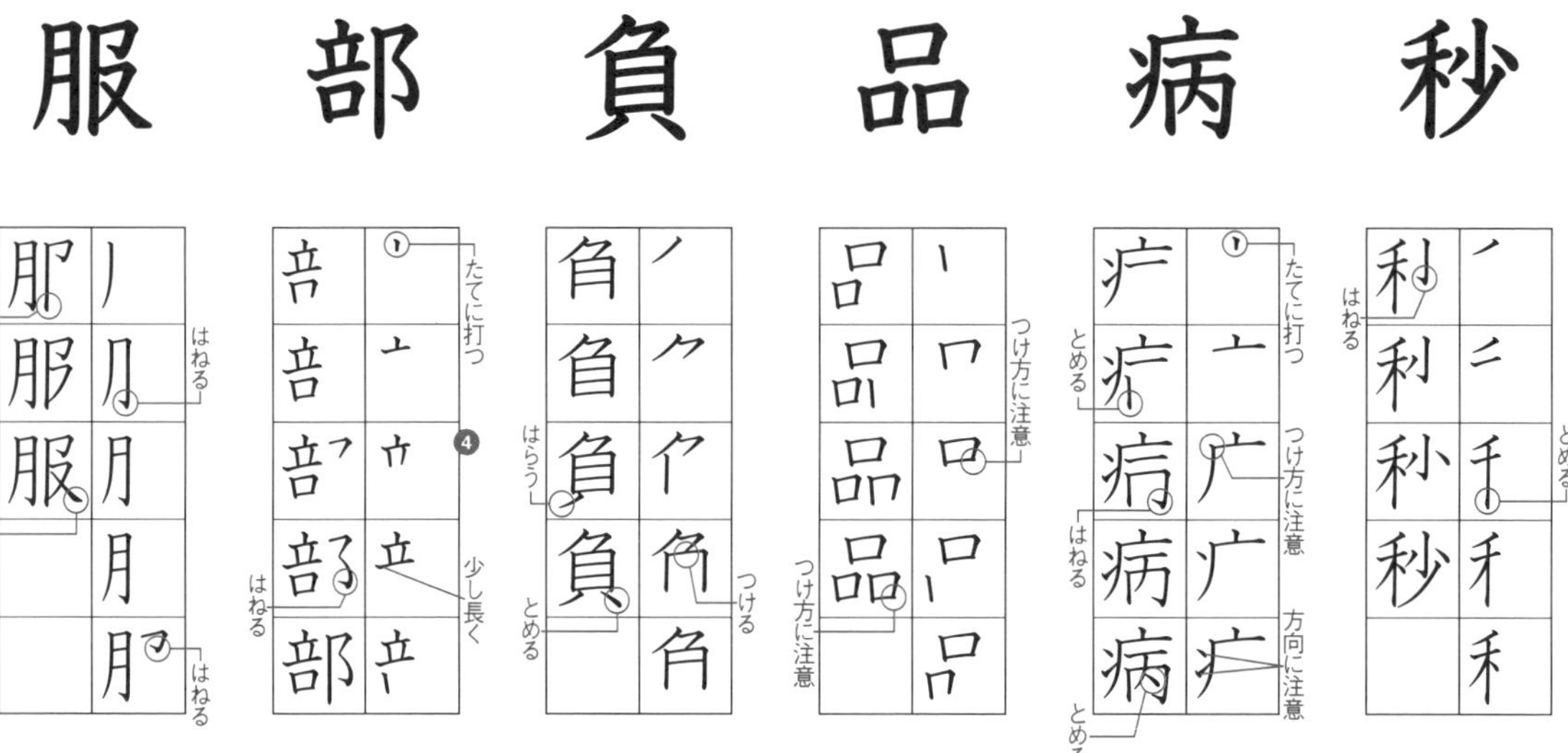

服　部　負　品　病　秒
服　部　負　品　病　秒

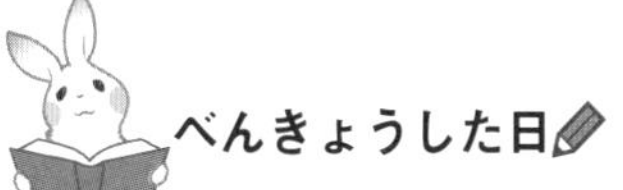

ステップ29

漢字表は136・137ページ

放　勉　返　平　物　福

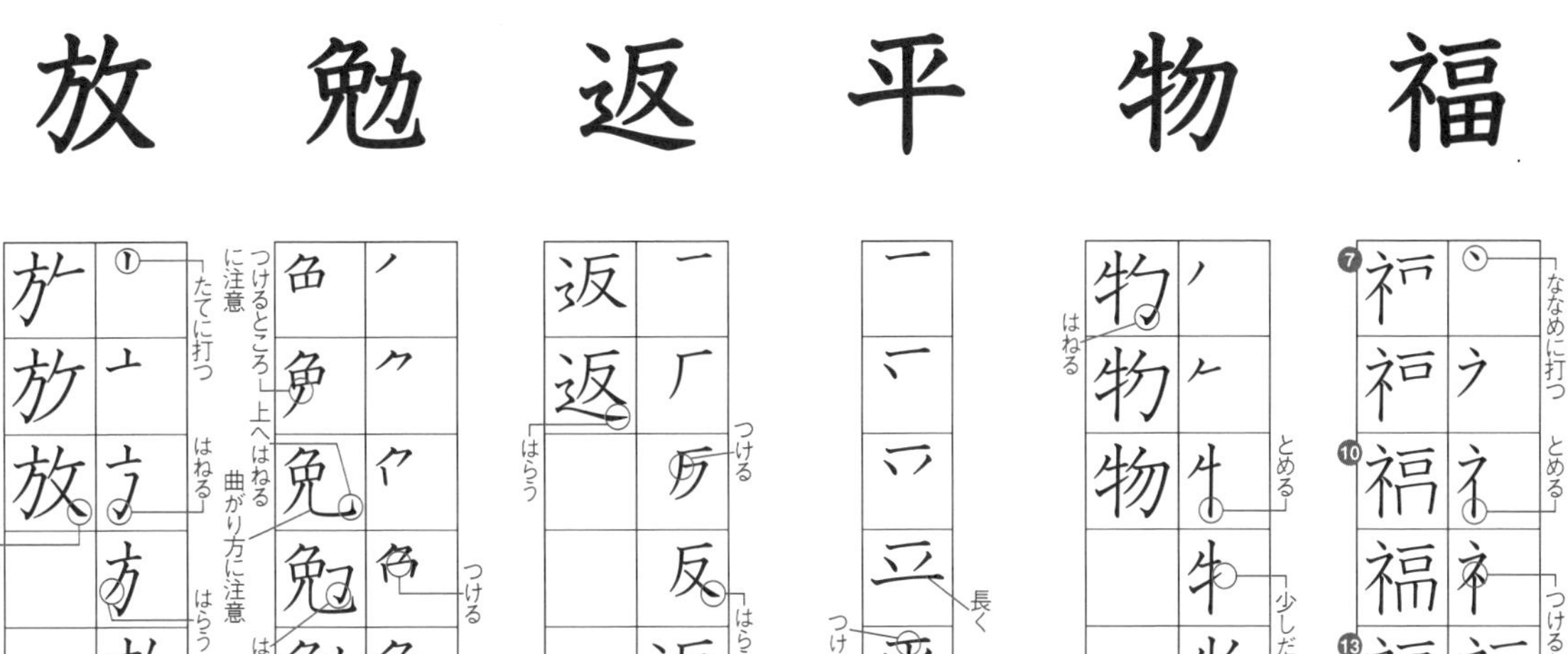

放　放
勉　勉
返　返
平　平
物　物
福　福

べんきょうした日　　月　　日

ステップ 30

▶▶▶▶ 漢字表は140・141ページ

薬　役　問　面　命　味

薬　役　問　面　命　味

薬　役　問　面　命　味

▶▶▶▶漢字表は144・145ページ

予　遊　有　油　由

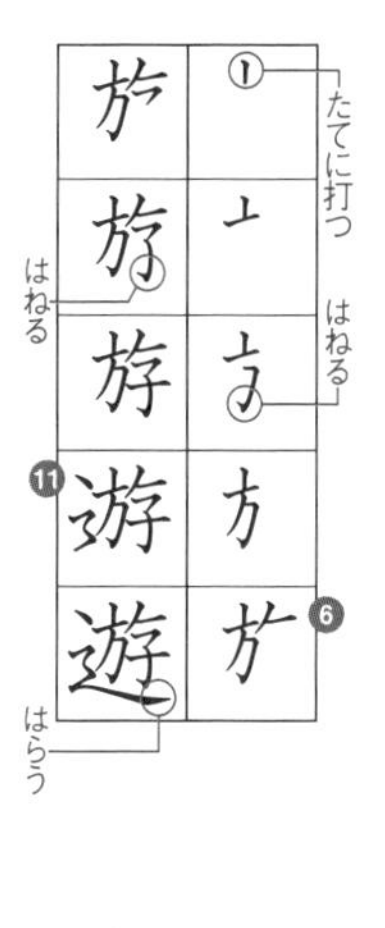

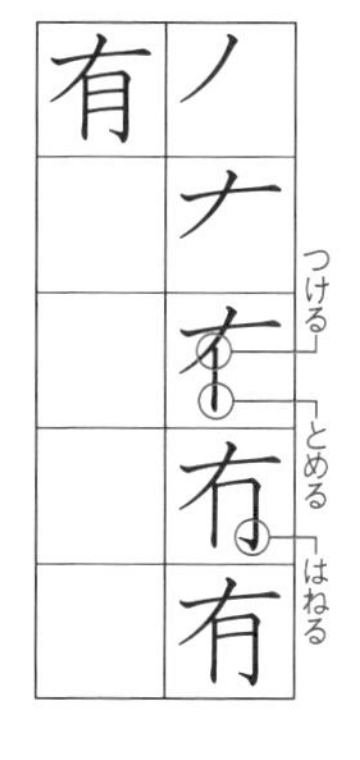

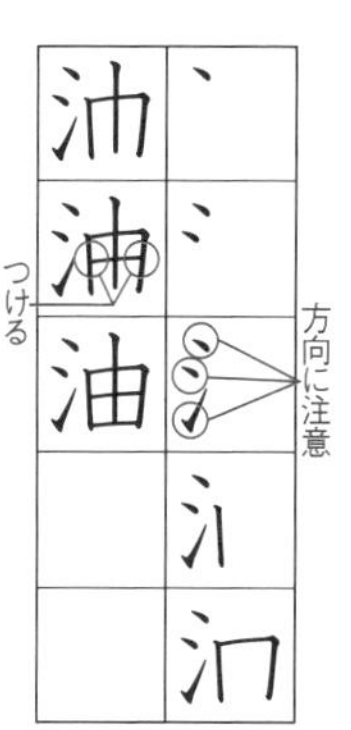

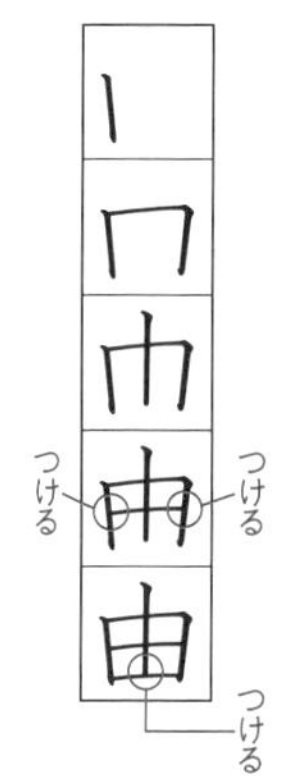

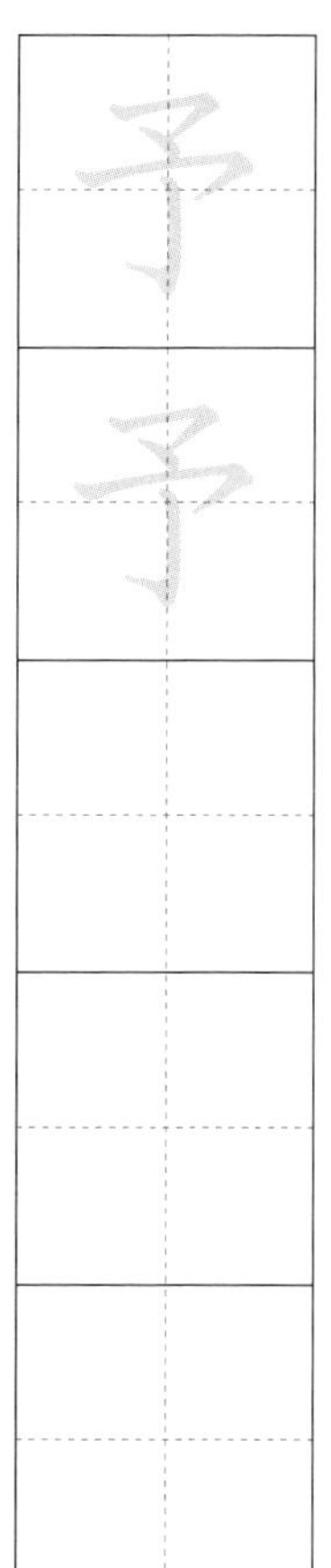
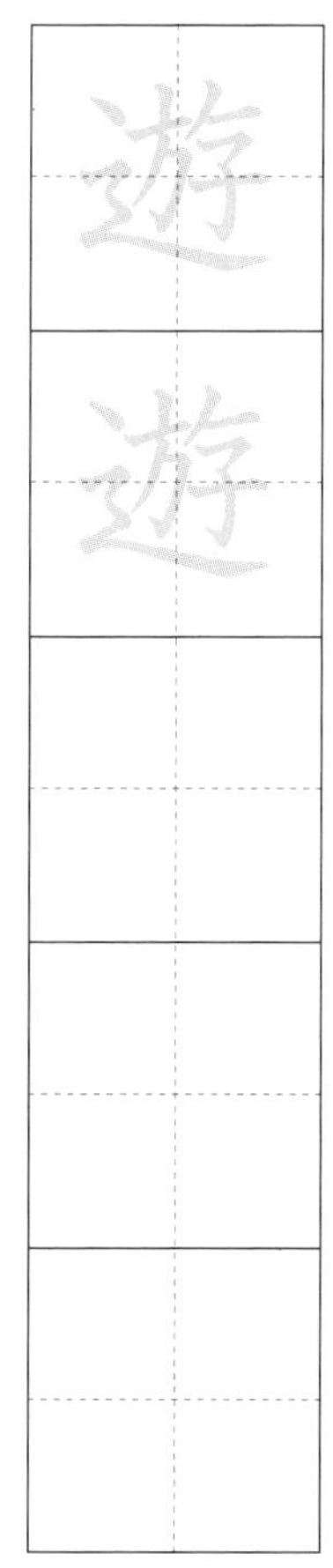
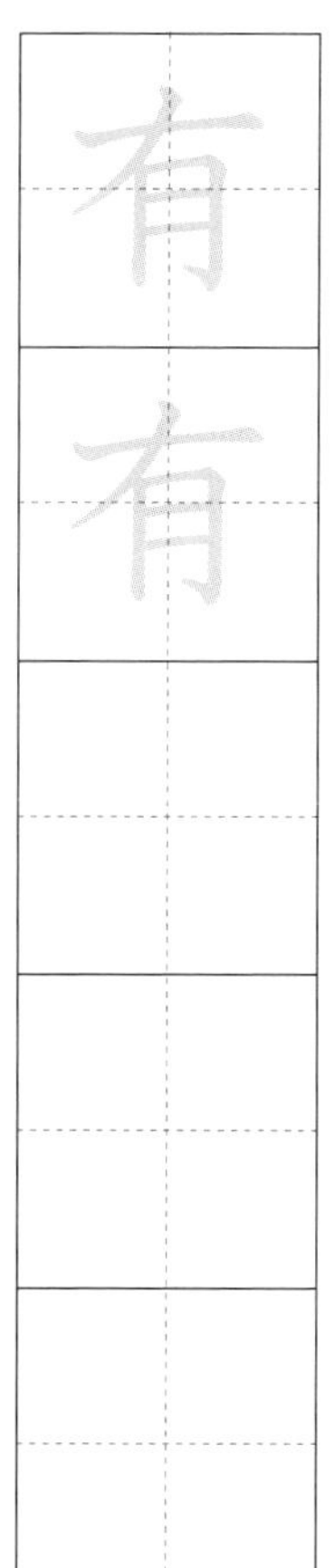
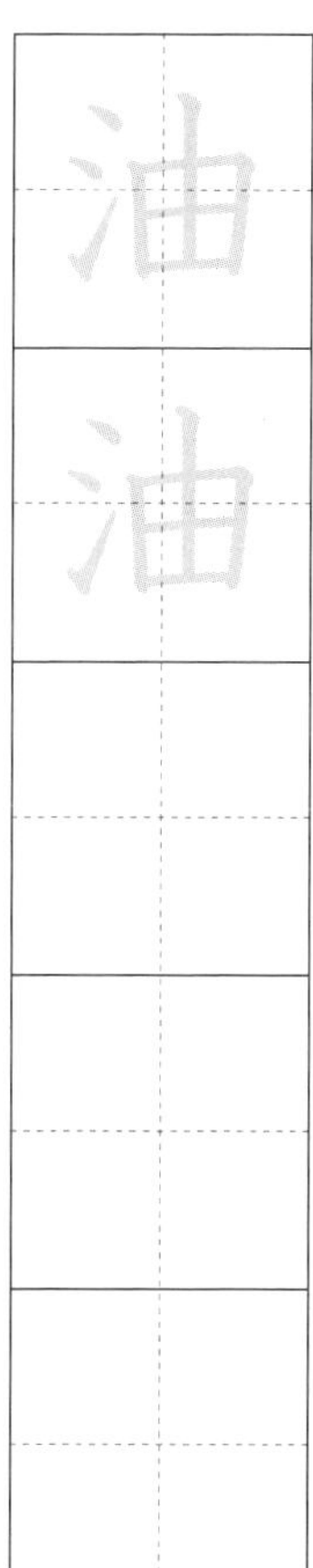

べんきょうした日　　月　　日

ステップ32

▶▶▶▶▶漢字表は148・149ページ

様　陽　葉　洋　羊

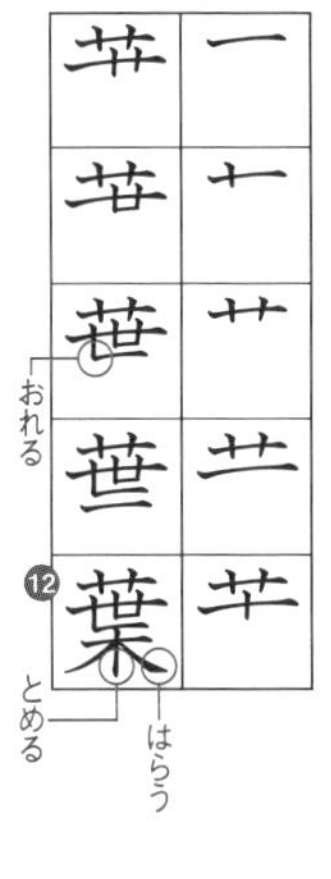

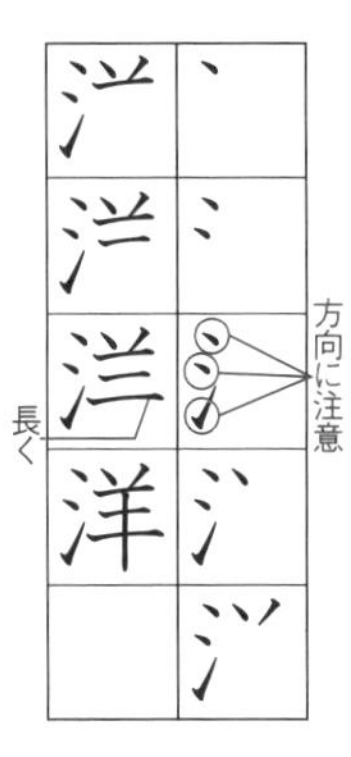

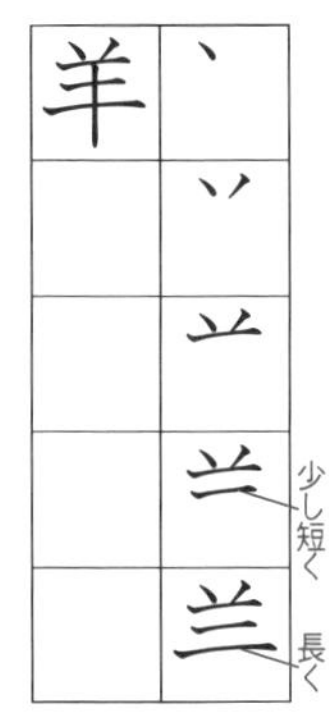

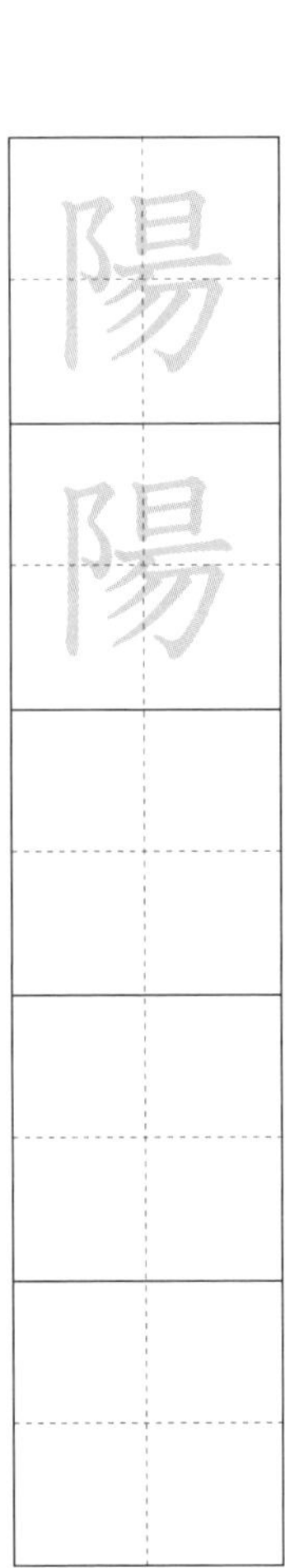

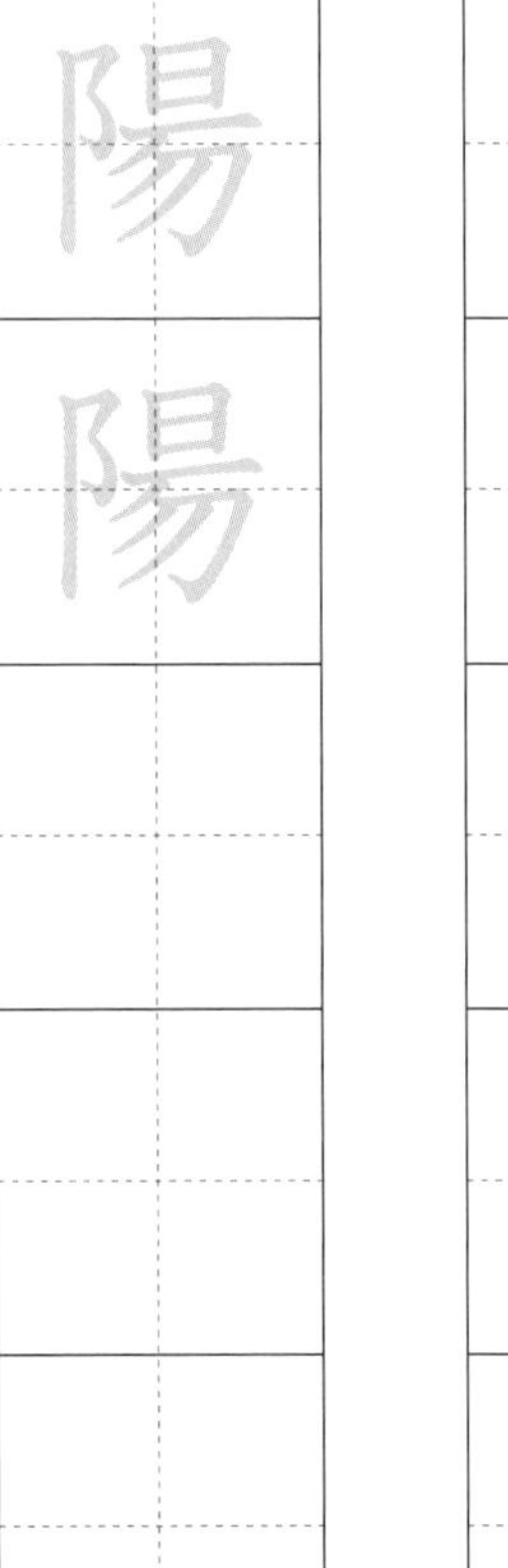

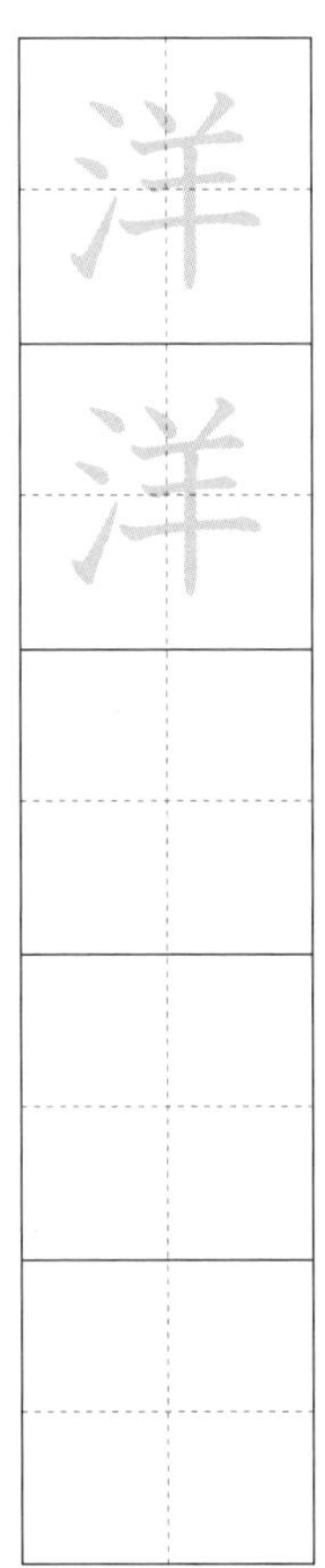

べんきょうした日　　月　　日

ステップ33

漢字表は152・153ページ

緑　両　旅　流　落

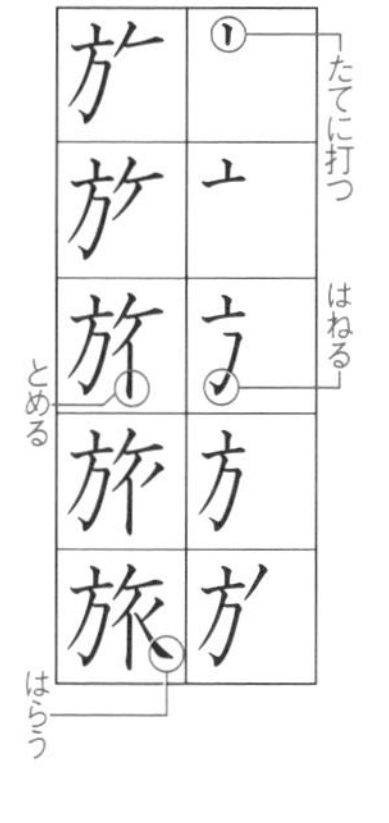

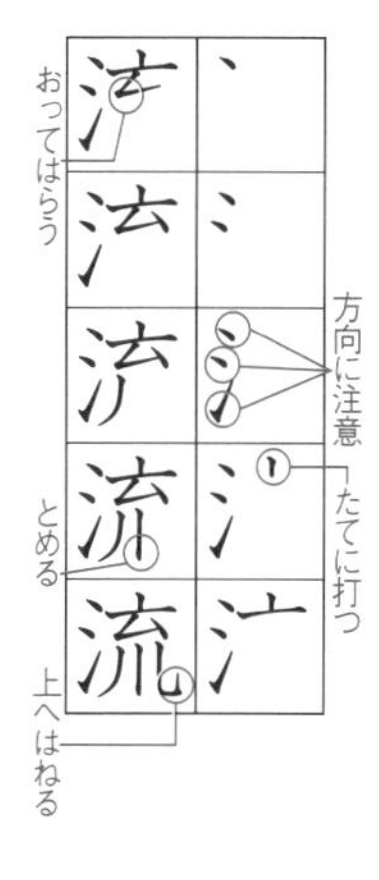

つける
はらう
方向に注意

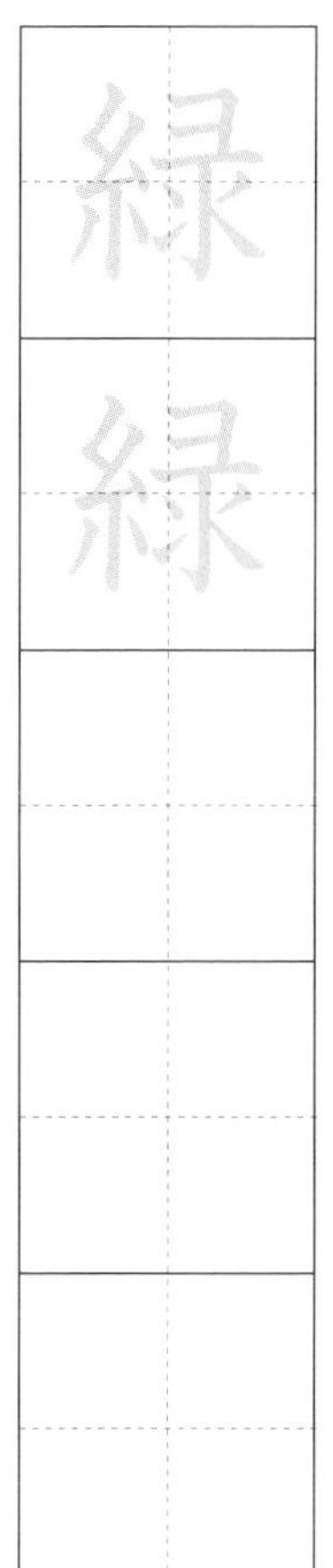

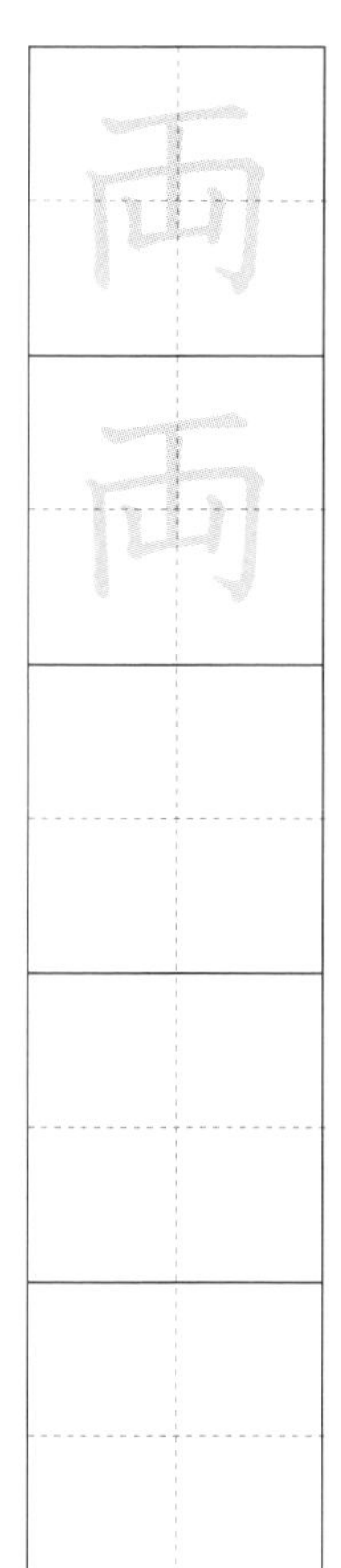

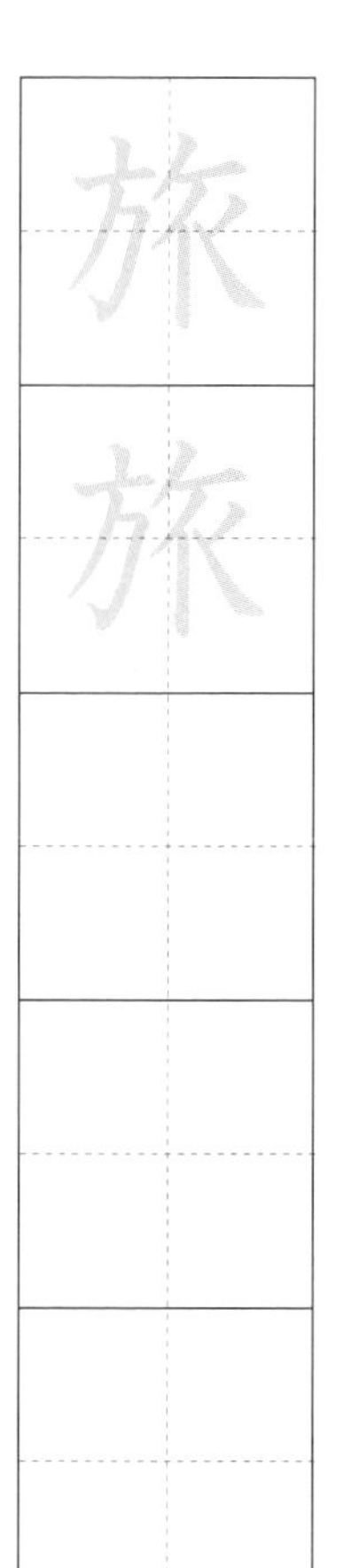

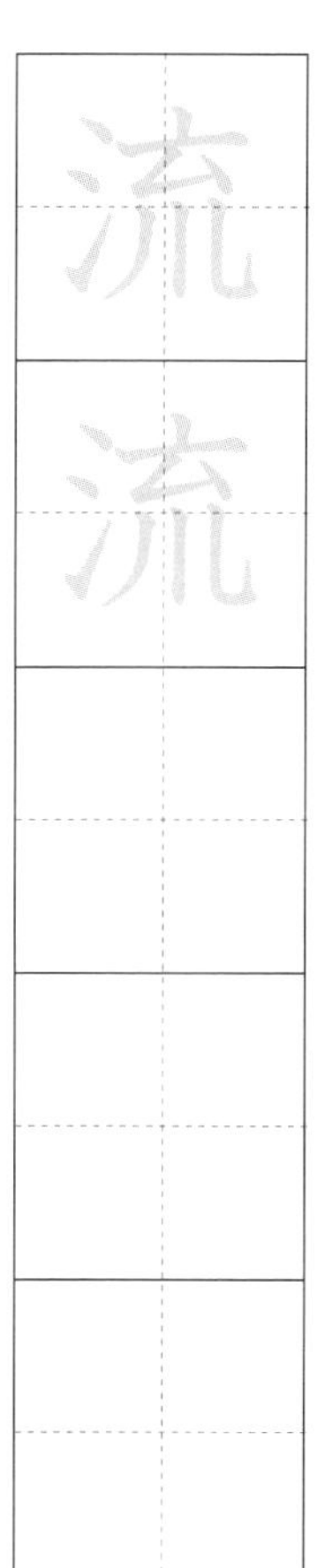

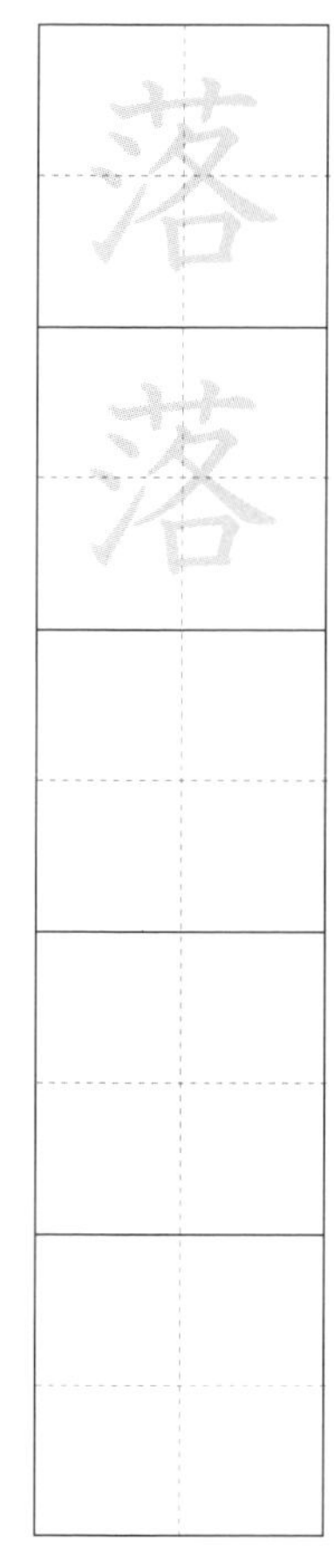

▶▶▶▶▶漢字表は156・157ページ

和　路　練　列　礼

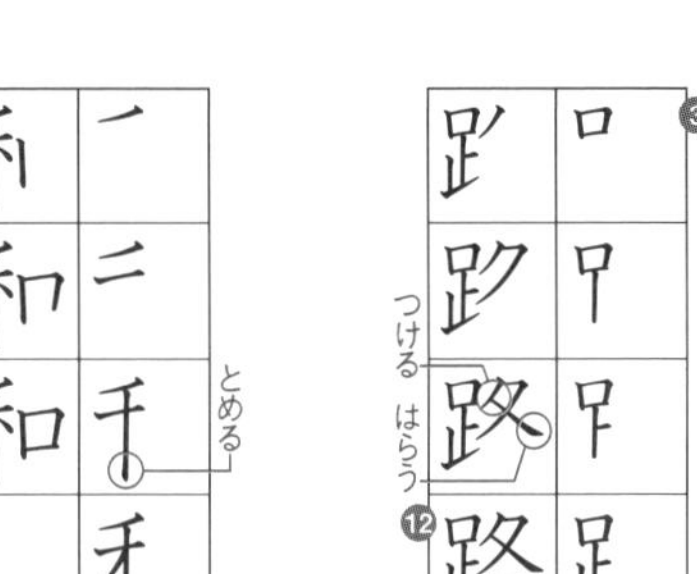

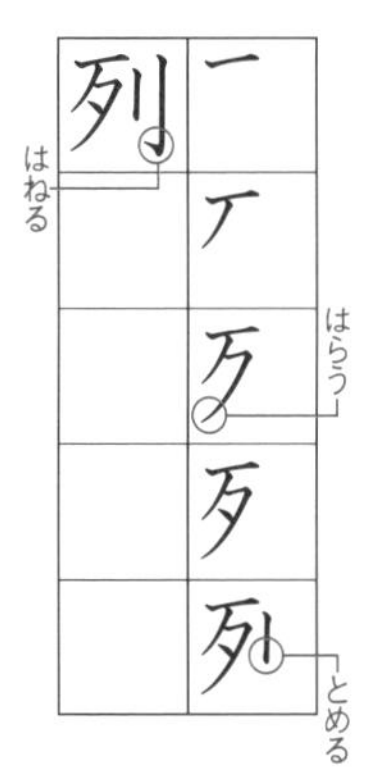

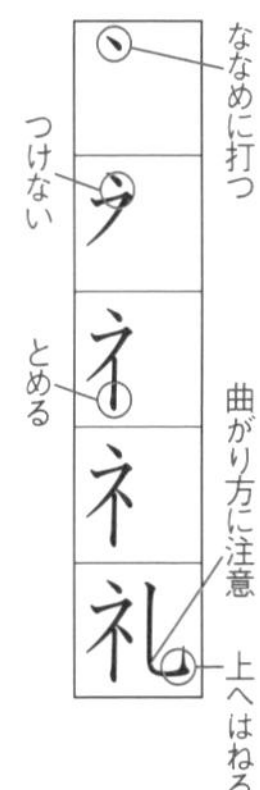

ななめに打つ
つけない
とめる
曲がり方に注意
上へはねる

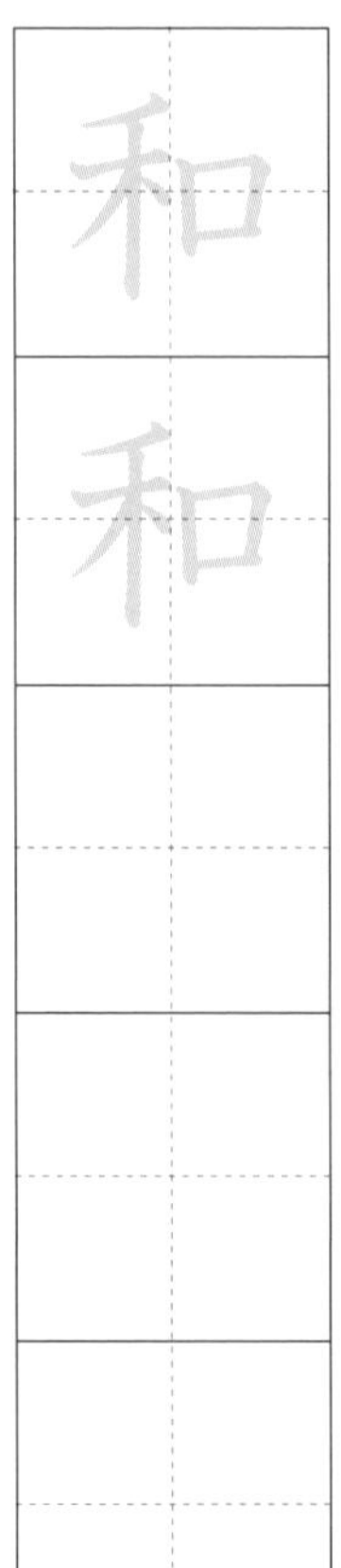
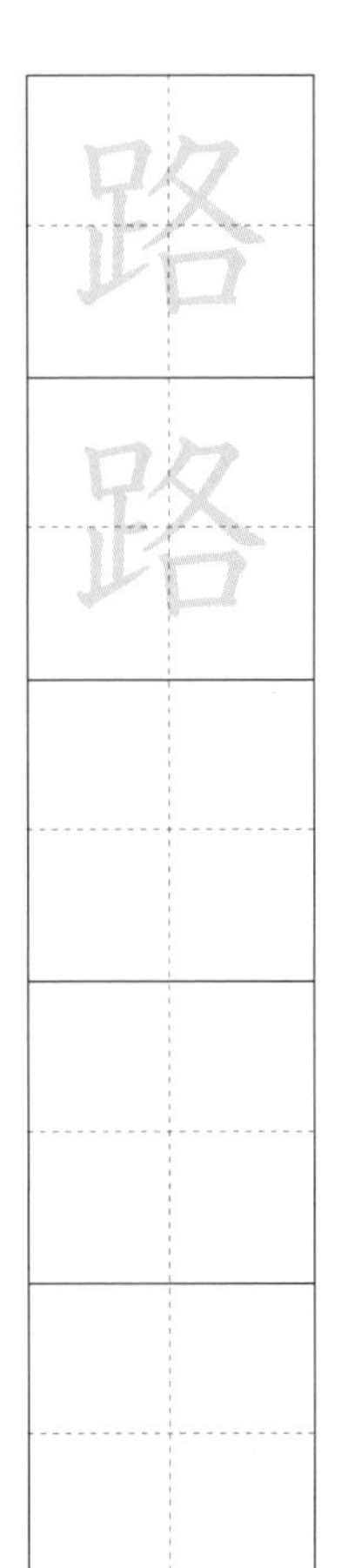
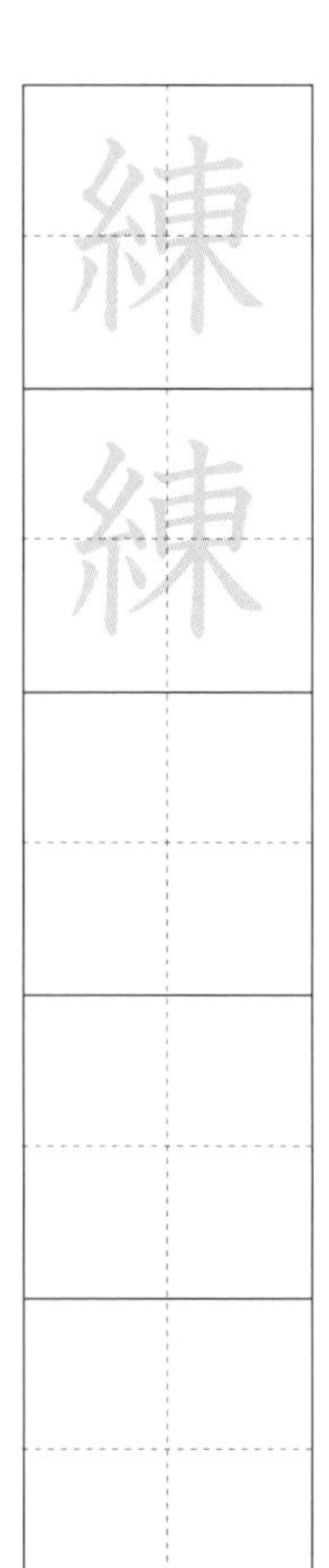
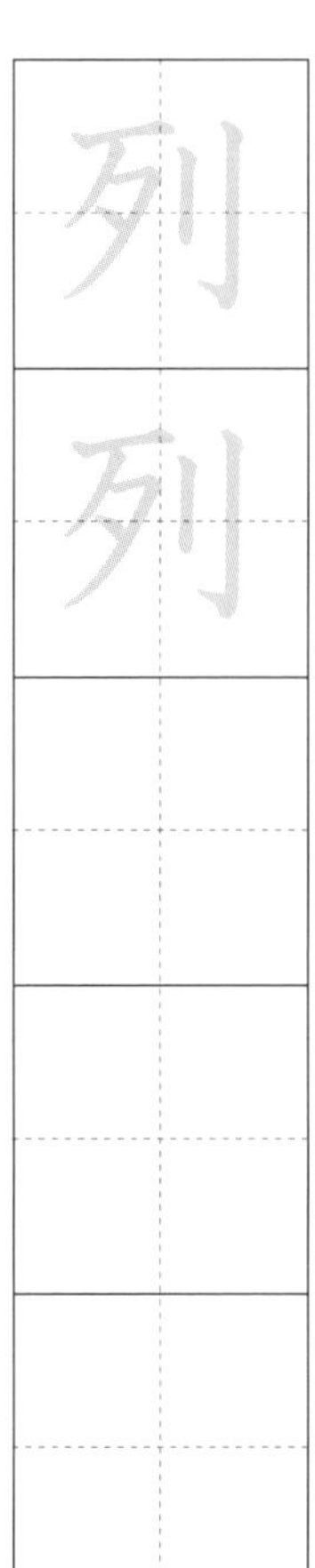

漢字って楽しい！

漢字の歴史は三千年以上ともいわれています。
最初は、簡単な絵文字でした。
そのうち、それらを組み合わせて、新しい漢字が作られたのです。
一字一字の漢字に歴史がある、そう思うと、漢字の学習が楽しくなってきませんか。

鳴

口　鳥

木　人

休

「漢検」級別 主な出題内容

10級 …対象漢字数 80字
漢字の読み／漢字の書取／筆順・画数

9級 …対象漢字数 240字
漢字の読み／漢字の書取／筆順・画数

8級 …対象漢字数 440字
漢字の読み／漢字の書取／部首・部首名／筆順・画数／送り仮名／対義語／同じ漢字の読み

7級 …対象漢字数 642字
漢字の読み／漢字の書取／部首・部首名／筆順・画数／送り仮名／対義語／同音異字／三字熟語

6級 …対象漢字数 835字
漢字の読み／漢字の書取／部首・部首名／筆順・画数／送り仮名／対義語・類義語／同音・同訓異字／三字熟語／熟語の構成

5級 …対象漢字数 1026字
漢字の読み／漢字の書取／部首・部首名／筆順・画数／送り仮名／対義語・類義語／同音・同訓異字／誤字訂正／四字熟語／熟語の構成

4級 …対象漢字数 1339字
漢字の読み／漢字の書取／部首・部首名／送り仮名／対義語・類義語／同音・同訓異字／誤字訂正／四字熟語／熟語の構成

3級 …対象漢字数 1623字
漢字の読み／漢字の書取／部首・部首名／送り仮名／対義語・類義語／同音・同訓異字／誤字訂正／四字熟語／熟語の構成

準2級 …対象漢字数 1951字
漢字の読み／漢字の書取／部首・部首名／送り仮名／対義語・類義語／同音・同訓異字／誤字訂正／四字熟語／熟語の構成

2級 …対象漢字数 2136字
漢字の読み／漢字の書取／部首・部首名／送り仮名／対義語・類義語／同音・同訓異字／誤字訂正／四字熟語／熟語の構成

準1級 …対象漢字数 約3000字
漢字の読み／漢字の書取／故事・諺／対義語・類義語／同音・同訓異字／誤字訂正／四字熟語

1級 …対象漢字数 約6000字
漢字の読み／漢字の書取／故事・諺／対義語・類義語／同音・同訓異字／誤字訂正／四字熟語

※ここに示したのは出題分野の一例です。毎回すべての分野から出題されるとは限りません。また、このほかの分野から出題されることもあります。

日本漢字能力検定採点基準 最終改定：平成25年4月1日

❶ 採点の対象

筆画を正しく、明確に書かれた字を採点の対象とし、くずした字や、乱雑に書かれた字は採点の対象外とする。

❷ 字種・字体

① 2～10級の解答は、内閣告示「常用漢字表」（平成二十二年）による。ただし、旧字体での解答は正答とは認めない。

② 1級および準1級の解答は、『漢検要覧 1／準1級対応』（公益財団法人日本漢字能力検定協会発行）に示す「標準字体」「許容字体」「旧字体一覧表」による。

❸ 読み

① 2～10級の解答は、内閣告示「常用漢字表」（平成二十二年）による。

② 1級および準1級の解答には、①の規定は適用しない。

❹ 仮名遣い

仮名遣いは、内閣告示「現代仮名遣い」による。

❺ 送り仮名

送り仮名は、内閣告示「送り仮名の付け方」による。

❻ 部首

部首は、『漢検要覧 2～10級対応』（公益財団法人日本漢字能力検定協会発行）収録の「部首一覧表と部首別の常用漢字」による。

❼ 筆順

筆順の原則は、文部省編『筆順指導の手びき』（昭和三十三年）による。常用漢字一字一字の筆順は、『漢検要覧 2～10級対応』収録の「常用漢字の筆順一覧」による。

❽ 合格基準

級	満点	合格
1級／準1級／2級	二〇〇点	八〇％程度
準2級／3級／4級／5級／6級／7級	二〇〇点	七〇％程度
8級／9級／10級	一五〇点	八〇％程度

※部首、筆順は『漢検 漢字学習ステップ』など公益財団法人日本漢字能力検定協会発行図書でも参照できます。

日本漢字能力検定審査基準

10級

程度　小学校第1学年の学習漢字を理解し、文や文章の中で使える。

領域・内容

《読むことと書くこと》　小学校学年別漢字配当表の第1学年の学習漢字を読み、書くことができる。

《筆順》　点画の長短、接し方や交わり方、筆順および総画数を理解している。

9級

程度　小学校第2学年までの学習漢字を理解し、文や文章の中で使える。

領域・内容

《読むことと書くこと》　小学校学年別漢字配当表の第2学年までの学習漢字を読み、書くことができる。

《筆順》　点画の長短、接し方や交わり方、筆順および総画数を理解している。

8級

程度　小学校第3学年までの学習漢字を理解し、文や文章の中で使える。

領域・内容

《読むことと書くこと》　小学校学年別漢字配当表の第3学年までの学習漢字を読み、書くことができる。

- 音読みと訓読みとを理解していること
- 送り仮名に注意して正しく書けること（食べる、楽しい、後ろ　など）
- 対義語の大体を理解していること（勝つ—負ける、重い—軽い　など）
- 同音異字を理解していること（反対、体育、期待、太陽　など）

《筆順》　筆順、総画数を正しく理解している。

《部首》　主な部首を理解している。

7級

程度　小学校第4学年までの学習漢字を理解し、文章の中で正しく使える。

領域・内容

《読むことと書くこと》　小学校学年別漢字配当表の第4学年までの学習漢字を読み、書くことができる。

- 音読みと訓読みとを正しく理解していること
- 送り仮名に注意して正しく書けること（等しい、短い、流れる　など）
- 熟語の構成を知っていること
- 対義語の大体を理解していること（入学—卒業、成功—失敗　など）
- 同音異字を理解していること（健康、高校、公共、外交　など）

《筆順》　筆順、総画数を正しく理解している。

《部首》　部首を理解している。

6級

程度　小学校第5学年までの学習漢字を理解し、文章の中で漢字が果たしている役割を知り、正しく使える。

領域・内容

《読むことと書くこと》　小学校学年別漢字配当表の第5学年までの学習漢字を読み、書くことができる。

- 音読みと訓読みとを正しく理解していること
- 送り仮名や仮名遣いに注意して正しく書けること（求める、失う　など）
- 熟語の構成を知っていること（上下、絵画、大木、読書、不明　など）
- 対義語、類義語の大体を理解していること（禁止―許可、平等―均等　など）
- 同音・同訓異字を正しく理解していること

《筆順》　筆順、総画数を正しく理解している。

《部首》　部首を理解している。

5級

程度　小学校第6学年までの学習漢字を理解し、文章の中で漢字が果たしている役割に対する知識を身に付け、漢字を文章の中で適切に使える。

領域・内容

《読むことと書くこと》　小学校学年別漢字配当表の第6学年までの学習漢字を読み、書くことができる。

- 音読みと訓読みとを正しく理解していること
- 送り仮名や仮名遣いに注意して正しく書けること
- 熟語の構成を知っていること
- 対義語、類義語を正しく理解していること
- 同音・同訓異字を正しく理解していること

《四字熟語》　四字熟語を正しく理解している（有名無実、郷土芸能　など）。

《筆順》　筆順、総画数を正しく理解している。

《部首》　部首を理解し、識別できる。

4級

程度　常用漢字のうち約1300字を理解し、文章の中で適切に使える。

領域・内容

《読むことと書くこと》　小学校学年別漢字配当表のすべての漢字と、その他の常用漢字約300字の読み書きを習得し、文章の中で適切に使える。

- 音読みと訓読みとを正しく理解していること
- 送り仮名や仮名遣いに注意して正しく書けること
- 熟語の構成を正しく理解していること
- 熟字訓、当て字を理解していること（小豆／あずき、土産／みやげ　など）
- 対義語、類義語、同音・同訓異字を正しく理解していること

《四字熟語》　四字熟語を理解している。

《部首》　部首を識別し、漢字の構成と意味を理解している。

3級

程度　常用漢字のうち約1600字を理解し、文章の中で適切に使える。

領域・内容

《読むことと書くこと》　小学校学年別漢字配当表のすべての漢字と、その他の常用漢字約600字の読み書きを習得し、文章の中で適切に使える。

- 音読みと訓読みとを正しく理解していること
- 送り仮名や仮名遣いに注意して正しく書けること
- 熟語の構成を正しく理解していること
- 熟字訓、当て字を理解していること（乙女／おとめ、風邪／かぜ　など）
- 対義語、類義語、同音・同訓異字を正しく理解していること

《四字熟語》　四字熟語を理解している。

《部首》　部首を識別し、漢字の構成と意味を理解している。

※常用漢字とは、平成22年（2010年）11月30日付内閣告示による「常用漢字表」に示された2136字をいう。

準2級

程度 常用漢字のうち1951字を理解し、文章の中で適切に使える。

領域・内容

《読むことと書くこと》 1951字の漢字の読み書きを習得し、文章の中で適切に使える。

- 音読みと訓読みとを正しく理解していること
- 送り仮名や仮名遣いに注意して正しく書けること
- 熟語の構成を正しく理解していること
- 熟字訓、当て字を理解していること（硫黄／いおう、相撲／すもう　など）
- 対義語、類義語、同音・同訓異字を正しく理解していること

《四字熟語》 典拠のある四字熟語を理解している（驚天動地、孤立無援　など）。

《部首》 部首を識別し、漢字の構成と意味を理解している。

※ 1951字とは、昭和56年（1981年）10月1日付内閣告示による旧「常用漢字表」の1945字から「勺」「錘」「銑」「脹」「匁」の5字を除いたものに、現行の「常用漢字表」のうち、「茨」「媛」「岡」「熊」「埼」「鹿」「栃」「奈」「梨」「阪」「阜」の11字を加えたものを指す。

2級

程度 すべての常用漢字を理解し、文章の中で適切に使える。

領域・内容

《読むことと書くこと》 すべての常用漢字の読み書きに習熟し、文章の中で適切に使える。

- 音読みと訓読みとを正しく理解していること
- 送り仮名や仮名遣いに注意して正しく書けること
- 熟語の構成を正しく理解していること
- 熟字訓、当て字を理解していること（海女／あま、玄人／くろうと　など）
- 対義語、類義語、同音・同訓異字などを正しく理解していること

《四字熟語》 典拠のある四字熟語を理解している（鶏口牛後、呉越同舟　など）。

《部首》 部首を識別し、漢字の構成と意味を理解している。

準1級

程度 常用漢字を含めて、約3000字の漢字の音・訓を理解し、文章の中で適切に使える。

領域・内容

《読むことと書くこと》 常用漢字の音・訓を含めて、約3000字の漢字の読み書きに慣れ、文章の中で適切に使える。

- 熟字訓、当て字を理解していること
- 対義語、類義語、同音・同訓異字などを理解していること
- 国字を理解していること（峠、凧、畠　など）
- 複数の漢字表記について理解していること（國―国、交叉―交差　など）

《四字熟語・故事・諺》 典拠のある四字熟語、故事成語・諺を正しく理解している。

《古典的文章》 古典的文章の中での漢字・漢語を理解している。

※ 約3000字の漢字は、JIS第一水準を目安とする。

1級

程度 常用漢字を含めて、約6000字の漢字の音・訓を理解し、文章の中で適切に使える。

領域・内容

《読むことと書くこと》 常用漢字の音・訓を含めて、約6000字の漢字の読み書きに慣れ、文章の中で適切に使える。

- 熟字訓、当て字を理解していること
- 対義語、類義語、同音・同訓異字などを理解していること
- 国字を理解していること（怺える、毟る　など）
- 地名・国名などの漢字表記（当て字の一種）を知っていること
- 複数の漢字表記について理解していること（鹽―塩、颱風―台風　など）

《四字熟語・故事・諺》 典拠のある四字熟語、故事成語・諺を正しく理解している。

《古典的文章》 古典的文章の中での漢字・漢語を理解している。

※ 約6000字の漢字は、JIS第一・第二水準を目安とする。

※常用漢字とは、平成22年（2010年）11月30日付内閣告示による「常用漢字表」に示された2136字をいう。

個人受検を申し込まれる皆さまへ

協会ホームページのご案内

検定に関する最新の情報（申込方法やお支払い方法など）は、公益財団法人　日本漢字能力検定協会**ホームページ https://www.kanken.or.jp/** をご確認ください。
なお、下記の二次元コードから、ホームページへ簡単にアクセスできます。

受検規約について

受検を申し込まれる皆さまは、「日本漢字能力検定 受検規約（漢検ＰＢＴ）」の適用があることを同意のうえ、検定の申し込みをしてください。受検規約は協会のホームページでご確認いただけます。

1 受検級を決める

受検資格　制限はありません

実施級　1、準1、2、準2、3、4、5、6、7、8、9、10級

検定会場　全国主要都市約170か所に設置（実施地区は検定の回ごとに決定）

検定時間　ホームページにてご確認ください。

2 検定に申し込む

インターネットにてお申し込みください。

注意

①家族・友人と同じ会場での受検を希望する方は、検定料のお支払い完了後、申込締切日の2営業日後までに協会（お問い合わせフォーム）までお知らせください。

②障がいがあるなど、身体的・精神的な理由により、受検上の配慮を希望される方は、申込締切日までに協会（お問い合わせフォーム）までご相談ください（申込締切日以降のお申し出には対応できかねます）。

③申込締切日以降は、受検級・受検地を含む内容変更および取り消し・返金は、いかなる場合もできません。また、次回以降の振り替え、団体受検や漢検ＣＢＴへの変更もできません。

団体受検の申し込み

自分の学校や企業などの団体で志願者が一定以上集まると、団体単位で受検の申し込みができる「団体受検」という制度もあります。団体受検申込を扱っているかどうかは先生や人事関係の担当者に確認してください。

3 受検票が届く

受検票は検定日の約1週間前から順次お届けします。

注意

①1、準1、2、準2級の方は、後日届く受検票に顔写真（タテ4㎝×ヨコ3㎝、6か月以内に撮影、上半身無帽、正面）を貼り付け、会場に当日持参してください。（当日回収・返却不可）

②3級～10級の方は顔写真は不要です。

4 検定日当日

持ち物　受検票、鉛筆（HB、B、2Bの鉛筆またはシャープペンシル）、消しゴム

※ボールペン、万年筆などの使用は認められません。ルーペ持ち込み可。

注意

①会場への車での来場（送迎を含む）は、交通渋滞の原因や近隣の迷惑になりますので固くお断りします。

②検定開始時刻の15分前を目安に受検教室までお越しください。答案用紙の記入方法などを説明します。

③携帯電話やゲーム、電子辞書などは、電源を切り、かばんにしまってから入場してください。

④検定中は受検票を机の上に置いてください。

⑤答案用紙には、あらかじめ名前や生年月日などが印字されています。

⑥検定日の約5日後に漢検ホームページにて標準解答を公開します。

5 合否の通知

検定日の約40日後に、受検者全員に「検定結果通知」を郵送します。合格者には「合格証書」・「合格証明書」を同封します。

欠席者には検定問題と標準解答をお送りします。

受検票は検定結果が届くまで大切に保管してください。

進学・就職に有利！
合格者全員に合格証明書発行

大学・短大の推薦入試の提出書類に、また就職の際の履歴書に添付してあなたの漢字能力をアピールしてください。合格者全員に、合格証書と共に合格証明書を2枚、無償でお届けいたします。

合格証明書が追加で必要な場合は有償で再発行できます。

申請方法はホームページにてご確認ください。

お問い合わせ窓口

電話番号　フリーコール **0120-509-315**（無料）

（海外からはご利用いただけません。ホームページよりメールでお問い合わせください。）

お問い合わせ時間　月～金　9時00分～17時00分

（祝日・お盆・年末年始を除く）

※公開会場検定日とその前日の土曜は開設

※検定日は9時00分～18時00分

メールフォーム　https://www.kanken.or.jp/kanken/contact/

「漢検」受検の際の注意点

【字の書き方】

問題の答えは楷書で大きくはっきり書きなさい。乱雑な字や続け字、また、行書体や草書体のようにくずした字は採点の対象とはしません。

特に漢字の書き取り問題では、答えの文字は教科書体をもとにして、はねるところ、とめるところなどもはっきり書きましょう。また、画数に注意して、一画一画を正しく、明確に書きなさい。

《例》

○熱　×熱
○言　×言
○糸　×糸

【字種・字体について】

(1)日本漢字能力検定2～10級においては、「常用漢字表」に示された字種で書きなさい。つまり、表外漢字（常用漢字表にない漢字）を用いると、正答とは認められません。

《例》

○交差点　×交叉点　（「叉」が表外漢字）
○寂しい　×淋しい　（「淋」が表外漢字）

(2)日本漢字能力検定2～10級においては、「常用漢字表」に示された字体で書きなさい。なお、「常用漢字表」に参考として示されている康熙（こうき）字典体など、旧字体と呼ばれているものを用いると、正答とは認められません。

《例》

○真　×眞
○渉　×涉
○飲　×飮
○迫　×迫
○弱　×弱

(3)一部例外として、平成22年告示「常用漢字表」で追加された字種で、許容字体として認められているものや、その筆写文字と印刷文字との差が習慣の相違に基づくとみなせるものは正答と認めます。

《例》

餌 → 餌　と書いても可
遜 → 遜　と書いても可
葛 → 葛　と書いても可
溺 → 溺　と書いても可
箸 → 箸　と書いても可

注意

(3)において、どの漢字が当てはまるかなど、一字一字については、当協会発行図書（2級対応のもの）掲載の漢字表で確認してください。

公益財団法人 日本漢字能力検定協会

改訂三版

漢検 漢字学習
ステップ

漢検

ワイド版

8級

漢検 公益財団法人 日本漢字能力検定協会

もくじ

●別冊／漢字練習ノート
●別冊／答え

この本で学習する漢字

音読みで五十音順（アイウエオ順）にならんでいます。数字はこの本のページです。

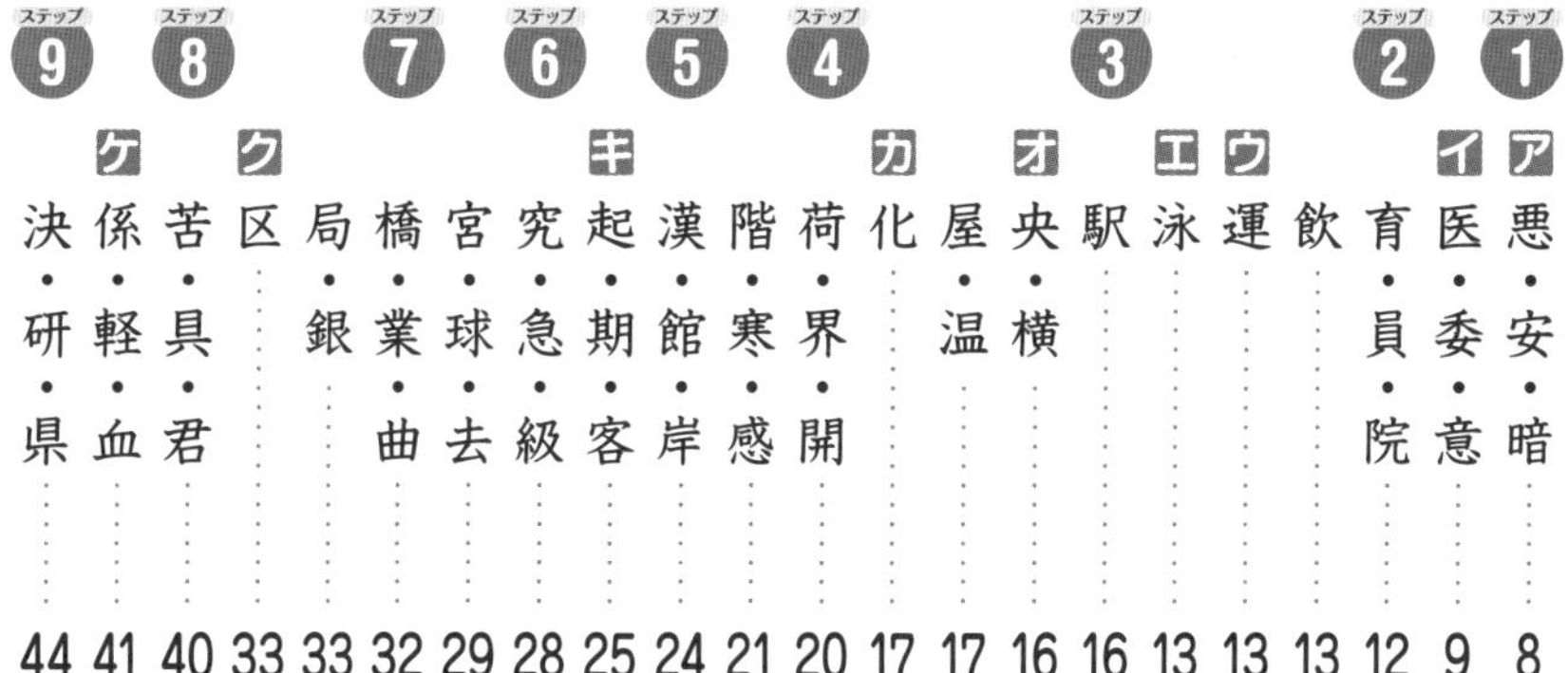

この本の使い方

この本は200字の漢字（小学校3年生で習う漢字）を中心に、楽しく学べるようになっています。漢字の力をつけ、日本漢字能力検定（漢検）8級のごうかくをめざしてください。

1 漢字表

1ステップにつき、5～6字ずつ漢字を学習しよう！

2 練習問題

問題をといてみよう！

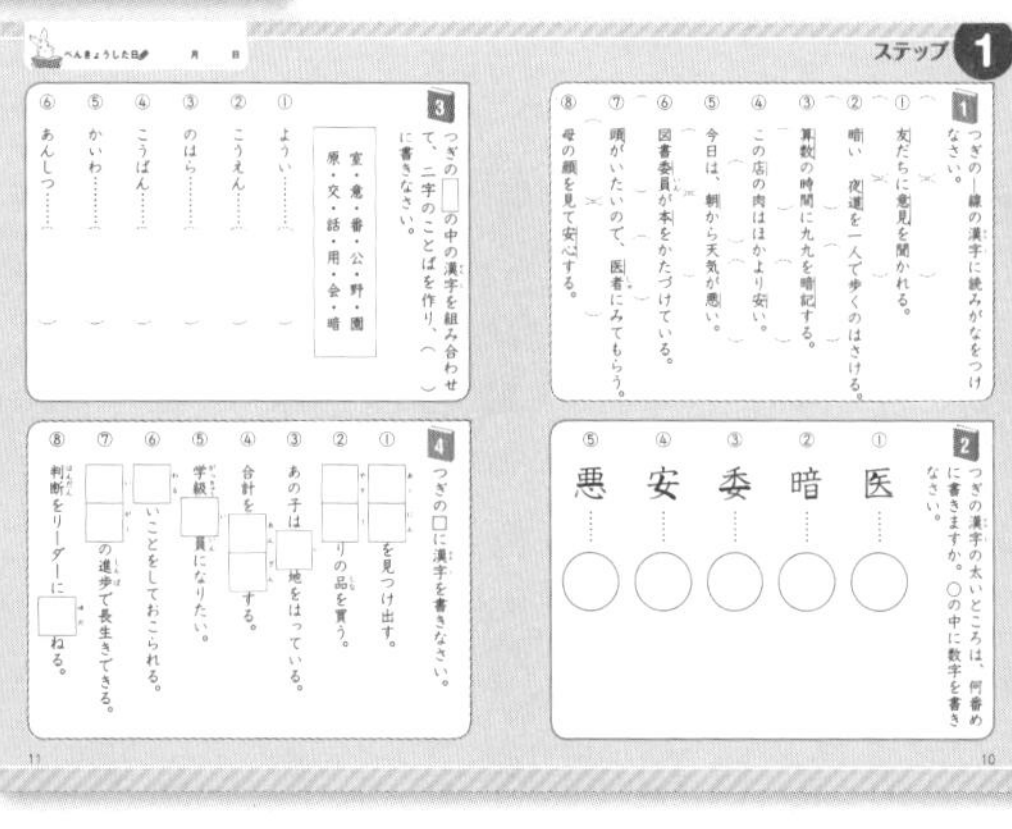

3 力だめし・まとめテスト

力だめしをしてみよう！

力だめしは5回分

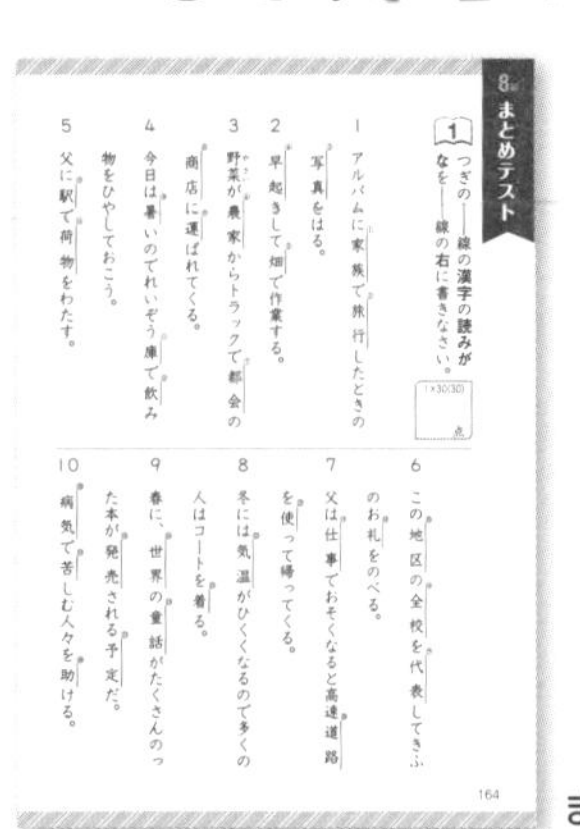

まとめテストは1回分

1 漢字表

新しく学ぶ漢字

1ステップに5〜6字ずつ、五十音順（アイウエオ順）にならんでいます。

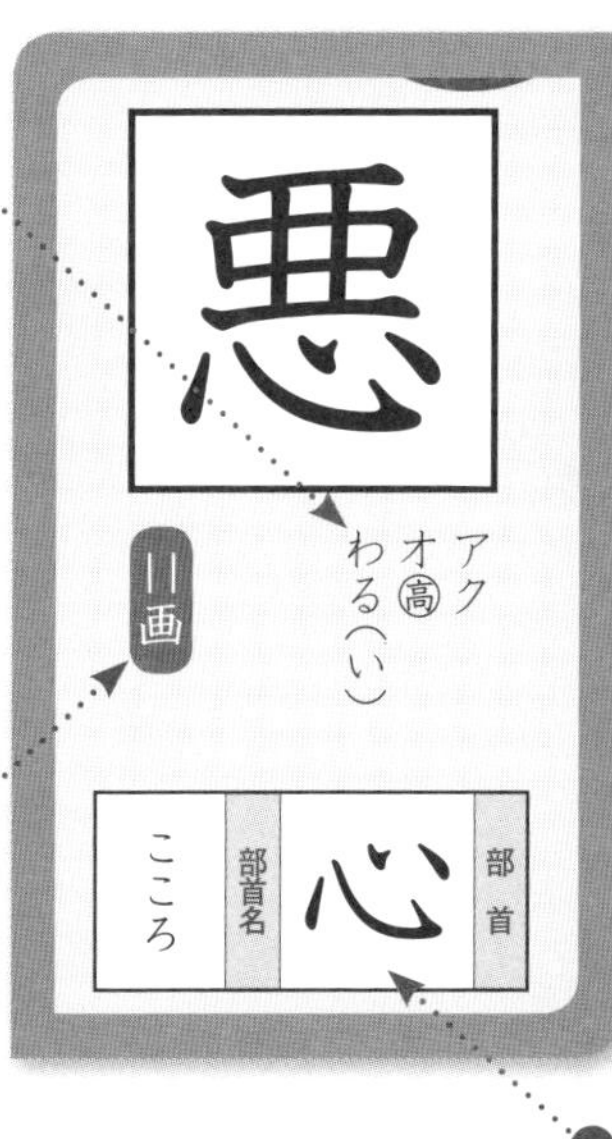

部首・部首名

部首は漢字の分類（なかまわけ）
部首名はその名前

読み

カタカナは音読み。ひらがなは訓読み。（　）の中は、おくりがな。
㊥は中学校で学習する読みで、4級以上で出題対象となります。
㊄は高校で学習する読みで、準2級以上で出題対象となります。

漢字の画数

漢字は、点や線の組み合わせでできています。
この点や線を画といいます。
この漢字が何画で書かれているかをしめしています。

言葉と使い方

ここにあげたもののほかにも、いろいろな言葉と使い方があります。

▲上の級（7／6／5級など）の漢字

◎上の級の読み方
中学校または高校で習う読み方

★とくべつな読み方

熟語（漢字が二つ以上組み合わされて、意味を持つ一つの言葉になったもの）の中には、言葉として読むとき、「部屋」のように、とくべつな読み方をするものがあります。

漢字練習ノート

漢字を書いてみましょう。

漢字は、ステップの順番どおりに、練習できるようになっています。

＊ととのった漢字を書くために注意するとよいこと

見本を見ながら漢字を書いてみましょう。

2 練習問題

問題をといてみましょう。

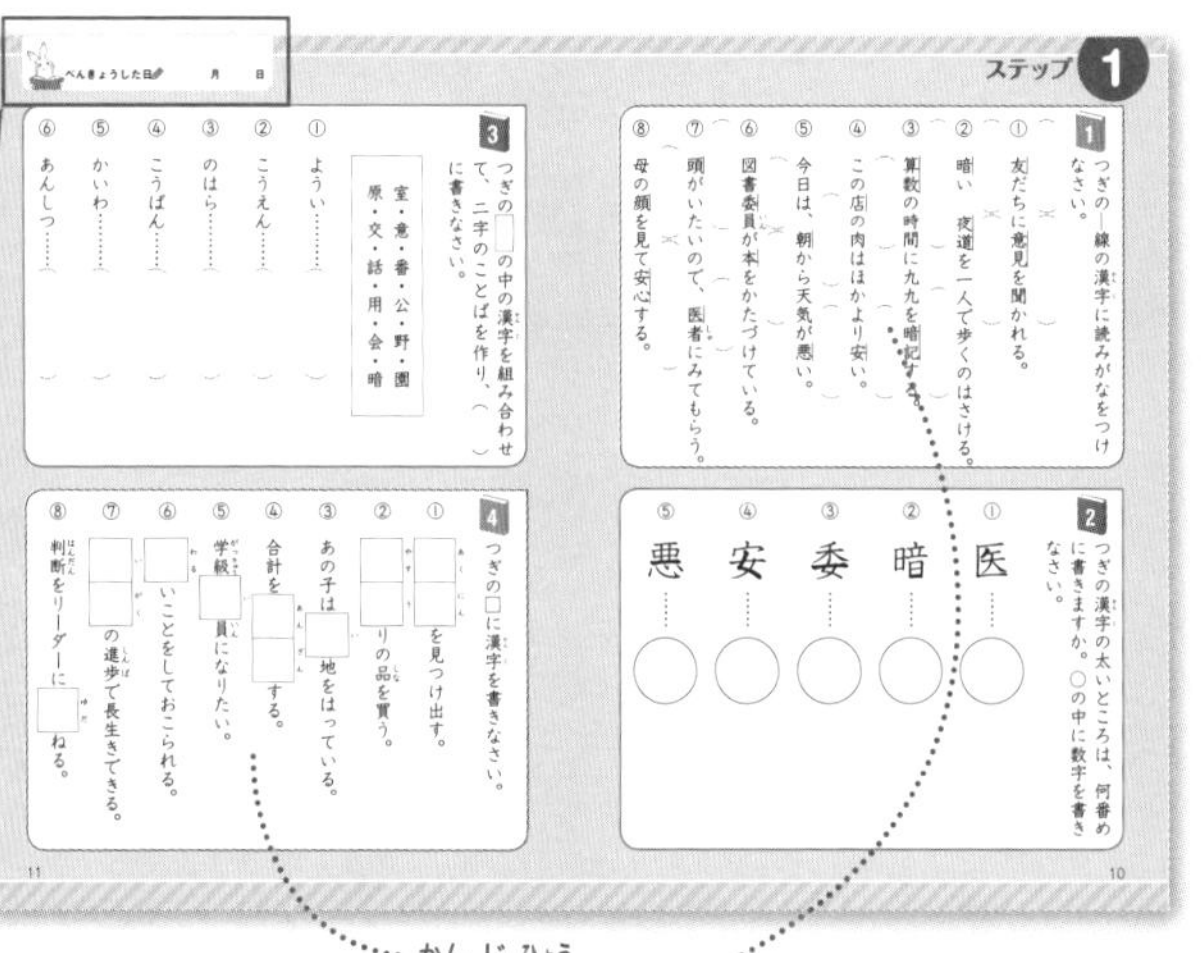

＊前のページの漢字表で学習した漢字がたくさん出ています。

勉強した日を書きこみましょう。

答えは、別冊（本から取り外せます）にまとめました。本のさいごについています。

なくさないように注意しましょう。

＊答えには、かいせつ「ステップアップメモ」もついています。

3 力だめし・まとめテスト

力をためしてみましょう。

ステップ6〜7回分がおわったら、力だめしにチャレンジ。
さいごは、まとめテストにチャレンジしましょう。

力だめし

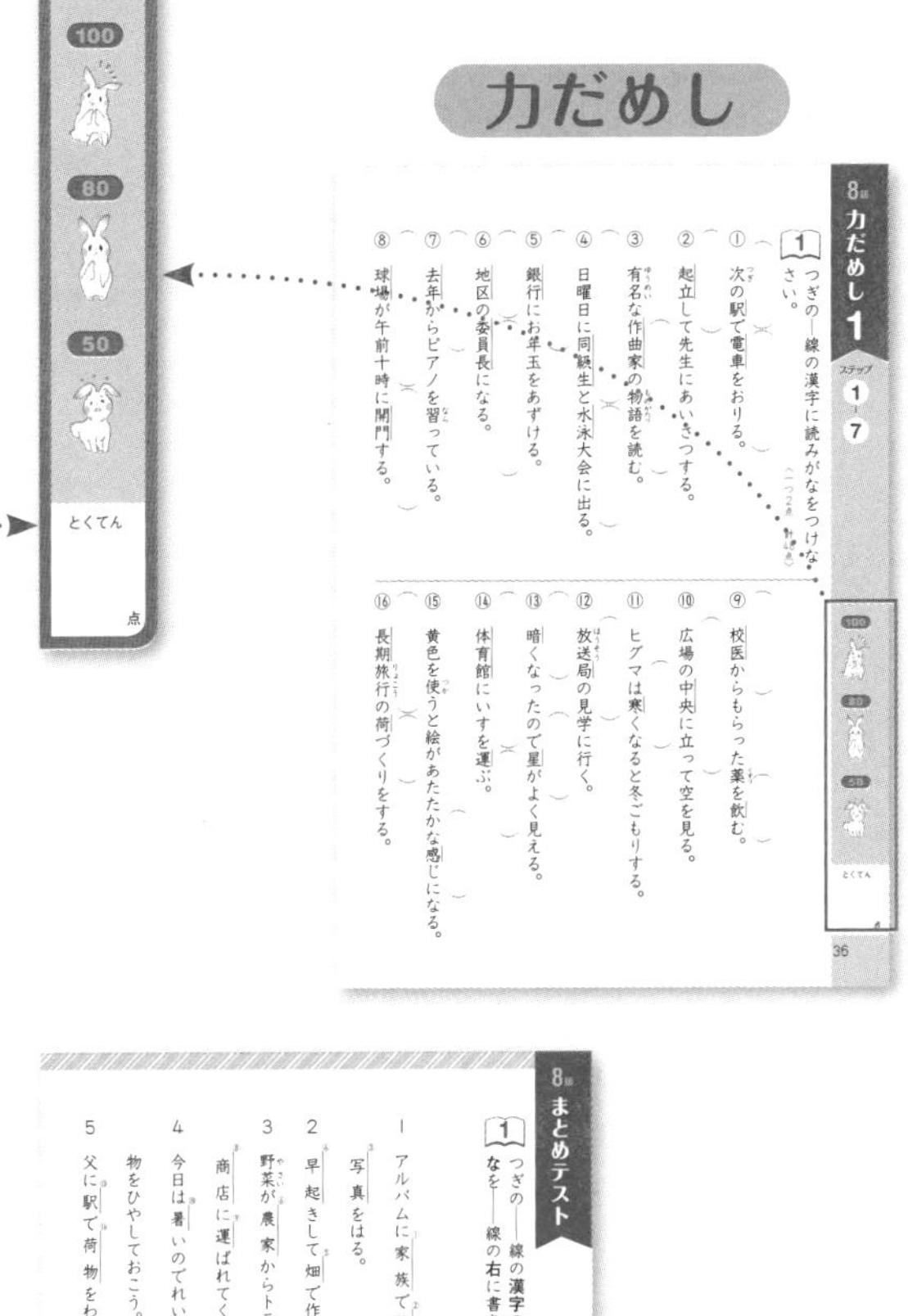

答え合わせをしたら、とくてんを書きこみましょう。

100 80 50 とくてん 点

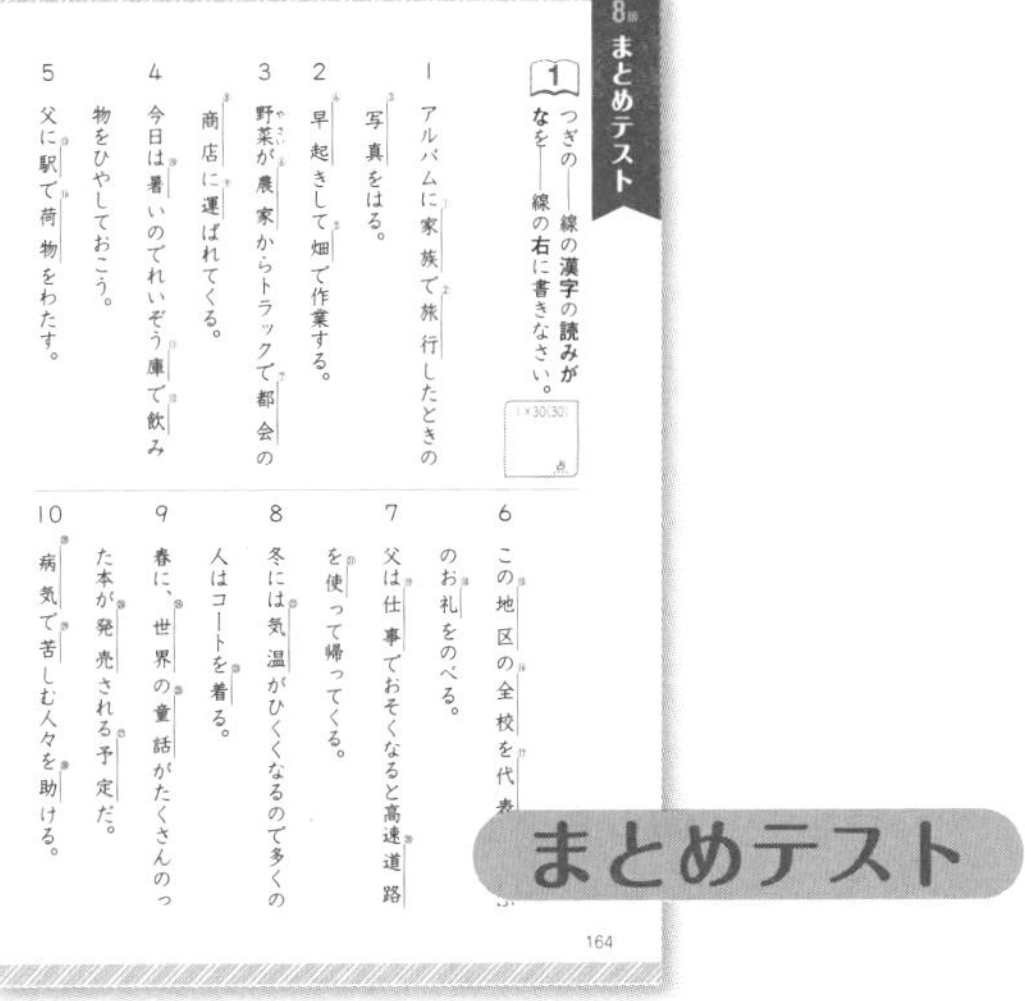

まとめテスト

クイズであそぼ！

力だめしの後には、楽しいクイズのページがあります。

クイズであそぼ！1 言葉さがし

下のリストの熟語の読みを、れいのように見つけてみよう。のこったひらがなを組み合わせて熟語を作り、答えの文に合う漢字を答えよう。

［注意］マスは、一直線に使います。とちゅうで曲げることはできません。

［リスト］委員会 悪用 海岸 漢字 体温 回数 寒気 学級 医学 台地 天下 水泳 体育 売買 羽毛 音階 究明 中央 明暗 土曜 起点 期間

た	い	お	ん	が	あ	だ	き
い	い	が	く	っ	く	い	ど
い	ん	か	ん	き	ょ	ち	よ
く	か	い	ち	ゅ	う	お	う
あ	い	が	か	う	も	う	お
き	て	ん	い	め	い	あ	ん
か	ん	じ	す	い	え	い	か
ん	か	ん	う	ば	い	ば	い

読みは、たて・横につながっているよ。

［答え］算数の時間に九九を□□する。

39

悪

アク
オ㊄
わる（い）

部首	部首名
心	こころ

言葉と使い方

悪意（あくい）　悪人（あくにん）
▲最悪（さいあく）　◎悪寒（おかん）
体（からだ）の調子（ちょうし）が悪（わる）い

安

アン
やす（い）

部首	部首名
宀	うかんむり

言葉と使い方

安心（あんしん）　安全（あんぜん）
安定（あんてい）
大安売（おおやすう）りをしている

暗

アン
くら（い）

部首	部首名
日	ひへん

言葉と使い方

暗記（あんき）　暗算（あんざん）　明暗（めいあん）
真（ま）っ暗（くら）
暗（くら）がりの中（なか）を進（すす）む

医

イ

7画

部首	部首名
匚	かくしがまえ

言葉と使い方

医院（いいん）　医学（いがく）
歯科医（しかい）
医者（いしゃ）の話（はなし）を聞（き）く

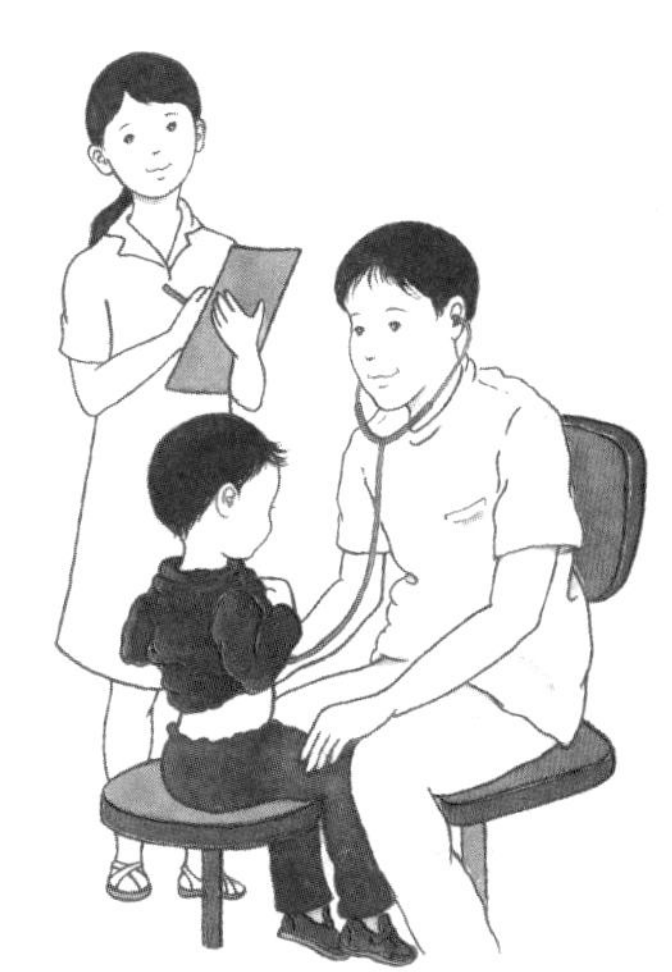

イ
ゆだ（ねる）

8画

部首	部首名
女	おんな

言葉と使い方

委員会（いいんかい）
学級委員（がっきゅういいん）
運命（うんめい）に身（み）を委（ゆだ）ねる

イ

13画

部首	部首名
心	こころ

言葉と使い方

意見（いけん）　意味（いみ）
決意（けつい）　注意（ちゅうい）
出（で）かける用意（ようい）をする

1 つぎの――線の漢字(かんじ)に読みがなをつけなさい。

① 友だちに意見を聞かれる。（　）（　）
② 暗い　夜道を一人で歩くのはさける。（　）（　）
③ 算数の時間に九九を暗記する。（　）（　）
④ この店の肉はほかより安い。（　）（　）
⑤ 今日は、朝から天気が悪い。（　）（　）
⑥ 図書委員(いん)が本をかたづけている。（　）（　）
⑦ 頭がいたいので、医者(しゃ)にみてもらう。（　）（　）
⑧ 母の顔を見て安心する。（　）（　）

2 つぎの漢字(かんじ)の太いところは、何番めに書きますか。○の中に数字を書きなさい。

① 医……○
② 暗……○
③ 委……○
④ 安……○
⑤ 悪……○

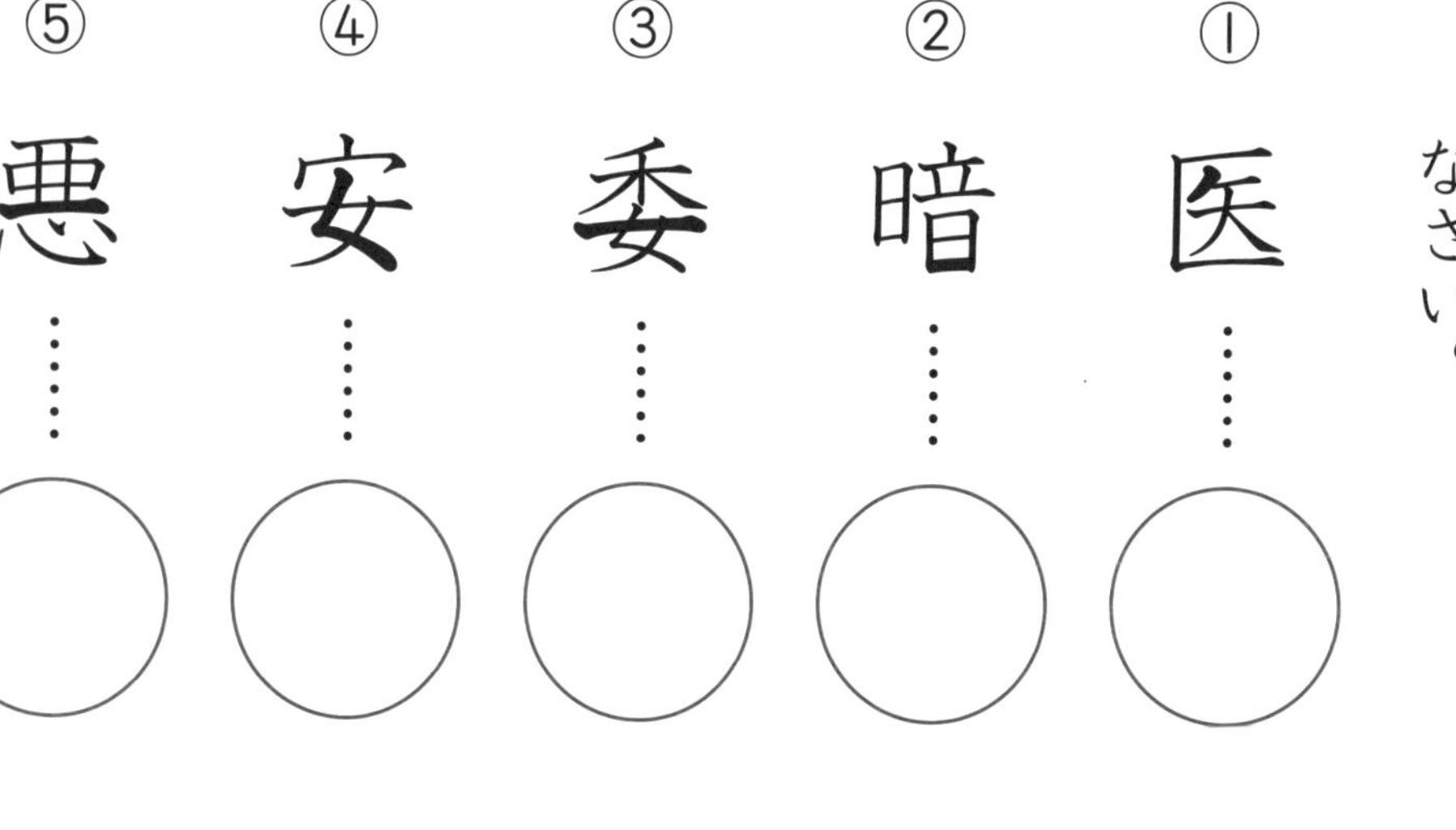

3 つぎの□の中の漢字(かんじ)を組み合わせて、二字のことばを作り、(　)に書きなさい。

室・意・番・公・野・園
原・交・話・用・会・暗

① ようい……(　)
② こうえん……(　)
③ のはら……(　)
④ こうばん……(　)
⑤ かいわ……(　)
⑥ あんしつ……(　)

4 つぎの□に漢字(かんじ)を書きなさい。

① □□(あくにん)を見つけ出す。
② □□(やすう)りの品(しな)を買う。
③ あの子は□(い)地をはっている。
④ 合計を□□(あんざん)する。
⑤ 学級(がっきゅう)□(い)員(いん)になりたい。
⑥ □(わる)いことをしておこられる。
⑦ □□(いがく)の進歩(しんぽ)で長生きできる。
⑧ 判断(はんだん)をリーダーに□(ゆだ)ねる。

育

8画

イク
そだ(つ)
そだ(てる)
はぐく(む)

部首	部首名
肉	にく

言葉と使い方

教育(きょういく)　体育館(たいいくかん)
親鳥(おやどり)がひなを育(はぐく)む
ベランダで野菜(やさい)を▲育(そだ)てる

員

10画

イン

部首	部首名
口	くち

言葉と使い方

係員(かかりいん)　全員(ぜんいん)
店員(てんいん)
父(ちち)は駅員(えきいん)だ

院

10画

イン

部首	部首名
阝	こざとへん

言葉と使い方

院長(いんちょう)　寺院(じいん)
病院(びょういん)
入院(にゅういん)の用意(ようい)をする

飲

12画

イン
の(む)

部首	部首名
𩙿	しょくへん

言葉と使い方

飲食店（いんしょくてん）　▲飲料（いんりょう）

飲み水（のみみず）

お茶（ちゃ）を飲（の）む

運

12画

ウン
はこ(ぶ)

部首	部首名
辶	しんにょう しんにゅう

言葉と使い方

運送（うんそう）　運転（うんてん）　運動場（うんどうじょう）

幸運（こううん）

荷物（にもつ）を運（はこ）ぶ

泳

8画

エイ
およ(ぐ)

部首	部首名
氵	さんずい

言葉と使い方

▲競泳（きょうえい）　水泳（すいえい）

平泳（ひらおよ）ぎ

遠泳大会（えんえいたいかい）に出場（しゅつじょう）する

1 つぎの―線の漢字(かんじ)に読みがなをつけなさい。

① 水道の水を飲む。（　）（　）
② 拾(ひろ)った子犬を育てる。（　）（　）
③ 兄が水泳大会に出る。（　）
④ エレベーターの定員(てい)は十人だった。（　）
⑤ 朝日にかがやく寺院が見える。（　）（　）
⑥ 星の運行を観測(かんそく)する。（　）（　）
⑦ となりの教室にいすを運ぶ。（　）（　）
⑧ クラス委員にえらばれる。（　）

2 ㋐と㋑のカードを組み合わせて、漢(かん)字(じ)を作りなさい。（カードはそれぞれ一回ずつ使(つか)います。）

①
㋐ 貝　欠　音　永
㋑ 口　氵　飠　心

②
㋐ 軍　完　女　音
㋑ 日　阝　辶　宀

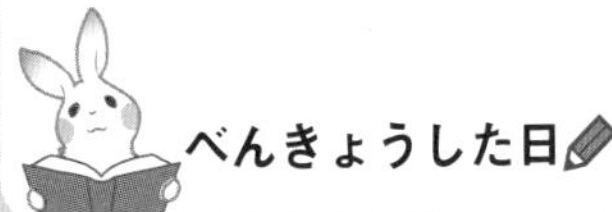

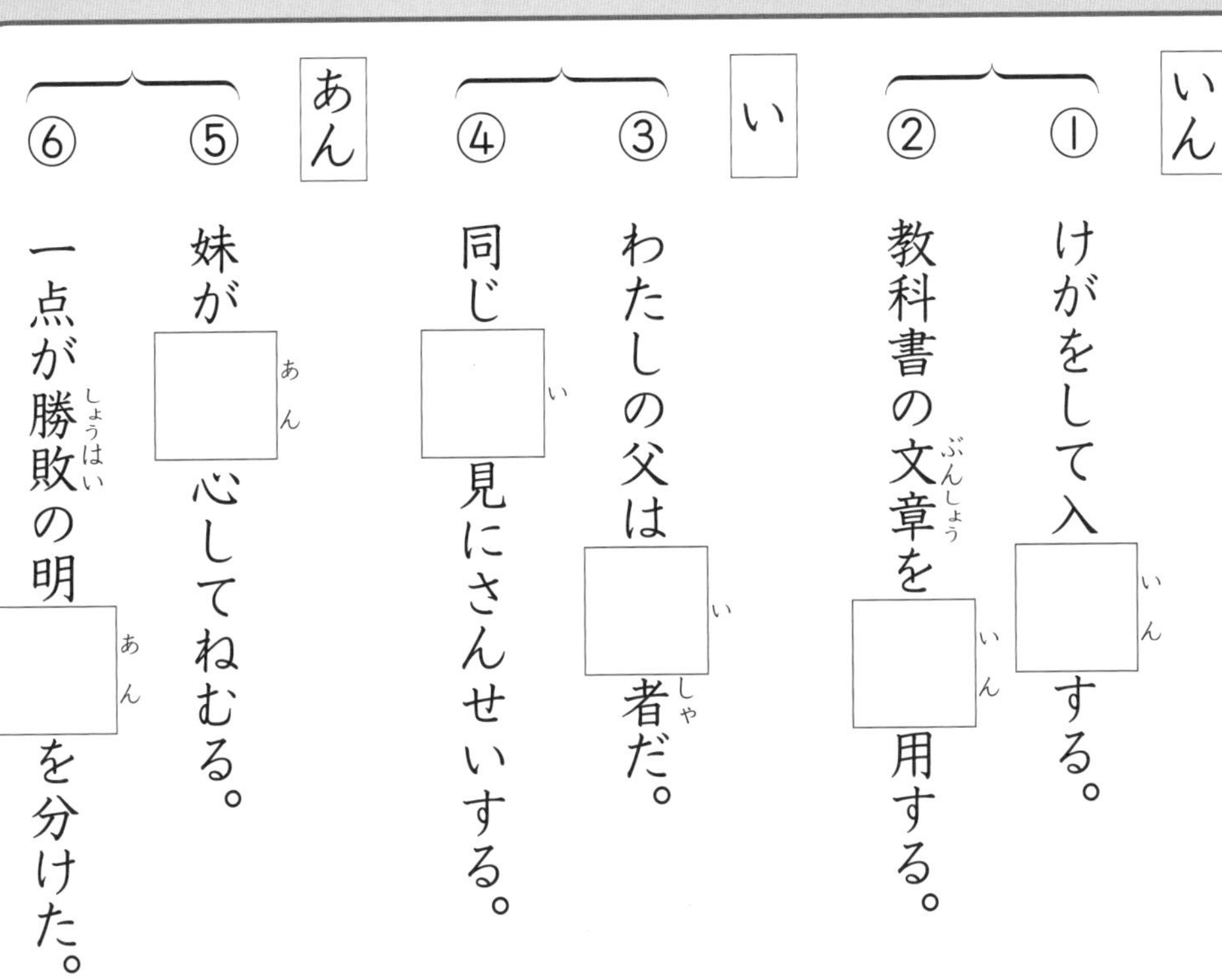

3 つぎの□の中に漢字(かんじ)を書きなさい。

いん
①けがをして入□(いん)する。
②教科書の文章(ぶんしょう)を□(いん)用する。

い
③わたしの父は□(い)者(しゃ)だ。
④同じ□(い)見にさんせいする。

あん
⑤妹が□(あん)心してねむる。
⑥一点が勝敗(しょうはい)の明□(あん)を分けた。

4 つぎの□に漢字(かんじ)を書きなさい。

①□□(たいいく)で百メートル走をする。
②クラス全(ぜん)□(いん)でそうじをする。
③夏休みに海で□(およ)ぐ。
④姉は大学□(いん)を出た。
⑤つめたい□(の)み物(もの)を買う。
⑥今日、バスは□□(うんきゅう)している。
⑦温(あたた)かい家庭(かてい)で□(はぐく)まれる。
⑧母と□□(いんしょく)店に入る。

駅

14画

エキ

部首	馬
部首名	うまへん

言葉と使い方

駅長（えきちょう）

駅伝（えき▲でん）

駅前（えきまえ）

終着駅（しゅうちゃくえき）

次（つぎ）の駅（えき）でおりる

央

5画

オウ

部首	大
部首名	だい

言葉と使い方

中央（ちゅうおう）

中央線（ちゅうおうせん）

中央口（ちゅうおうぐち）で待（ま）ち合（あ）わせる

横

15画

オウ
よこ

部首	木
部首名	きへん

言葉と使い方

横▲断歩道（おうだんほどう）

横顔（よこがお）

話（はなし）が横道（よこみち）にそれる

屋

オク
や

9画

部首	部首名
尸	かばね しかばね

言葉と使い方

屋上(おくじょう)　屋台(やたい)
花屋(はなや)　★八百屋(やおや)
★部屋(へや)のそうじをする

温

オン
あたた(か)
あたた(かい)
あたた(まる)
あたた(める)

12画

部首	部首名
氵	さんずい

言葉と使い方

温室(おんしつ)　気温(きおん)
温(あたた)かいお茶(ちゃ)
スープを温(あたた)める

化

カ
ケ㊥
ば(ける)
ば(かす)

4画

部首	部首名
匕	ひ

言葉と使い方

文化(ぶんか)　◎▲化粧(けしょう)
お化(ば)け
大(おお)きな化石(かせき)が発見(はっけん)される

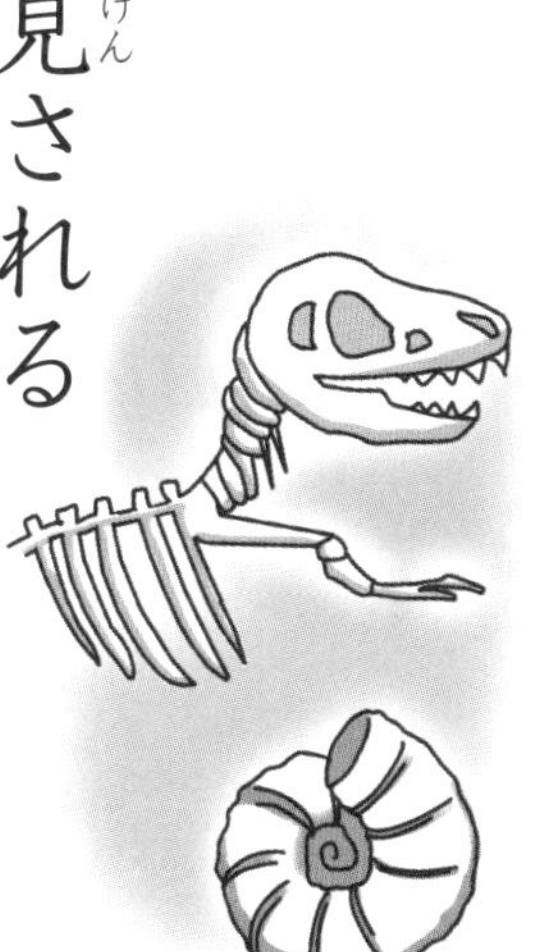

ステップ 3

1 つぎの―線の漢字に読みがなをつけなさい。

①台風で（　）横なぐりの雨がふる。（　）

②中央の出口に友人が立っている。（　）（　）

③遠くても横断歩道をわたろう。（　）（　）

④先生が貝の化石を見せてくれた。（　）（　）

⑤晴れた日は屋外に出る。（　）（　）

⑥温かいお茶をすすめる。（　）（　）

⑦上り電車が駅のホームに入ってくる。（　）（　）

⑧昼になって気温が上がった。（　）（　）

2 つぎの―線のカタカナを○の中の漢字とおくりがな（ひらがな）で□の中に書きなさい。

〈れい〉㊅大 オオキイ花がさく。［大きい］

①㊅化 タヌキが人をバカス話だ。［　］

②㊅温 手をアタタメル。［　］

③㊅泳 海で長時間オヨグ。［　］

④㊅運 つくえをハコブ。［　］

⑤㊅育 アサガオをソダテル。［　］

⑥㊅暗 家の中がクライ。［　］

3 ㋐と㋑のカードを組み合わせて、漢字を作りなさい。（カードはそれぞれ一回ずつ使います。）

①
㋐ 昷　女　匕　心
㋑ 亻　覀　氵　禾
□□□□

②
㋐ 尺　黄　矢　至
㋑ 匚　尸　木　馬
□□□□□

4 つぎの□に漢字を書きなさい。

① □□（ちゅうおう）通りを車で走る。
② □（よこ）から口を出す。
③ □□（えきまえ）からバスに乗る。
④ □□□（たいおんけい）をかりる。
⑤ 夏はお□（ば）けの話でもりあがる。
⑥ □（や）台でおでんを食べる。
⑦ □（おん）水プールに通う。
⑧ □□（ぶんか）の日は祝日だ。

荷

10画

カ㊥
に

部首	部首名
艹	くさかんむり

言葉と使い方

◎出荷(しゅっか)　荷台(にだい)　荷物(にもつ)
荷(に)づくり
荷車(にぐるま)を後(うし)ろからおす

界

9画

カイ

部首	部首名
田	た

言葉と使い方

世界(せかい)
世界地図(せかいちず)を
かべにはる

開

12画

カイ
ひら(く)
ひら(ける)
あ(く)
あ(ける)

部首	部首名
門	もんがまえ

言葉と使い方

開会式(かいかいしき)　開始(かいし)
開店(かいてん)　花(はな)が開(ひら)く
発表会(はっぴょうかい)のまくが開(あ)く

階

12画

カイ

部首	部首名
阝	こざとへん

言葉と使い方

▲階段（かいだん）　音階（おんかい）

音楽室（おんがくしつ）は二階（にかい）にある

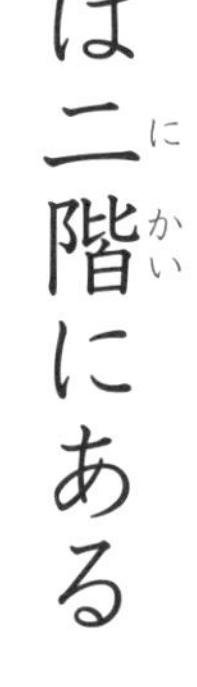

寒

12画

カン
さむ（い）

部首	部首名
宀	うかんむり

言葉と使い方

寒波（かんぱ）　▲寒冷（かんれい）

寒（さむ）い朝（あさ）

寒（かん）げいこに出（で）る

感

13画

カン

部首	部首名
心	こころ

言葉と使い方

感▲謝（かんしゃ）　感想文（かんそうぶん）

感動（かんどう）　直感（ちょっかん）

友（とも）だちの意見（いけん）に同感（どうかん）だ

1 つぎの—線の漢字に読みがなをつけなさい。

① げいのう界では運も必要だ。
② 明日、十時から音楽会が開かれる。
③ トラックの荷台にたんすをつむ。
④ 二階に本を運ぶ。
⑤ 寒いと思ったら雪がふってきた。
⑥ おやつに寒天ゼリーを食べる。
⑦ 目がつかれたと感じたら休む。
⑧ 校長先生が　開会式であいさつする。

2 つぎの漢字の画数（漢字を書くときの点や線の数）を数字で書きなさい。

① 荷……（　）
② 駅……（　）
③ 院……（　）
④ 階……（　）
⑤ 飲……（　）

べんきょうした日　月　日

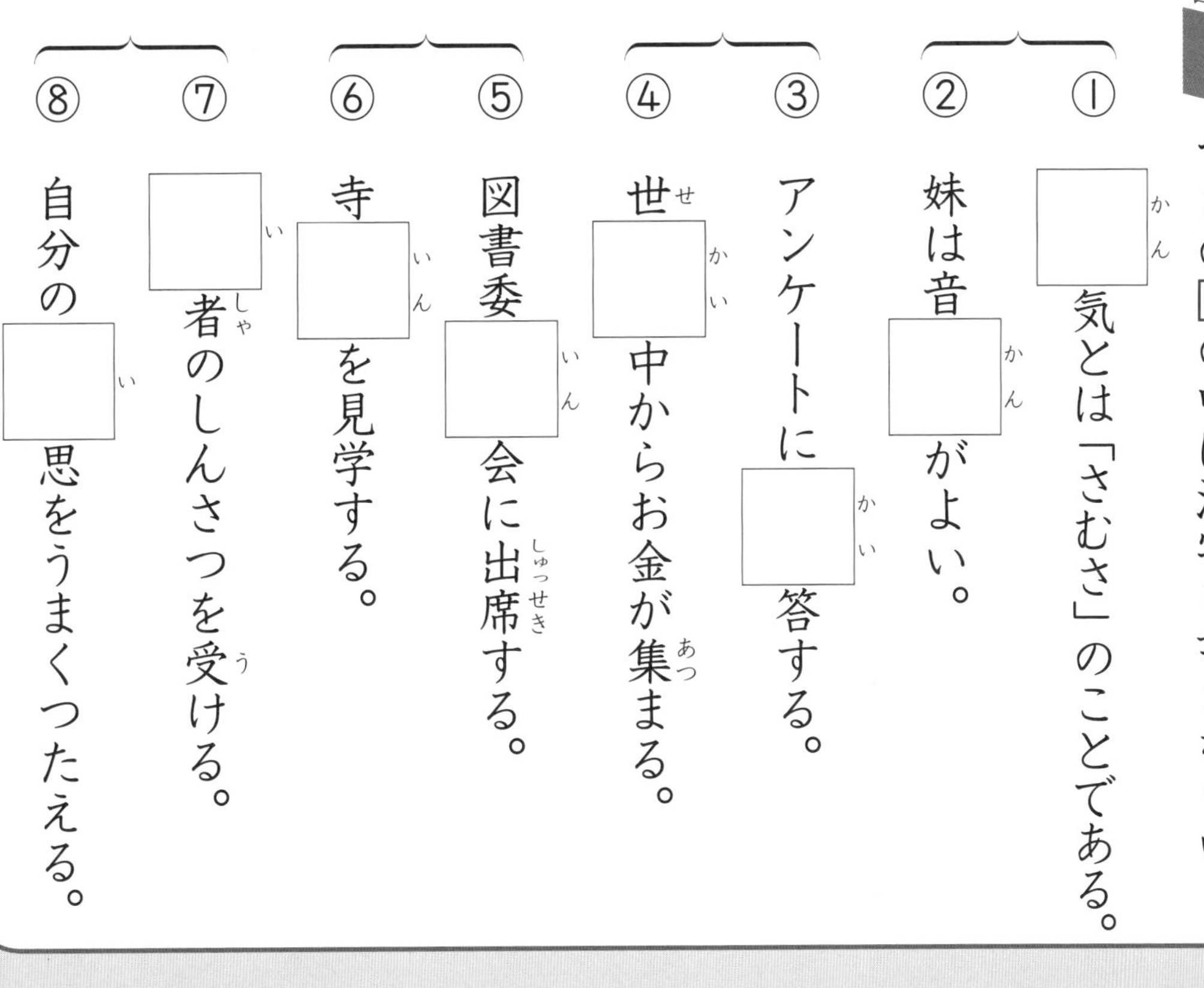

3 つぎの□の中に漢字(かんじ)を書きなさい。

① □(かん)気とは「さむさ」のことである。

② 妹は音□(かん)がよい。

③ アンケートに□(かい)答する。

④ 世(せ)□(かい)中からお金が集(あつ)まる。

⑤ 図書委□(いん)会に出席(しゅっせき)する。

⑥ 寺□(いん)を見学する。

⑦ □(い)者(しゃ)のしんさつを受(う)ける。

⑧ 自分の□(い)思をうまくつたえる。

4 つぎの□に漢字(かんじ)を書きなさい。

① レストランが□□(かいてん)する。

② 山の上から□□(げかい)を見わたす。

③ □□(おんかい)を五線紙に書く。

④ □□(かいか)に人がいるようだ。

⑤ 引っこしの□(に)づくりをする。

⑥ □□(かんちゅう)水泳大会に出る。

⑦ □□(ちょっかん)をはたらかせる。

⑧ 車のドアを□(あ)ける。

漢

カン

言葉と使い方

漢詩（かんし）　漢字（かんじ）

漢方薬（かんぽうやく）

悪漢（あっかん）をやっつける

館

カン
やかた

言葉と使い方

水族館（すいぞくかん）　体育館（たいいくかん）

大（おお）きな館（やかた）

館内（かんない）アナウンスが流（なが）れる

岸

ガン
きし

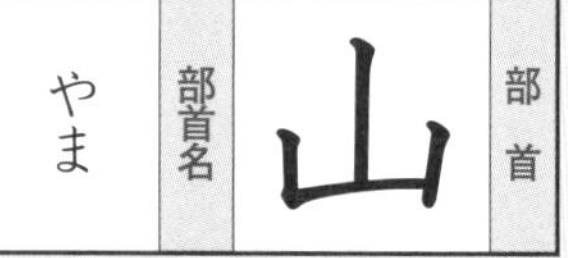

言葉と使い方

海岸（かいがん）

▲岸辺（きしべ）　川岸（かわぎし）

向（む）こう岸（ぎし）に船（ふね）でわたる

起

10画

キ
お(きる)
お(こる)
お(こす)

部首：走　部首名：そうにょう

言葉と使い方

起点(きてん)　起立(きりつ)

早起(はやお)き

毎日六時(まいにちろくじ)に起(お)きる

期

12画

キ
ゴ㊓

部首：月　部首名：つき

言葉と使い方

期間(きかん)　期待(きたい)

▲最期(さいご)◎

長期(ちょうき)の休(やす)みをとる

客

9画

キャク
カク㊥

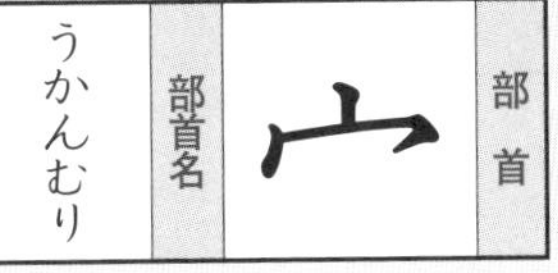

部首：宀　部首名：うかんむり

言葉と使い方

客間(きゃくま)　乗客(じょうきゃく)

旅客(りょかく◎／りょきゃく)

お客様(きゃくさま)にあいさつする

1

つぎの―線の漢字に読みがなをつけなさい。

① 早起きして初日の出を見る。

② 新しく習った漢字の画数を数える。

③ 麦をかり取る時期になった。

④ 天気が悪くて客足が落ちる。

⑤ ビーバーが川岸まで泳ぐ。

⑥ 友だちと図書館の二階に上がる。

⑦ 海岸線にそって電車が走る。

⑧ これは少年が悪漢をたおす話だ。

2

つぎの―線の漢字に読みがなをつけなさい。

① 気温が急に上がった。

② 温かいスープを飲む。

③ 生き物を育てる。

④ 体育の時間にサッカーをする。

⑤ 学校のサクラが開花した。

⑥ 国語の教科書を開く。

⑦ 東京駅は東海道線の起点だ。

⑧ 畑でサツマイモをほり起こした。

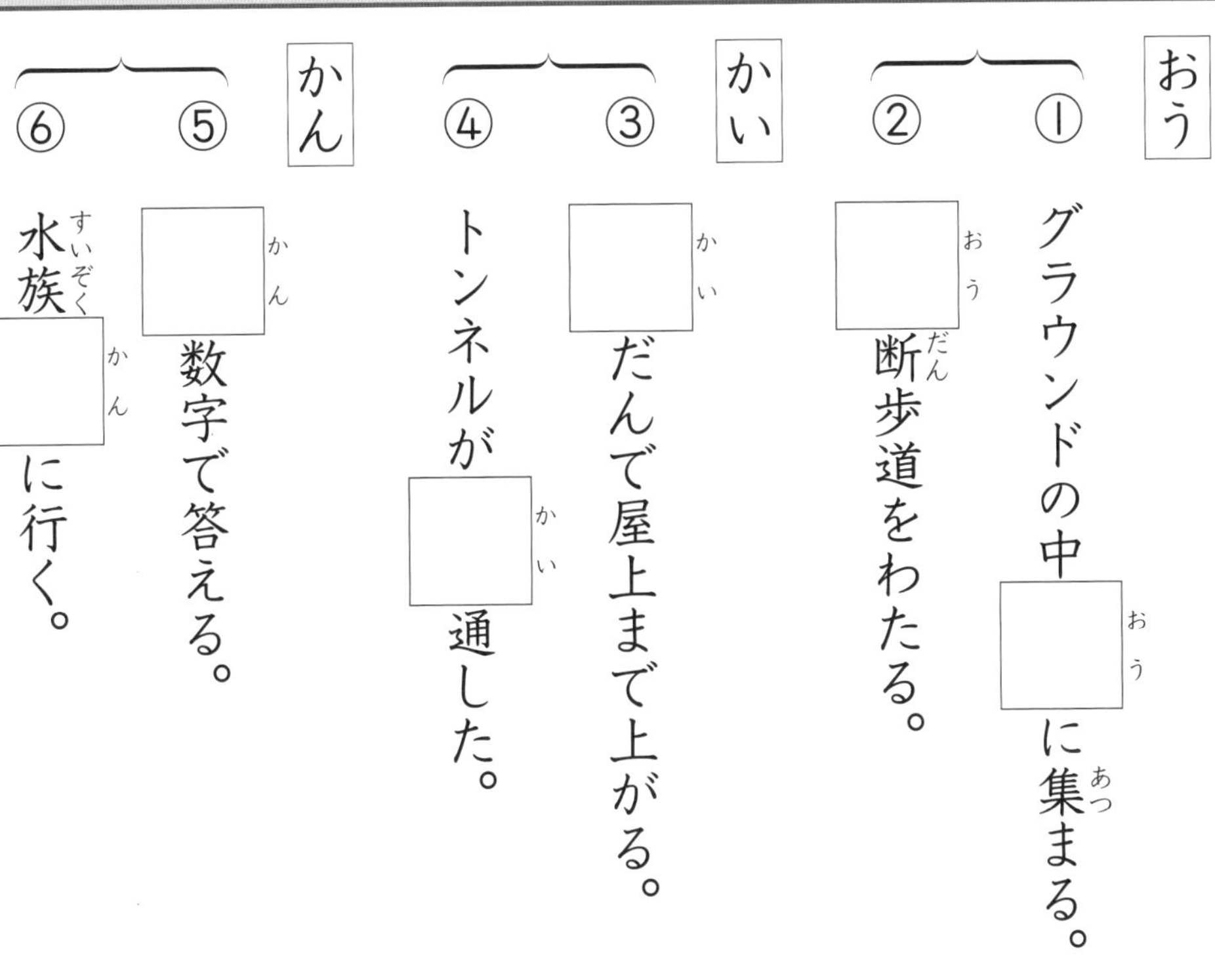

3 つぎの□の中に漢字を書きなさい。

おう

① グラウンドの中□(おう)に集(あつ)まる。

② □(おう)断(だん)歩道をわたる。

かい

③ □(かい)だんで屋上まで上がる。

④ トンネルが□(かい)通した。

かん

⑤ □(かん)数字で答える。

⑥ 水族(すいぞく)□(かん)に行く。

4 つぎの□に漢字を書きなさい。

① 古い□(やかた)の中を調(しら)べる。

② □□(きりつ)したまま話を聞く。

③ 母は□□(かんぽう)薬(やく)を飲んでいる。

④ 朝、□(お)きてすぐに出かける。

⑤ 二□□(がっき)が楽しみだ。

⑥ □□(らいきゃく)中なのでしずかにする。

⑦ □(きし)べにきれいな花がさく。

⑧ 妹は□□□(ちょうきかん)学校を休んだ。

級

キュウ

9画

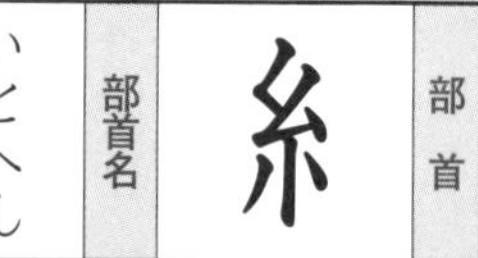

部首	部首名
糸	いとへん

言葉と使い方

学級（がっきゅう）　高級（こうきゅう）

進級（しんきゅう）

町（まち）で同級生（どうきゅうせい）と会（あ）う

急

キュウ
いそ（ぐ）

9画

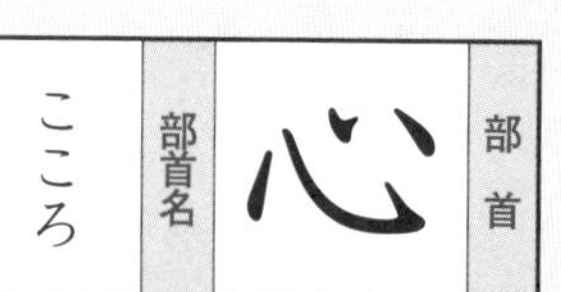

部首	部首名
心	こころ

言葉と使い方

急病（きゅうびょう）　▲救急車（きゅうきゅうしゃ）

急（いそ）ぎ足（あし）

急（きゅう）に雨（あめ）がふり出（だ）す

究

キュウ
きわ（める）㊥

7画

部首	部首名
穴	あなかんむり

言葉と使い方

究▲極（きゅうきょく）　究明（きゅうめい）　研究会（けんきゅうかい）

道（みち）を◎究（きわ）める

自由研究（じゆうけんきゅう）に取（と）り組（く）む

宮

キュウ
グウ㊥
ク㊬
みや

10画

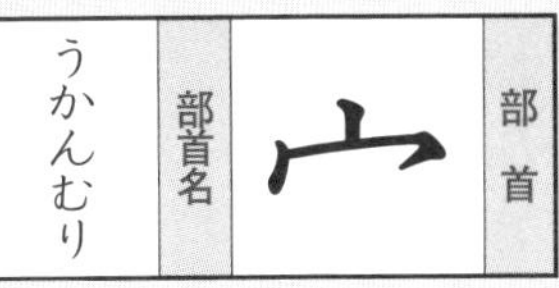
部首 宀 部首名 うかんむり

言葉と使い方

宮▲殿（きゅうでん）　◎宮▲司（ぐうじ）
お宮（みや）まいり
お宮（みや）の鳥▲居（とりい）を通（とお）りぬける

球

キュウ
たま

11画

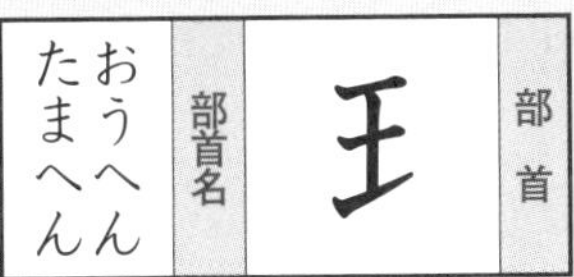
部首 王 部首名 おうへん たまへん

言葉と使い方

球根（きゅうこん）　球場（きゅうじょう）
電球（でんきゅう）　野球（やきゅう）
球拾（たまひろ）いをする

去

キョ
コ
さ(る)

5画

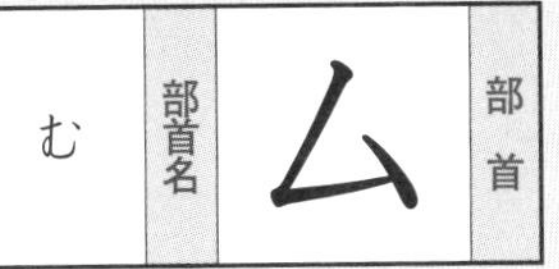
部首 ム 部首名 む

言葉と使い方

去年（きょねん）　消去（しょうきょ）
▲過去（かこ）
夏（なつ）が去（さ）り秋（あき）が来（く）る

1 つぎの――線の漢字に読みがなをつけなさい。

① 本当のことを究明する。（　　）（　　）

② 急用を思い出して家に帰る。（　　）（　　）（　　）

③ 野球の球拾（ひろ）いをする。（　　）（　　）

④ 大急ぎで　駅前に向（む）かう。（　　）（　　）

⑤ ヨーロッパの王宮の絵を見る。（　　）（　　）

⑥ 気球で青い大空をとぶ。（　　）（　　）

⑦ 学級文庫（ぶんこ）を整（せい）とんする。（　　）

⑧ 大きな台風が去り、日がさした。（　　）（　　）

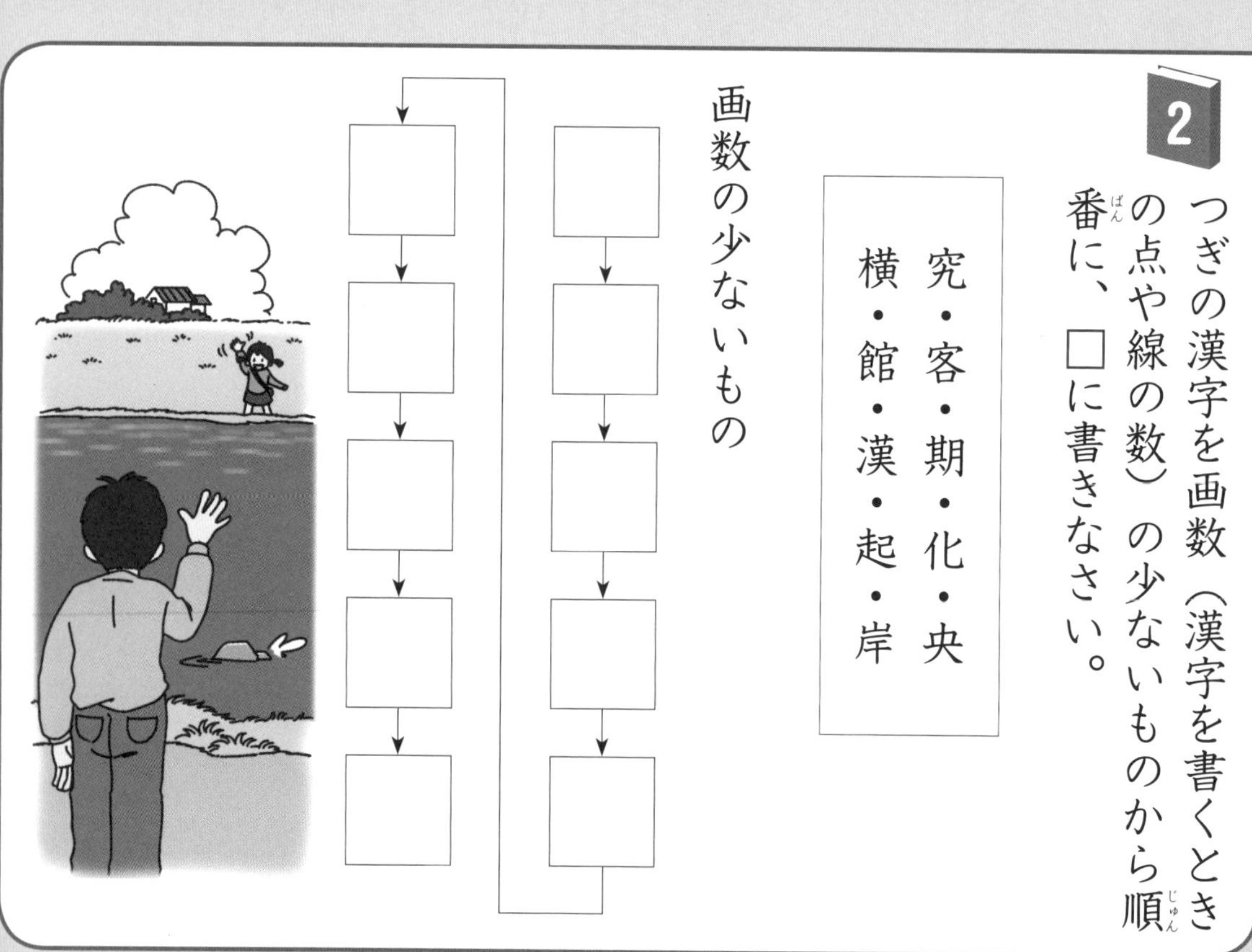

2 つぎの漢字を画数（漢字を書くときの点や線の数）の少ないものから順（じゅん）番（ばん）に、□に書きなさい。

究・客・期・化・央
横・館・漢・起・岸

画数の少ないもの

月　日

3

つぎの──線のカタカナを○の中の漢字とおくりがな（ひらがな）で□の中に書きなさい。

〈れい〉 (大) **オオキイ**花がさく。 [大きい]

① (急) 先を**イソグ**。 [　　]

② (起) 朝七時に**オキル**。 [　　]

③ (寒) 風が強くて**サムイ**。 [　　]

④ (開) ハスの花が**ヒラク**。 [　　]

⑤ (教) 外国のあいさつを**オソワル**。 [　　]

⑥ (細) **コマカイ**字で書く。 [　　]

4

つぎの□に漢字を書きなさい。

① □□（こう きゅう）なお店に入る。

② 妹のお□（みや）まいりに行く。

③ 雲のでき方を研（けん）□（きゅう）する。

④ □□（きょ ねん）の話をする。

⑤ □（いそ）いで家を出る。

⑥ □□（きゅう こう）電車に乗（の）る。

⑦ 九十さいで祖父（そふ）が死（し）□（きょ）した。

⑧ □□（ち きゅう）は丸い。

キョク
ま(がる)
ま(げる)

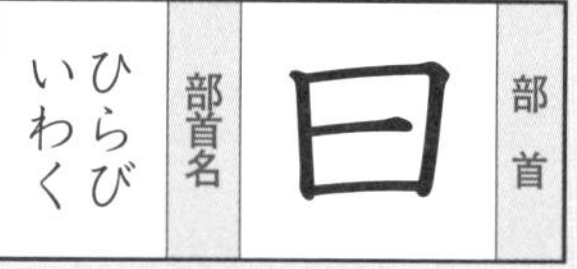

言葉と使い方

曲線（きょくせん）　作曲（さっきょく）
曲（ま）がり角（かど）
曲（ま）がりくねった道（みち）を歩（ある）く

業

ギョウ
ゴウ㊄
わざ㊥

言葉と使い方

業界（ぎょうかい）　▲営業（えいぎょう）
▲授業（じゅぎょう）　◎早業（はやわざ）
始業（しぎょう）のチャイムが鳴（な）る

橋

キョウ
はし

言葉と使い方

鉄橋（てっきょう）　歩道橋（ほどうきょう）
つり橋（ばし）
石橋（いしばし）をたたいてわたる

局

7画

キョク

部首	尸	部首名	かばね しかばね

言葉と使い方

水道局（すいどうきょく）　放送局（ほうそうきょく）

薬局（やっきょく）

局番（きょくばん）を調（しら）べる

銀

14画

ギン

部首	金	部首名	かねへん

言葉と使い方

銀河（ぎんが）▲

銀行（ぎんこう）

外（そと）は白銀（はくぎん）の世界（せかい）だ

区

4画

ク

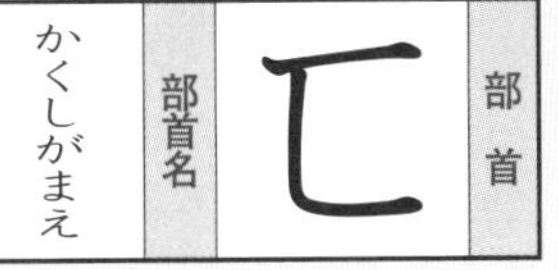

部首	匸	部首名	かくしがまえ

言葉と使い方

区画（くかく）　区間（くかん）

地区（ちく）

白線（はくせん）で区切（くぎ）る

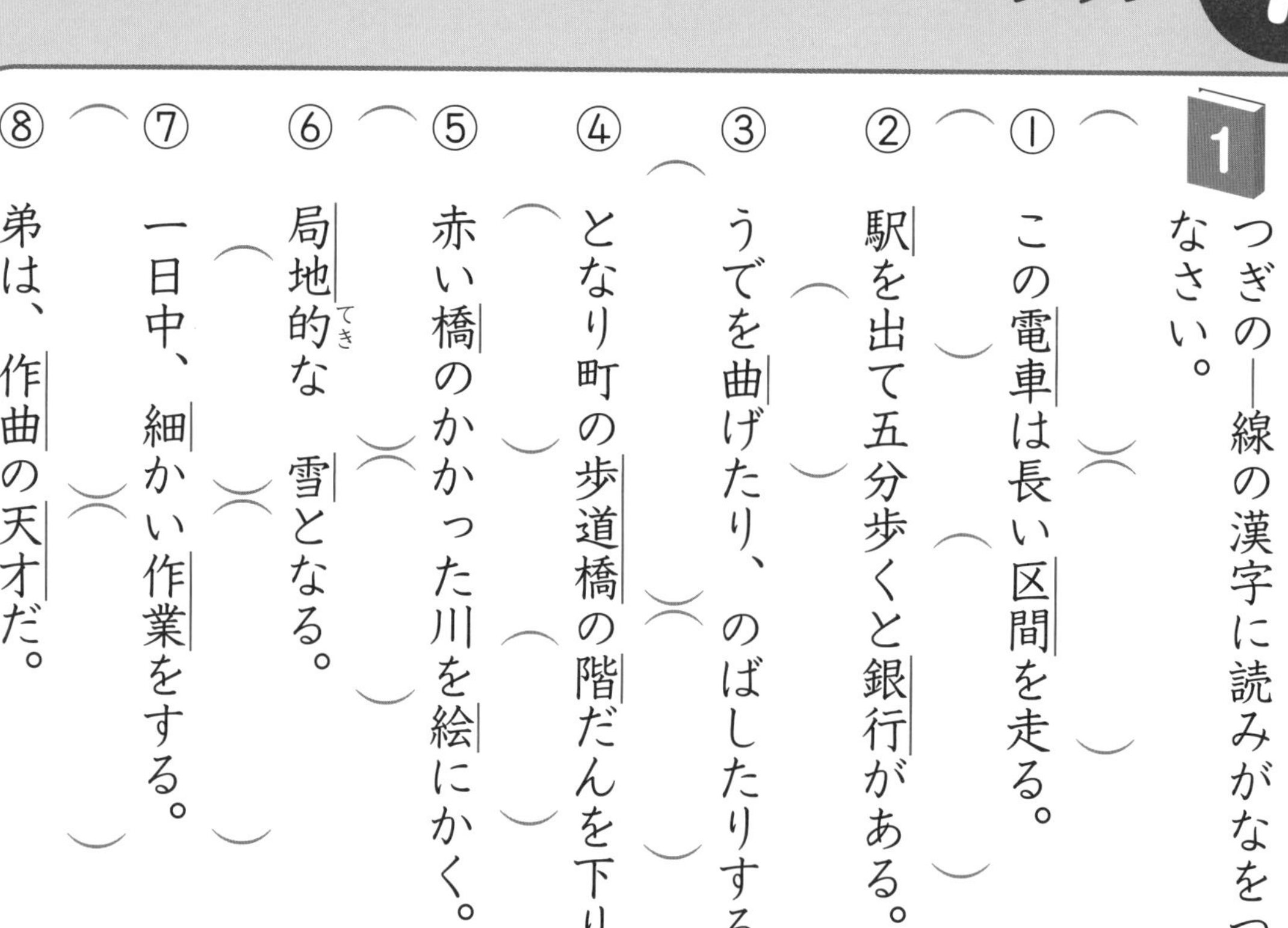

1 つぎの―線の漢字に読みがなをつけなさい。

① この電車は長い区間を走る。（　）（　）（　）
② 駅を出て五分歩くと銀行がある。（　）（　）（　）
③ うでを曲げたり、のばしたりする。（　）（　）
④ となり町の歩道橋の階だんを下りる。（　）（　）（　）
⑤ 赤い橋のかかった川を絵にかく。（　）（　）
⑥ 局地的（てき）な　雪となる。（　）（　）
⑦ 一日中、細かい作業をする。（　）（　）
⑧ 弟は、作曲の天才だ。（　）（　）

2 つぎの漢字の太いところは、何番めに書きますか。○の中に数字を書きなさい。

① 区……○
② 銀……○
③ 館……○
④ 岸……○
⑤ 業……○

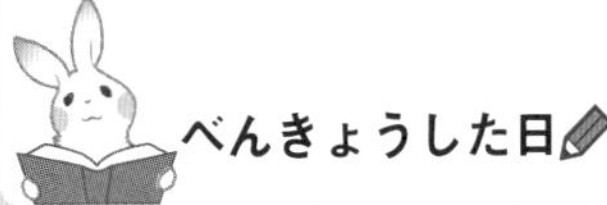

3 同じなかまの漢字を□に書きなさい。

① こころ（心） 用□（い）・直□（かん）

② うかんむり（宀） □（あん）心・□（かん）風

③ ひへん（日） □（あん）記・月□（よう）日

④ さんずい（氵） 水□（えい）・体□（おん）計

⑤ きへん（木） □（はし）・□（むら）人

4 つぎの□に漢字を書きなさい。

① となりの□□（ち く）のお祭（まつ）りに行く。

② 店は臨時（りんじ）□□（きゅう ぎょう）中だった。

③ 名□（きょく）をしずかに聞く。

④ 水しぶきが□□（ぎん いろ）に光る。

⑤ ゆうびん□（きょく）ではがきを買う。

⑥ 国と国の□（はし）わたしをする。

⑦ 話に□□（く ぎ）りをつける。

⑧ □（ま）がり角で犬に出くわす。

1 つぎの——線の漢字に読みがなをつけなさい。〈一つ2点　計48点〉

①（　）次（つぎ）の駅（　）で電車（　）をおりる。
②（　）起立（　）して先生にあいさつする。
③（　）有名（ゆうめい）な作曲家（　）の物語（ものがたり）を読む。
④（　）日曜日に同級生（　）と水泳大会（　）に出る。
⑤（　）銀行にお年玉（　）をあずける。
⑥（　）地区の委員長（　）になる。
⑦（　）去年からピアノ（　）を習（なら）っている。
⑧（　）球場が午前十時に開門（　）する。

⑨（　）校医からもらった薬（くすり）（　）を飲む。
⑩（　）広場の中央（　）に立って空を見る。
⑪（　）ヒグマは寒（　）くなると冬ごもりする。
⑫（　）放送（ほうそう）局の見学に行く。
⑬（　）暗くなったので星（　）がよく見える。
⑭（　）体育館にいすを運（　）ぶ。
⑮（　）黄色を使（つか）うと絵があたたかな感（　）じになる。
⑯（　）長期旅行（りょこう）の荷（　）づくりをする。

100

80

50

とくてん

点

2 つぎの漢字の太いところは、何番めに書きますか。○の中に数字を書きなさい。〈一つ2点　計10点〉

① 荷……○

② 悪……○

③ 曲……○

④ 央……○

⑤ 局……○

3 同じなかまの漢字を□に書きなさい。〈一つ1点　計10点〉

① さんずい（氵）　□(かん)字・□(おん)度(ど)

② うかんむり（宀）　□(きゃく)船・王□(きゅう)

③ こころ（心）　□(きゅう)行・□(い)見

④ きへん（木）　□(よこ)顔・石□(ばし)

⑤ こざとへん（阝）　寺□(いん)・音□(かい)

4

つぎの—線のカタカナを○の中の漢字とおくりがな（ひらがな）で□の中に書きなさい。〈一つ2点　計12点〉

〈れい〉(大) **オオキイ**花がさく。　［大きい］

① (起) 転(ころ)んだがすぐに**オキル**。

② (化) 木の葉(は)がお金に**バケル**。

③ (安) 今日は肉が**ヤスイ**。

④ (温) スープを**アタタメル**。

⑤ (泳) 近くの川で**オヨグ**。

⑥ (育) 親鳥がひなを**ソダテル**。

5

つぎの□に漢字を書きなさい。〈一つ2点　計20点〉

① 学校の□□(おくじょう)から町を見わたす。

② 姉と海□(がん)を歩く。

③ 流(なが)れ□□(さぎょう)で仕事(しごと)をする。

④ お□(みや)の□(よこ)にスギの大木がある。

⑤ 雨がふってきたので□(いそ)いで帰る。

⑥ 父は研(けん)□(きゅう)所(じょ)ではたらいている。

⑦ 母が□□(にゅういん)の□□(ようい)をする。

⑧ 世(せ)□(かい)地図で国を調(しら)べる。

言葉さがし

下のリストの言葉の読みを、れいのように見つけてみよう。のこったひらがなを組み合わせて言葉を作り、答えの文に合う漢字を答えよう。

【注 意】
マスは、一直線に使います。とちゅうで曲げることはできません。

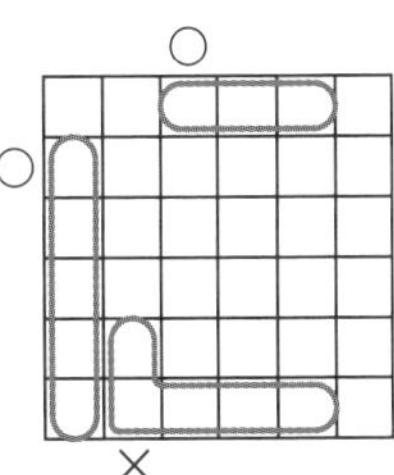

【リスト】 委員会　悪用　海岸　漢字　体温　回数　寒気　学級
医学　台地　天下　水泳　体育　売買　羽毛　音階
究明　中央　明暗　土曜　起点　期間

れい（2列目：いいんかい）

た	い	お	ん	が	あ	だ	き
い	い	が	く	っ	く	い	ど
い	ん	か	ん	き	よ	ち	よ
く	か	い	ち	ゅ	う	お	う
あ	い	が	か	う	も	う	お
き	て	ん	い	め	い	あ	ん
か	ん	じ	す	い	え	い	か
ん	か	ん	う	ば	い	ば	い

読みは、たて・横につながっているよ。

【答 え】

算数の時間に九九を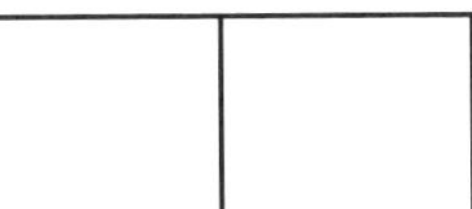する。

※答えは71ページにあります。

苦

ク
くる(しい)
くる(しむ)
くる(しめる)
にが(い)
にが(る)

8画

部首	部首名
艹	くさかんむり

言葉と使い方

苦心(くしん)　苦労(くろう)
苦(にが)い薬(くすり)　▲苦手(にがて)
わらいすぎて息(いき)が苦(くる)しい

具

グ

部首	部首名
八	は

言葉と使い方

絵(え)の具(ぐ)　家具(かぐ)
遊具(ゆうぐ)
道具(どうぐ)をかたづける

君

クン
きみ

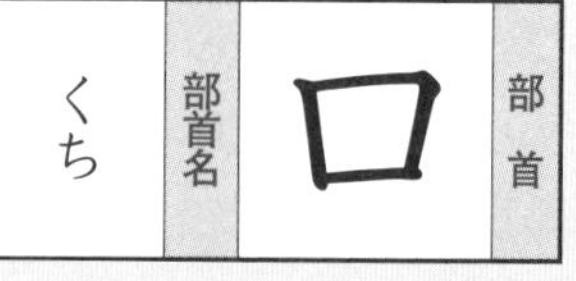

部首	部首名
口	くち

言葉と使い方

主君(しゅくん)
▲暴君(ぼうくん)
君(きみ)の家(いえ)はどこですか

係

ケイ
かか(る)
かかり

9画

部首	部首名
亻	にんべん

言葉と使い方

係員(かかりいん)
図書係(としょがかり)　▲給食係(きゅうしょくがかり)
★二人(ふたり)は親(した)しい▲関係(かんけい)だ

軽

ケイ
かる(い)
かろ(やか)㊥

12画

部首	部首名
車	くるまへん

言葉と使い方

軽食(けいしょく)　軽石(かるいし)
◎軽(かろ)やかな音楽(おんがく)
油(あぶら)は水(みず)より軽(かる)い

ケツ
ち

6画

言葉と使い方

血▲液(けつえき)　出血(しゅっけつ)
鼻血(はなぢ)
▲包▲帯(ほうたい)に血(ち)がにじむ

ステップ 8

1 つぎの――線の漢字に読みがなをつけなさい。

① バラの花を苦心して育てる。（　）（　）

② このかばんはとても軽い。（　）

③ 図工の 道具をそろえる。（　）（　）（　）

④ 今日は、苦手な科目の勉強（べんきょう）をする。（　）（　）（　）

⑤ お昼ごはんは軽食ですます。（　）（　）（　）

⑥ 出血が少なかったので安心した。（　）（　）（　）

⑦ ひろし君とは入学当時からの友人だ。（　）（　）（　）

⑧ きのう学級会で図書の係を決（き）めた。（　）（　）

2 つぎの漢字の画数（漢字を書くときの点や線の数）を数字で書きなさい。

① 係……（　）

② 寒……（　）

③ 球……（　）

④ 宮……（　）

⑤ 軽……（　）

べんきょうした日　　月　　日

3 つぎの□の中に漢字を書きなさい。

①ぼくたちは、いとこの関(かん)□(けい)だ。

②□(けい)算をまちがえたようだ。

③土地を四つに□(く)分する。

④父は□(く)労(ろう)して会社を大きくした。

⑤薬(やっ)□(きょく)でかぜの薬(くすり)をもらう。

⑥クラスのテーマ□(きょく)を作る。

⑦書道の一□(きゅう)を取(と)る。

⑧野□(きゅう)のせん手になる。

4 つぎの□に漢字を書きなさい。

①夕食は□(ぐ)だくさんのカレーだ。

②□(きみ)の家まで送(おく)るよ。

③せきが出て□(くる)しい。

④出口を□(かかり)□(いん)にたずねる。

⑤ぼくの□(けつ)液型(えきがた)はA型(エーがた)だ。

⑥田中□(くん)もさそってみよう。

⑦もっと□(き)□(がる)にやろう。

⑧転(ころ)んで□(ち)が出る。

決

ケツ
き(める)
き(まる)

部首	氵	部首名	さんずい

言葉と使い方

決意（けつい）　決勝（けっしょう）

決心（けっしん）　対決（たいけつ）

時間（じかん）を決（き）めて読書（どくしょ）する

研

ケン
と(ぐ)㊥

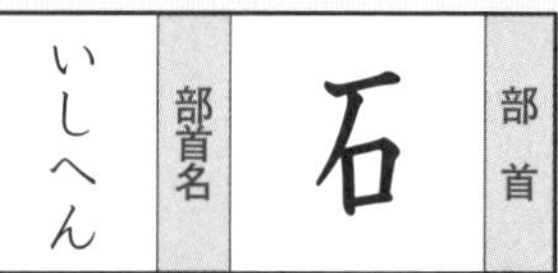

言葉と使い方

研究会（けんきゅうかい）　▲研修（けんしゅう）

◎刀（かたな）を研（と）ぐ

星（ほし）の研究（けんきゅう）に取（と）り組（く）む

県

ケン

言葉と使い方

県知事（けんちじ）

県道（けんどう）　県立（けんりつ）

他（た）の県（けん）に引（ひ）っこしをする

10画

コ
ク㊫

部首 广 部首名 まだれ

言葉と使い方

金庫(きんこ)　車庫(しゃこ)

▲倉庫(そうこ)　◎庫裏(くり)▲

学級文庫(がっきゅうぶんこ)の本(ほん)を読(よ)む

湖

12画

コ
みずうみ

部首 氵 部首名 さんずい

言葉と使い方

湖水(こすい)　湖面(こめん)

白鳥(はくちょう)の湖(みずうみ)

湖(みずうみ)のそばでキャンプをする

6画

コウ
む(く)
む(ける)
む(かう)
む(こう)

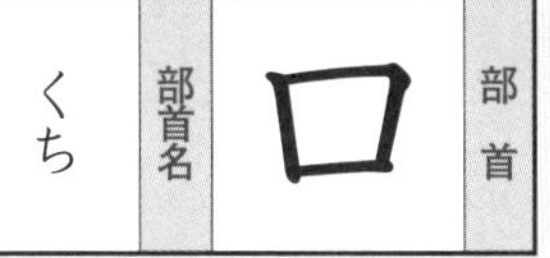

部首 口 部首名 くち

言葉と使い方

方向(ほうこう)　向(む)こう岸(ぎし)

南向(みなみむ)き

前向(まえむ)きに考(かんが)える

ステップ 9

1 つぎの―線の漢字に読みがなをつけなさい。

① 早起（　）きしようと決心（　）する。
② 指（ゆび）で南（　）の方向（　）をさす。
③ 寒（　）さに強い米の研究（　）をする。
④ 待（ま）ち合わせの駅（　）に向（　）かう。
⑤ 湖水（　）が朝日で光（　）りかがやく。
⑥ 鳥のえさやりの当番（　）を決（　）める。
⑦ 文庫（　）本は安（　）く買える。
⑧ 兄は県立（　）の図書館（　）で本をかりた。

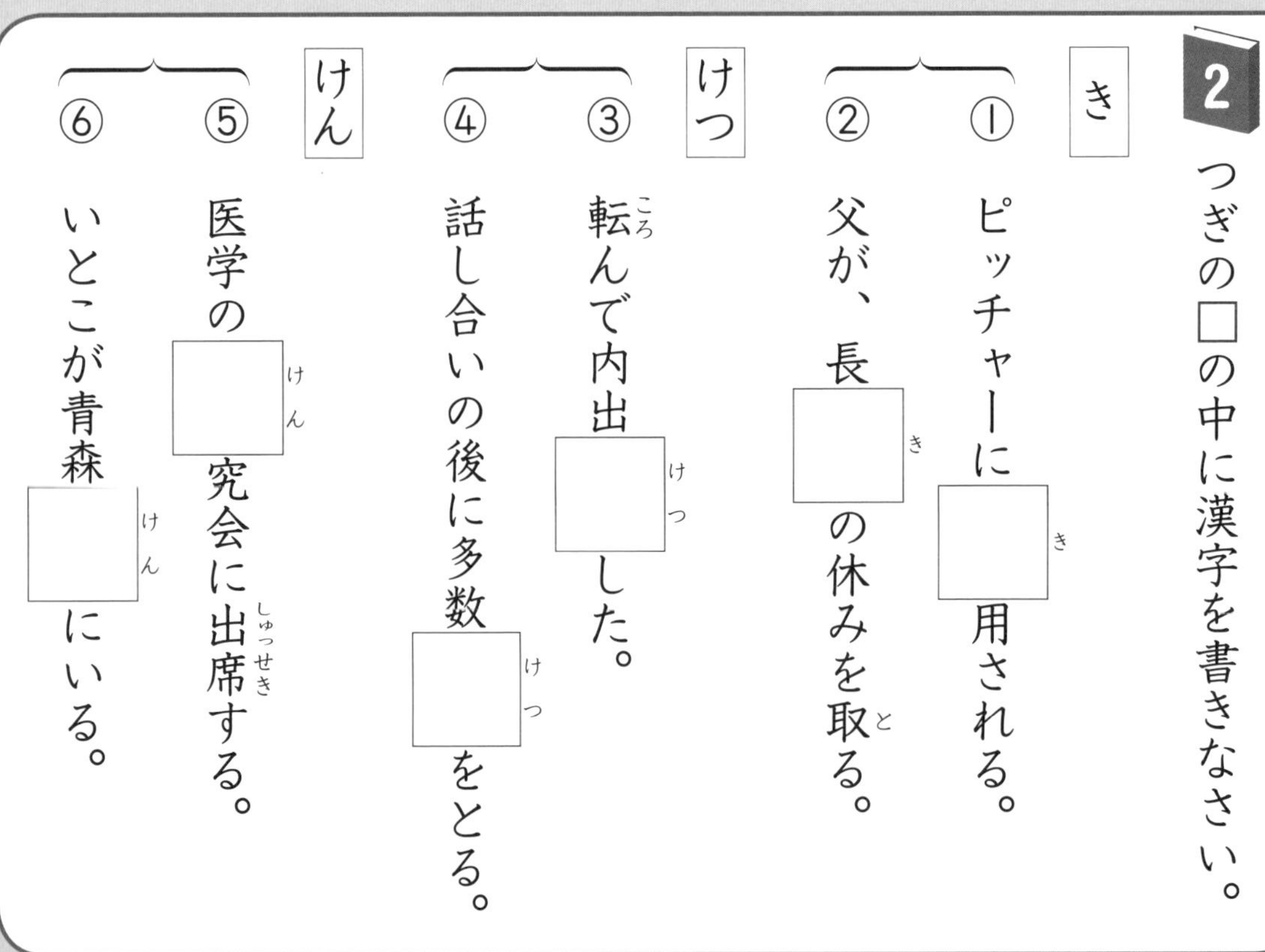

2 つぎの□の中に漢字を書きなさい。

き
① ピッチャーに□（き）用される。
② 父が、長□（き）の休みを取（と）る。

けつ
③ 転（ころ）んで内出□（けつ）した。
④ 話し合いの後に多数□（けつ）をとる。

けん
⑤ 医学の□（けん）究会に出席（しゅっせき）する。
⑥ いとこが青森□（けん）にいる。

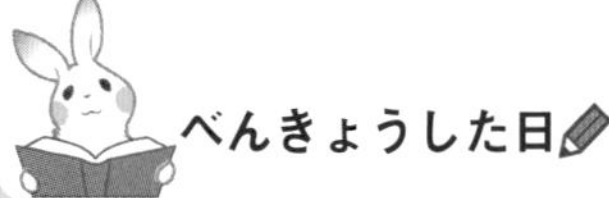

べんきょうした日　　月　　日

3

つぎの漢字を画数（漢字を書くときの点や線の数）の少ないものから順（じゅん）番（ばん）に、□に書きなさい。

橋・君・業・庫・研
湖・具・銀・血・区

画数の少ないもの

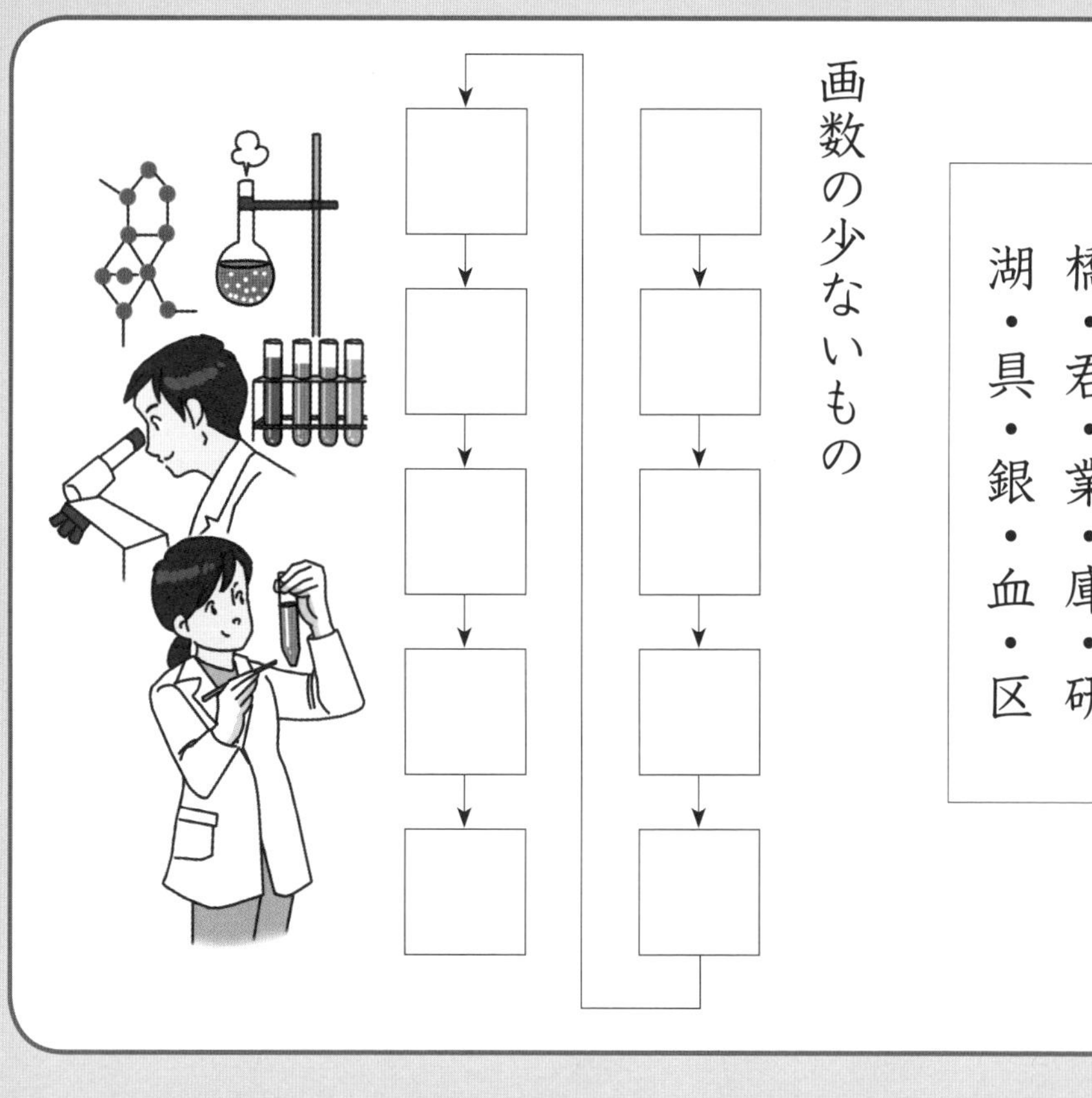

4

つぎの□に漢字を書きなさい。

① 新人の□（けん）修（しゅう）会がある。

② 雨でも遠足は□□（けっこう）する。

③ 大切なものは□□（きんこ）にしまう。

④ 父は家を買うことに□（き）めた。

⑤ 雪どけで□（みずうみ）の水がふえた。

⑥ □（けん）道が大雪で通行止めになった。

⑦ 地図でびわ□（こ）をさがす。

⑧ 南□（む）きのまどから日がさしこむ。

幸

8画

コウ
さいわ(い)
さち
しあわ(せ)

部首	部首名
干	かん いちじゅう

言葉と使い方

幸運(こううん)　幸福(こうふく)
海の幸(うみのさち)◎
幸い(さいわい)にも天気(てんき)にめぐまれる

港

12画

コウ
みなと

部首	部首名
氵	さんずい

言葉と使い方

漁港(ぎょこう)　空港(くうこう)
▲港町(みなとまち)
客船(きゃくせん)が港(みなと)に着(つ)く

号

5画

ゴウ

部首	部首名
口	くち

言葉と使い方

号令(ごうれい)▲　記号(きごう)
信号(しんごう)　番号(ばんごう)
▲暗号(あんごう)で知(し)らせる

根

10画

コン
ね

部首	木
部首名	きへん

言葉と使い方

根気(こんき)　球根(きゅうこん)
屋根(やね)
木(き)の根(ね)をほり起(お)こす

祭

11画

サイ
まつ(る)
まつ(り)

部首	示
部首名	しめす

言葉と使い方

祭日(さいじつ)　文化祭(ぶんかさい)
夏祭(なつまつ)り
祭(まつ)りでみこしをかつぐ

皿

5画

さら

部首	皿
部首名	さら

言葉と使い方

受(う)け皿(ざら)　絵皿(えざら)
小皿(こざら)
皿(さら)あらいを手(て)つだう

1 つぎの―線の漢字に読みがなをつけなさい。

① 球根から花を育てる。
② 友だちと出港する船を見送(みおく)る。
③ 来週の日曜日に夏祭りがある。
④ これは交番をしめす地図記号だ。
⑤ 屋根の上でネコが鳴いている。
⑥ 幸運にも雲ひとつない晴天になった。
⑦ 銀色の皿にくだものをもる。
⑧ 港は人が多く活気がある。

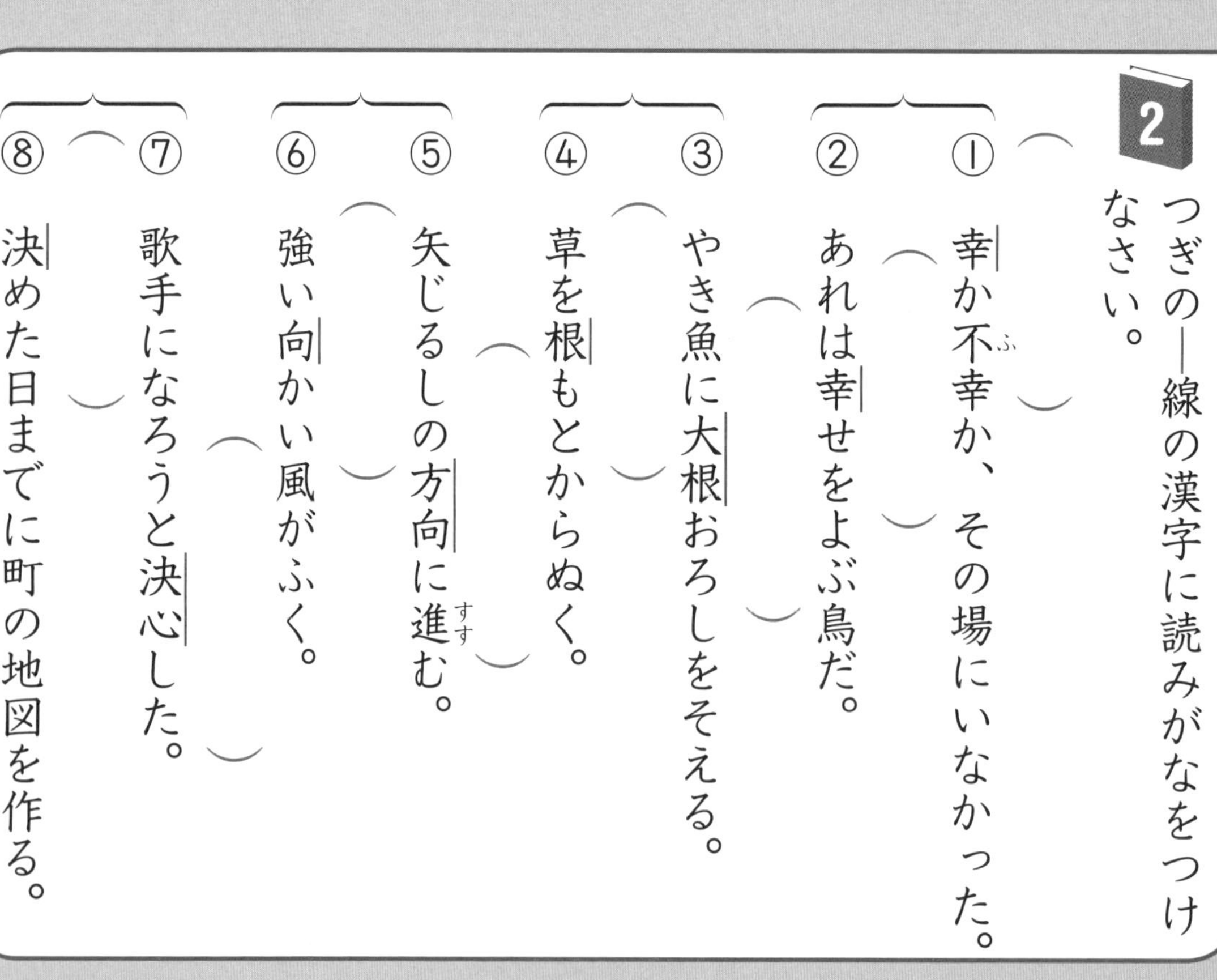

2 つぎの―線の漢字に読みがなをつけなさい。

① 幸か不(ふ)幸か、その場にいなかった。
② あれは幸せをよぶ鳥だ。
③ やき魚に大根おろしをそえる。
④ 草を根もとからぬく。
⑤ 矢じるしの方向に進(すす)む。
⑥ 強い向かい風がふく。
⑦ 歌手になろうと決心した。
⑧ 決めた日までに町の地図を作る。

3 つぎの――線のカタカナを○の中の漢字とおくりがな（ひらがな）で□の中に書きなさい。

〈れい〉 ㊅大 オオキイ花がさく。［大きい］

① ㊅苦 ニガイ薬(くすり)を飲む。［　］

② ㊅向 まどの方に顔をムケル。［　］

③ ㊅曲 細い竹ひごをゆっくりマゲル。［　］

④ ㊅幸 シアワセナ人生を送る。［　］

⑤ ㊅悪 気分がワルイ。［　］

⑥ ㊅温 こたつでアタタマル。［　］

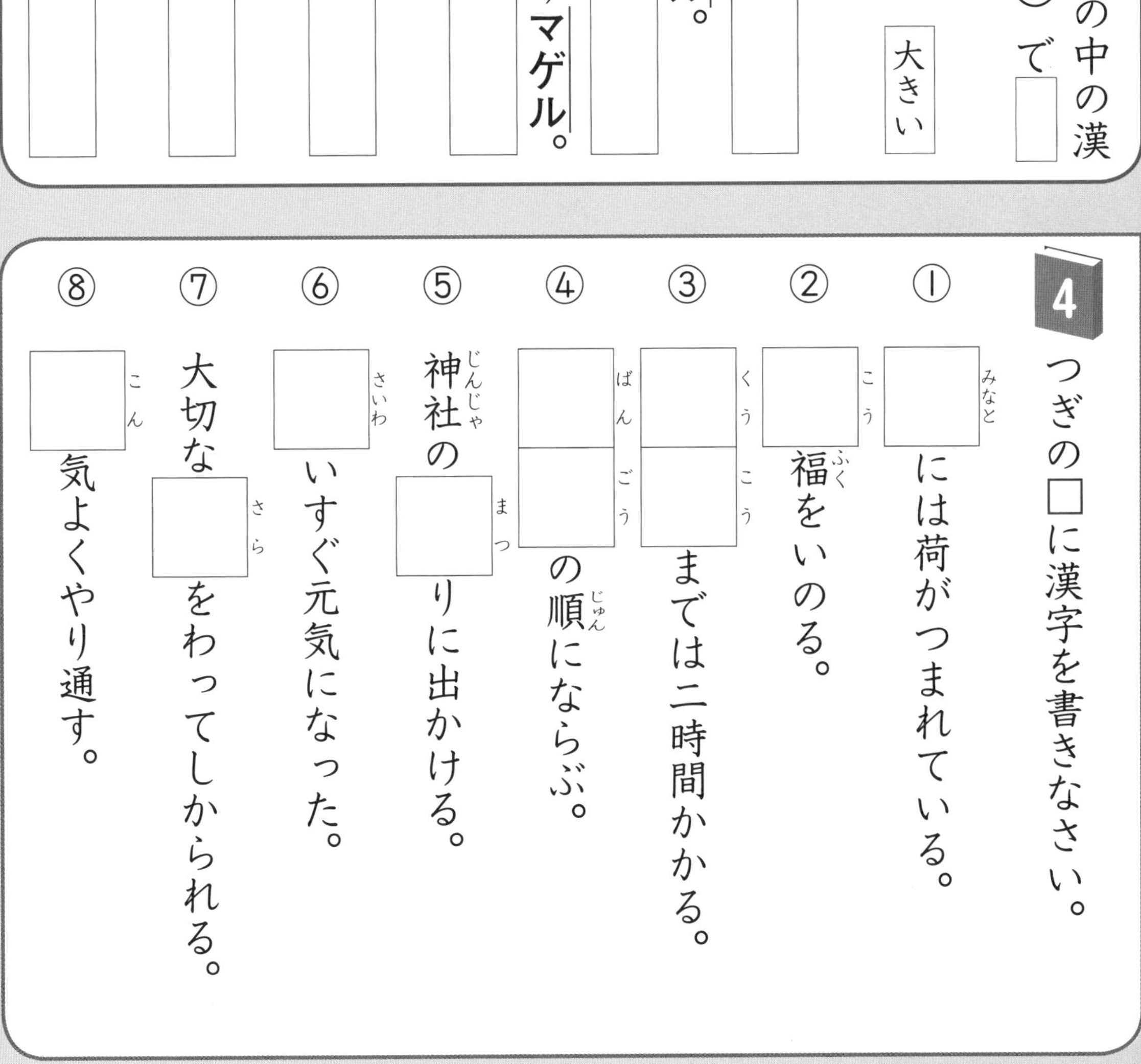

4 つぎの□に漢字を書きなさい。

① □(みなと)には荷がつまれている。

② □(こう)福(ふく)をいのる。

③ □□(くうこう)までは二時間かかる。

④ □□(ばんごう)の順(じゅん)にならぶ。

⑤ 神社(じんじゃ)の□(まつ)りに出かける。

⑥ □(さいわ)いすぐ元気になった。

⑦ 大切な□(さら)をわってしかられる。

⑧ □(こん)気よくやり通す。

仕

シ
ジ㊞
つか（える）

5画

部首		部首名	
部首	亻	部首名	にんべん

言葉と使い方

仕組み
仕事　▲給仕◎
家来が王様に仕える

死

シ
し（ぬ）

6画

部首		部首名	
部首	歹	部首名	かばねへん いちたへん がつへん

言葉と使い方

死者　▲必死
病死
死んだ金魚を庭にうめる

使

シ
つか（う）

8画

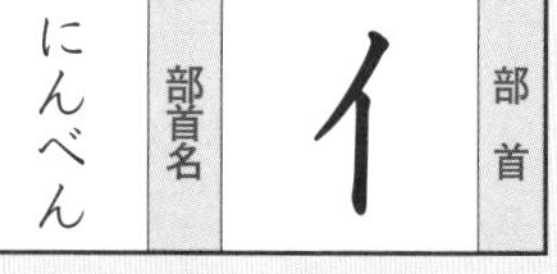

部首		部首名	
部首	亻	部首名	にんべん

言葉と使い方

使者　使用　天使
使い方
ていねいな言葉を使って話す

漢字練習(れんしゅう)ノート 13ページ

始

8画

シ
はじ(める)
はじ(まる)

部首	部首名
女	おんなへん

言葉と使い方

始業(しぎょう)　始発(しはつ)
開始(かいし)
羊(ひつじ)が草(くさ)を食(た)べ始(はじ)める

指

9画

シ
ゆび
さ(す)

部首	部首名
扌	てへん

言葉と使い方

指定(してい)　指名(しめい)
指先(ゆびさき)　指図(さしず)
先生(せんせい)の▲指示(しじ)にしたがう

歯

12画

シ
は

部首	部首名
歯	は

言葉と使い方

歯科(しか)
歯医者(はいしゃ)　虫歯(むしば)
相手(あいて)が強(つよ)くて歯(は)がたたない

1 つぎの―線の漢字に読みがなをつけなさい。

① 家来（　）が主人（しゅじん）に仕（　）える。

② 毎週、歯科医院（　）（　）に通（　）う。

③ 新（　）しいサービスを開始（　）（　）する。

④ 係（　）の人に道具（　）（　）の使（　）い方を聞く。

⑤ 毎日（　）ていねいに歯（　）みがきをする。

⑥ 指先（　）にチョウがとまる。

⑦ 校長（　）先生の話が始（　）まる。

⑧ きもだめしで死（　）ぬほどおどろいた。

2 つぎの□に漢字を書き、上のことばとはんたいの意味（いみ）のことばをむすびなさい。

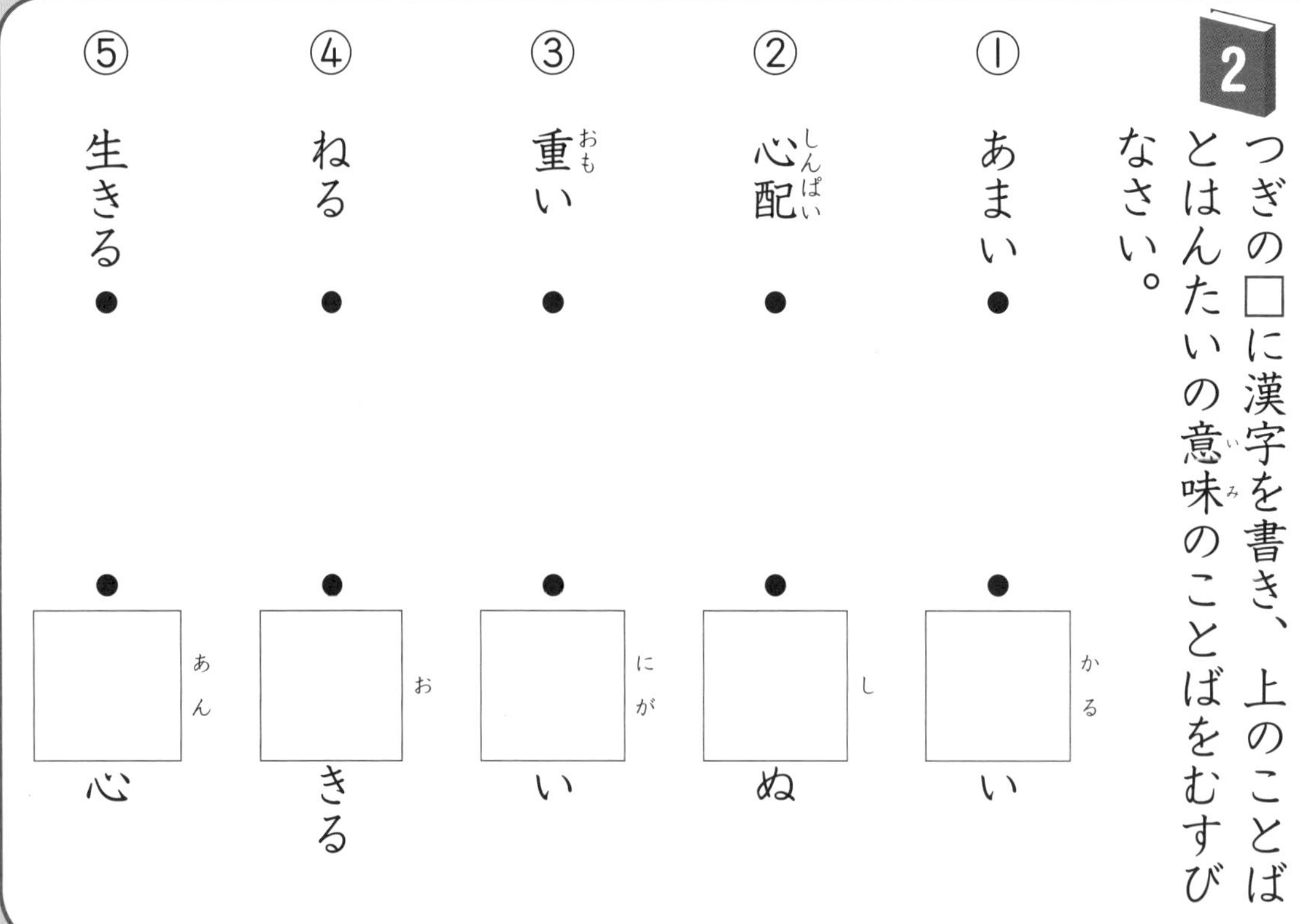

① あまい ●　　● □（かる）い

② 心配（しんぱい） ●　　● □（し）ぬ

③ 重（おも）い ●　　● □（にが）い

④ ねる ●　　● □（お）きる

⑤ 生きる ●　　● □（あん）心

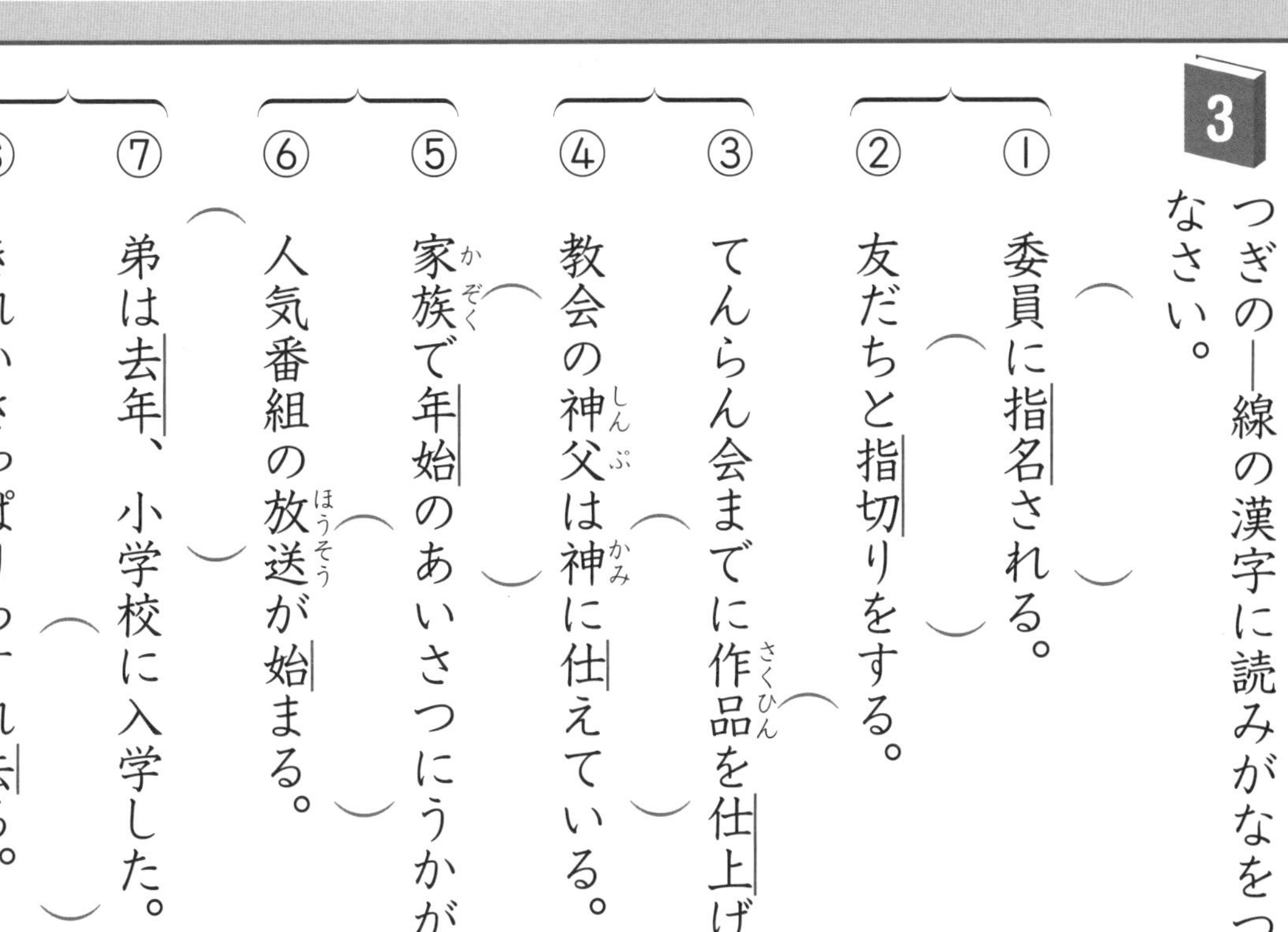

3 つぎの―線の漢字に読みがなをつけなさい。

① 委員に指名される。（　　）

② 友だちと指切りをする。（　　）

③ てんらん会までに作品（さくひん）を仕上げる。（　　）

④ 教会の神父（しんぷ）は神（かみ）に仕えている。（　　）

⑤ 家族（かぞく）で年始のあいさつにうかがう。（　　）

⑥ 人気番組の放送（ほうそう）が始まる。（　　）

⑦ 弟は去年、小学校に入学した。（　　）

⑧ きれいさっぱりわすれ去る。（　　）

4 つぎの□に漢字を書きなさい。

① □□（しよう）ずみの切手を集（あつ）める。

② 手話を□（つか）って会話する。

③ □（は）がぬけて話しにくい。

④ 西を□（さ）して進（すす）む。

⑤ □□（げんし）人のくらしを学ぶ。

⑥ □□（しあ）げのかざりつけをする。

⑦ □□（しりょく）をつくしてたたかう。

⑧ □□（おやゆび）のつめを切る。

詩

シ

部首：言　部首名：ごんべん

言葉と使い方

詩集(ししゅう)　詩人(しじん)

漢詩(かんし)

思(おも)い出(で)を詩(し)に書(か)く

次

ジ
シ㊥
つ(ぐ)
つぎ

言葉と使い方

次回(じかい)　目次(もくじ)

◎次第(しだい)　次(つぎ)の日(ひ)

次(つぎ)の人(ひと)にバトンをわたす

事

ジ
ズ㊫
こと

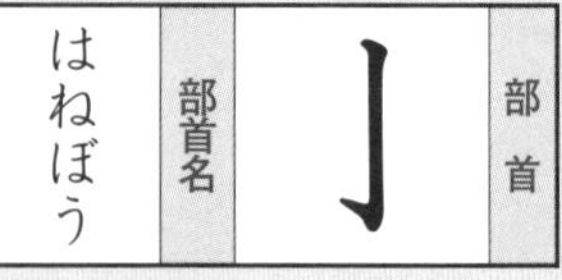

言葉と使い方

工事(こうじ)　返事(へんじ)

仕事(しごと)

食事(しょくじ)の用意(ようい)をする

持

9画

ジ
も(つ)

部首	部首名
扌	てへん

言葉と使い方

持久走
持ち主　力持ち
石を持ち上げる

式

6画

シキ

部首	部首名
弋	しきがまえ

言葉と使い方

式場　始球式
入学式
式を立てて答えを出す

実

8画

ジツ
み
みの(る)

部首	部首名
宀	うかんむり

言葉と使い方

実家　実行
事実　実がなる
秋は実りの時期だ

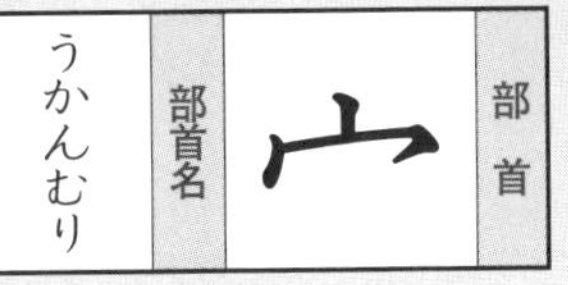

1

つぎの――線の漢字に読みがなをつけなさい。

① 町内の行事にさんかする。
（　　）（　　）

② この番組は次回も同じ時間に終(お)わる。
（　　）（　　）

③ キャンプに持っていく皿を買う。
（　　）（　　）

④ 言ったことをすぐ実行する。
（　　）（　　）

⑤ 赤いリンゴが実る。
（　　）（　　）

⑥ 小学校の入学式には父母が来た。
（　　）

⑦ 次の角を右に曲がると駅だ。
（　　）（　　）

⑧ 湖の美(うつく)しさを書いた詩を読む。
（　　）（　　）

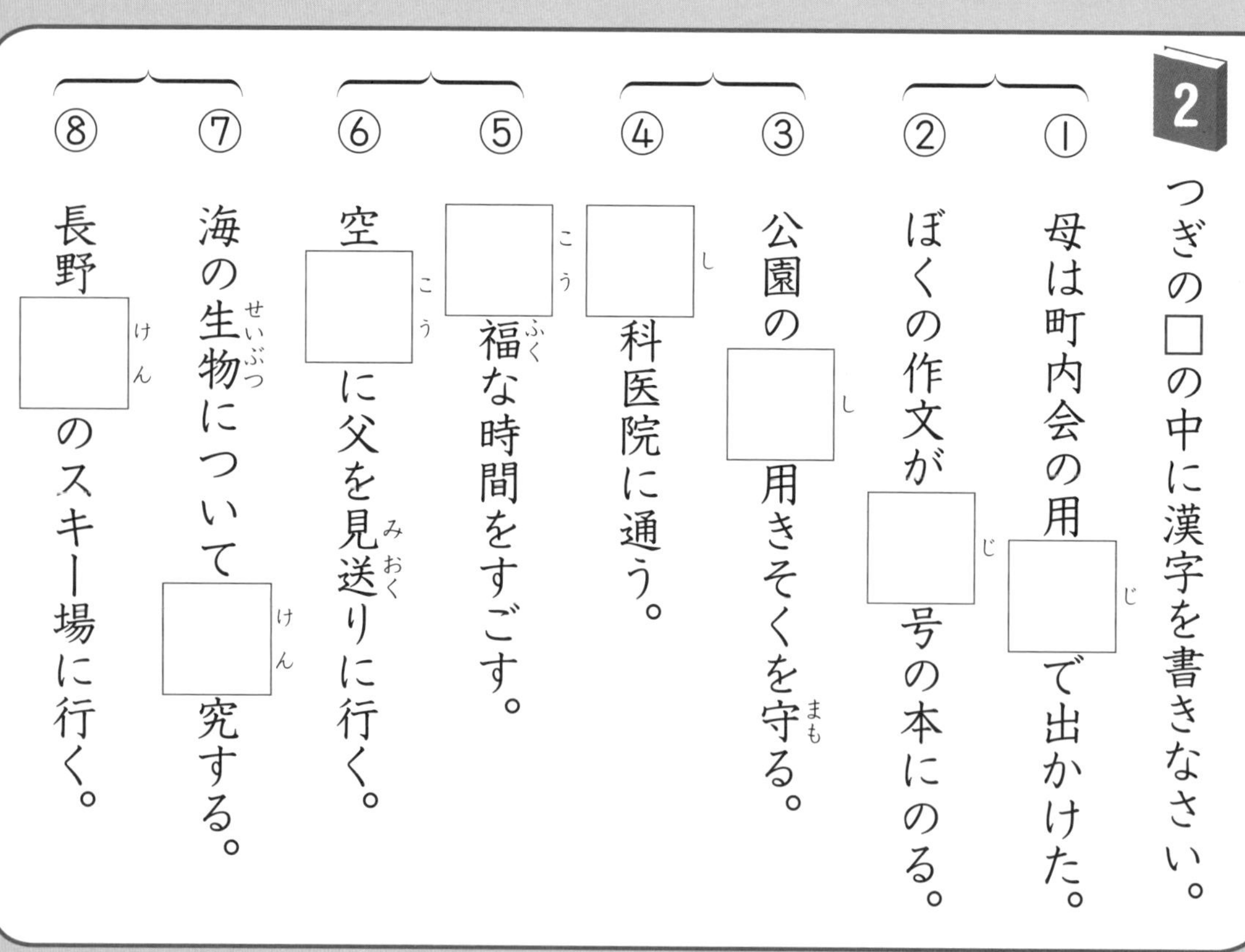

2

つぎの□の中に漢字を書きなさい。

① 母は町内会の用□(じ)で出かけた。

② ぼくの作文が□(じ)号の本にのる。

③ 公園の□(し)用きそくを守(まも)る。

④ □(し)科医院に通う。

⑤ □(こう)福(ふく)な時間をすごす。

⑥ 空□(こう)に父を見送(みおく)りに行く。

⑦ 海の生物(せいぶつ)について□(けん)究する。

⑧ 長野□(けん)のスキー場に行く。

べんきょうした日　　月　　日

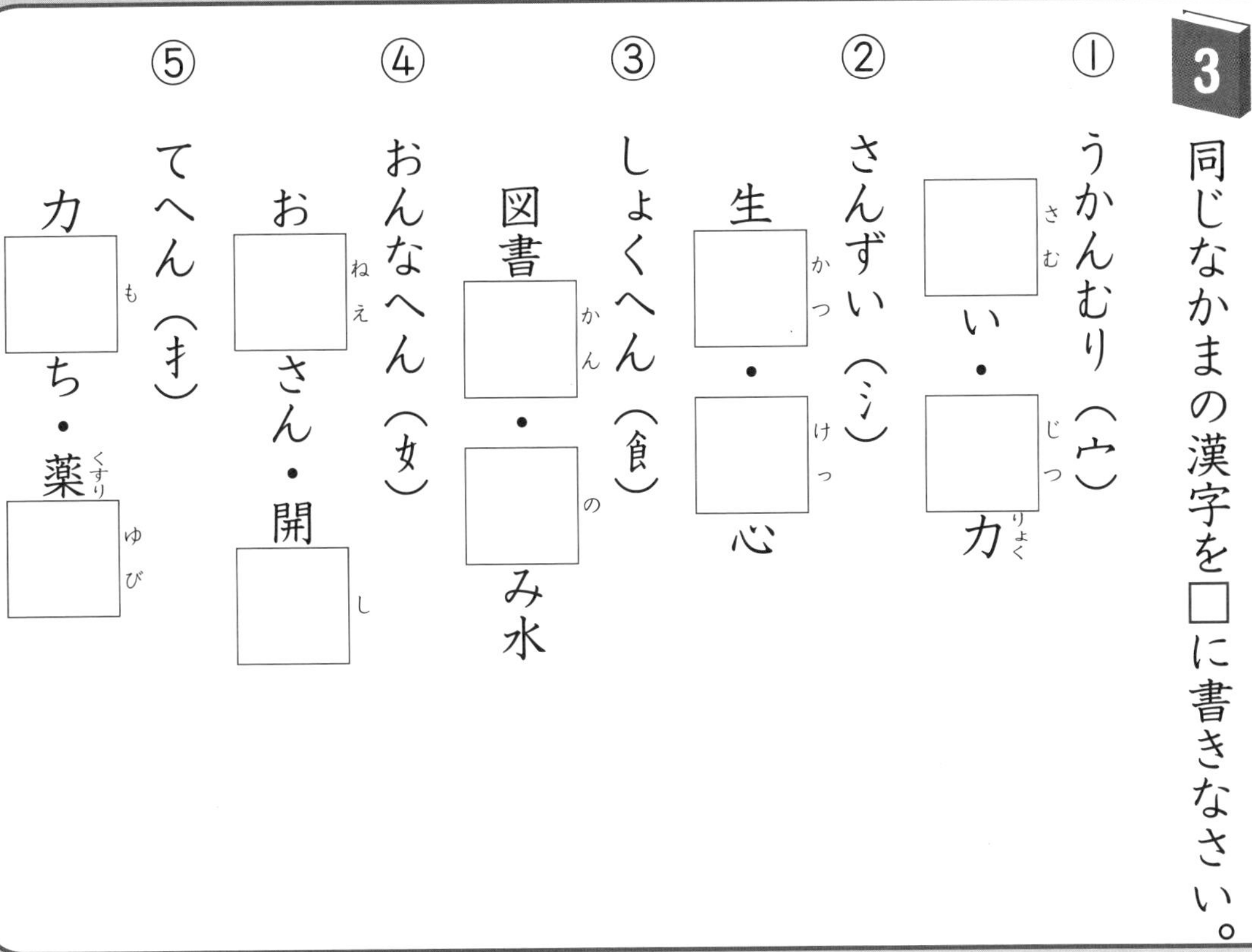

3 同じなかまの漢字を□に書きなさい。

① うかんむり（宀）　□(さむ)い・□(じつ)力(りょく)

② さんずい（氵）　生□(かつ)・□(けっ)心

③ しょくへん（飠）　図書□(かん)・□(の)み水

④ おんなへん（女）　お□(ねえ)さん・開□(し)

⑤ てへん（扌）　力□(も)ち・薬(くすり)□(ゆび)

4 つぎの□に漢字を書きなさい。

① 鳥が木の□(み)をつついている。

② 兄は漢□(し)を勉強(べんきょう)している。

③ 時計を所(しょ)□(じ)する。

④ はじめに本の□□(もくじ)を見る。

⑤ 家の前で□□(こうじ)をしている。

⑥ □(しき)に数字をあてはめる。

⑦ 新聞が□□(じじつ)をつたえる。

⑧ 重(おも)いかばんを□(も)ち上げる。

写

シャ
うつ(す)
うつ(る)

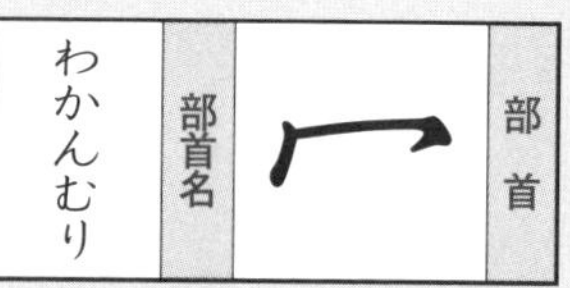

言葉と使い方

写真（しゃしん）　写生（しゃせい）
書写（しょしゃ）
本（ほん）から書（か）き写（うつ）す

者

シャ
もの

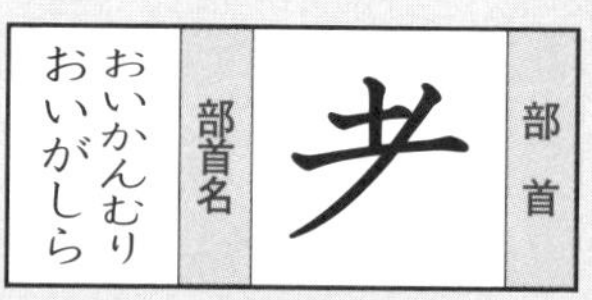

言葉と使い方

医者（いしゃ）　打者（だしゃ）
人気者（にんきもの）
父（ちち）ははたらき者（もの）だ

主

シュ
ス㊔
ぬし
おも

言葉と使い方

主食（しゅしょく）　主人公（しゅじんこう）
▲◎坊主（ぼうず）　持（も）ち主（ぬし）
主（おも）な使（つか）い道（みち）を考（かんが）える

守

シュ
ス
まも(る)
も(り)中

部首	部首名
宀	うかんむり

言葉と使い方

▲留守番(るすばん)　守(まも)り神(がみ)

◎子守(こもり)

野球(やきゅう)の守▲備(しゅび)につく

取

シュ
と(る)

部首	部首名
又	また

言葉と使い方

取▲材(しゅざい)・先取点(せんしゅてん)

草取(くさと)り

さいふからお金(かね)を取(と)り出(だ)す

酒

シュ
さけ
さか

部首	部首名
酉	ひよみのとり

言葉と使い方

日本酒(にほんしゅ)　洋酒(ようしゅ)

酒屋(さかや)

神様(かみさま)にお酒(さけ)をそなえる

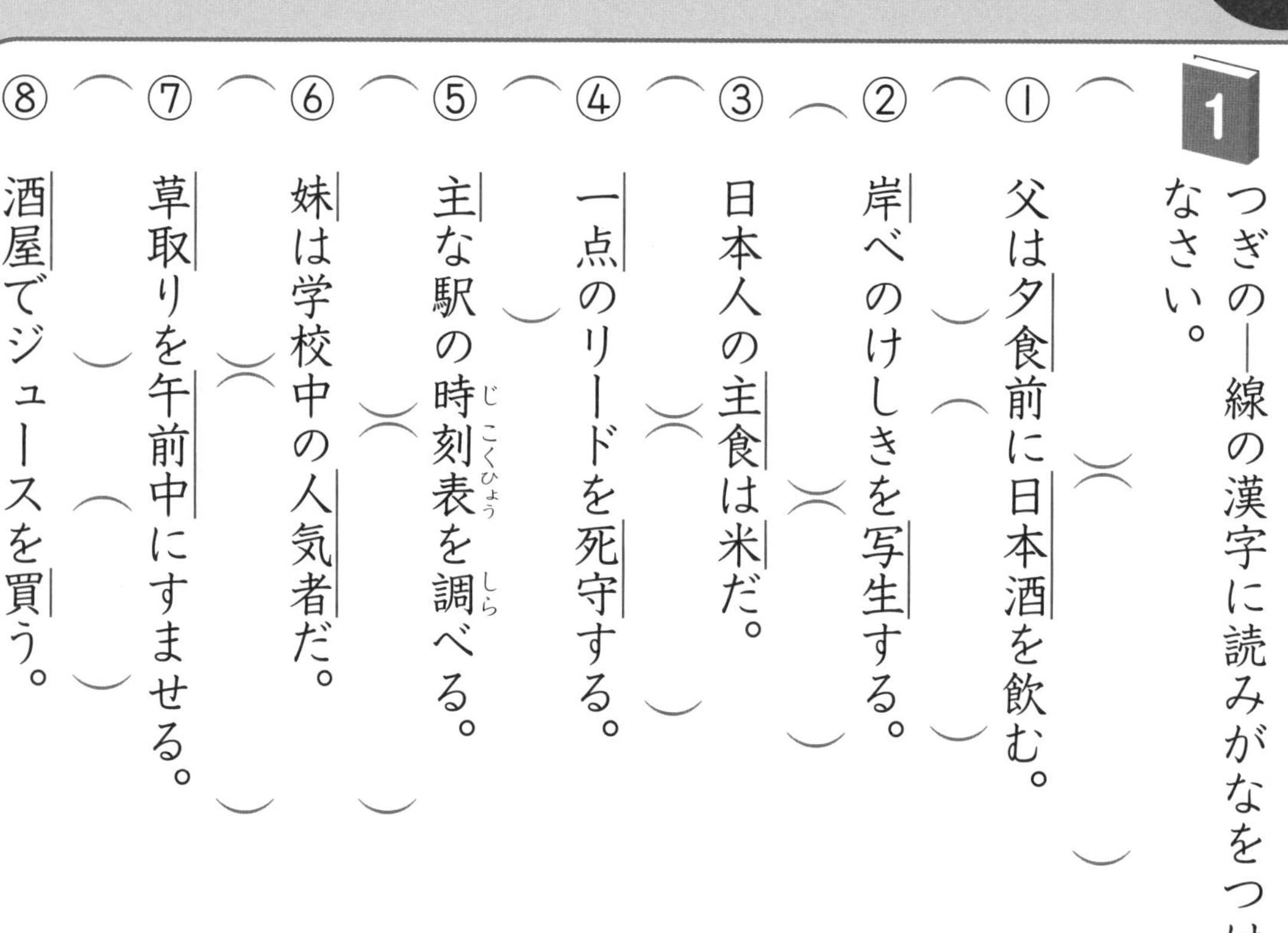

1 つぎの―線の漢字に読みがなをつけなさい。

① 父は夕食前に日本酒を飲む。（　）（　）（　）
② 岸べのけしきを写生する。（　）（　）
③ 日本人の主食は米だ。（　）（　）
④ 一点のリードを死守する。（　）（　）
⑤ 主な駅の時刻表を調べる。（　）（　）
⑥ 妹は学校中の人気者だ。（　）（　）
⑦ 草取りを午前中にすませる。（　）（　）
⑧ 酒屋でジュースを買う。（　）（　）

2 つぎの漢字の太いところは、何番めに書きますか。○の中に数字を書きなさい。

① 写……○
② 式……○
③ 祭……○
④ 歯……○
⑤ 幸……○

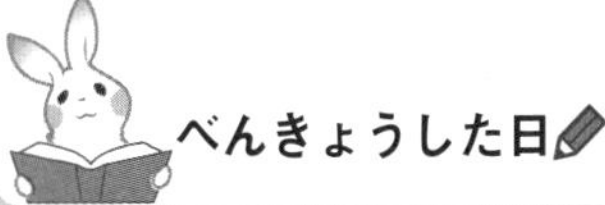

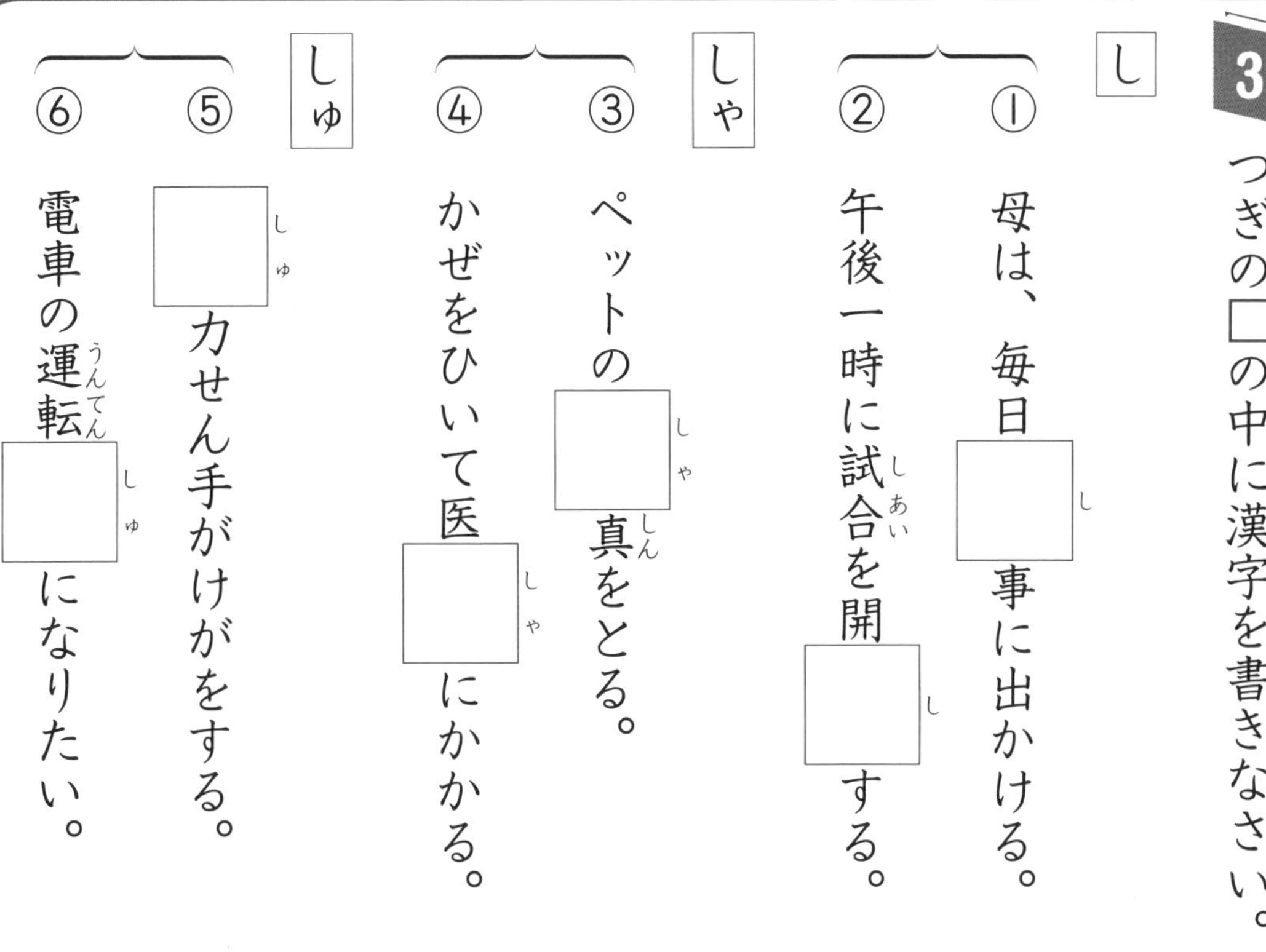

3 つぎの□の中に漢字を書きなさい。

し

① 母は、毎日□（し）事に出かける。

② 午後一時に試合（しあい）を開□（し）する。

しゃ

③ ペットの□（しゃ）真（しん）をとる。

④ かぜをひいて医□（しゃ）にかかる。

しゅ

⑤ □（しゅ）力せん手がけがをする。

⑥ 電車の運転（うんてん）□（しゅ）になりたい。

4 つぎの□に漢字を書きなさい。

① 本の持ち□（ぬし）をさがす。

② 湖をカメラで□（うつ）す。

③ ヒーローが□□（わるもの）をたおす。

④ 弟とのやくそくを□（まも）る。

⑤ 先□（しゅ）点でもりあがる。

⑥ 母がお客さんにお□（さけ）を出す。

⑦ 新しいタオルに□（と）りかえる。

⑧ 犬が□□□（しゅじんこう）の昔話（むかしばなし）を読む。

受

ジュ
う(ける)
う(かる)

言葉と使い方

▲受信(じゅしん)　▲受付(うけつけ)
受け取り(うけとり)
ボールを受ける(うける)

州

シュウ
す㊥

言葉と使い方

本州(ほんしゅう)　◎中州(なかす)
アメリカのネバダ州(しゅう)
九州(きゅうしゅう)に転校(てんこう)する

拾

シュウ㊥
ジュウ㊥
ひろ(う)

言葉と使い方

▲収拾(しゅうしゅう)◎
貝(かい)を拾う(ひろう)
拾(ひろ)ったお金(かね)を交番(こうばん)にとどける

終

シュウ
お(わる)
お(える)

部首	部首名
糸	いとへん

言葉と使い方

終業式(しゅうぎょうしき)　終点(しゅうてん)
▲最終回(さいしゅうかい)
宿題(しゅくだい)が終(お)わってから遊(あそ)ぶ

習

シュウ
なら(う)

部首	部首名
羽	はね

言葉と使い方

習字(しゅうじ)　学習(がくしゅう)
練習(れんしゅう)　見習(みなら)い
ピアノを習(なら)う

集

シュウ
あつ(まる)
あつ(める)
つど(う)㊥

部首	部首名
隹	ふるとり

言葉と使い方

集会(しゅうかい)　集合(しゅうごう)
▲若者(わかもの)が集(つど)う◎
笛(ふえ)の合図(あいず)で集(あつ)まる

1 つぎの―線の漢字に読みがなをつけなさい。

① 水泳のテストに受かった。（　）（　）（　）
② 台風が九州に　近づく。（　）（　）
③ 食べ終わったら皿をあらう。（　）（　）
④ 公園のごみ拾いをする。（　）（　）
⑤ 見習いの大工としてはたらく。（　）（　）
⑥ お客さんの人数を集計する。（　）（　）
⑦ そっと電話の受話器をおく。（　）（　）
⑧ 習字では正しい姿勢（しせい）が大切だ。（　）（　）

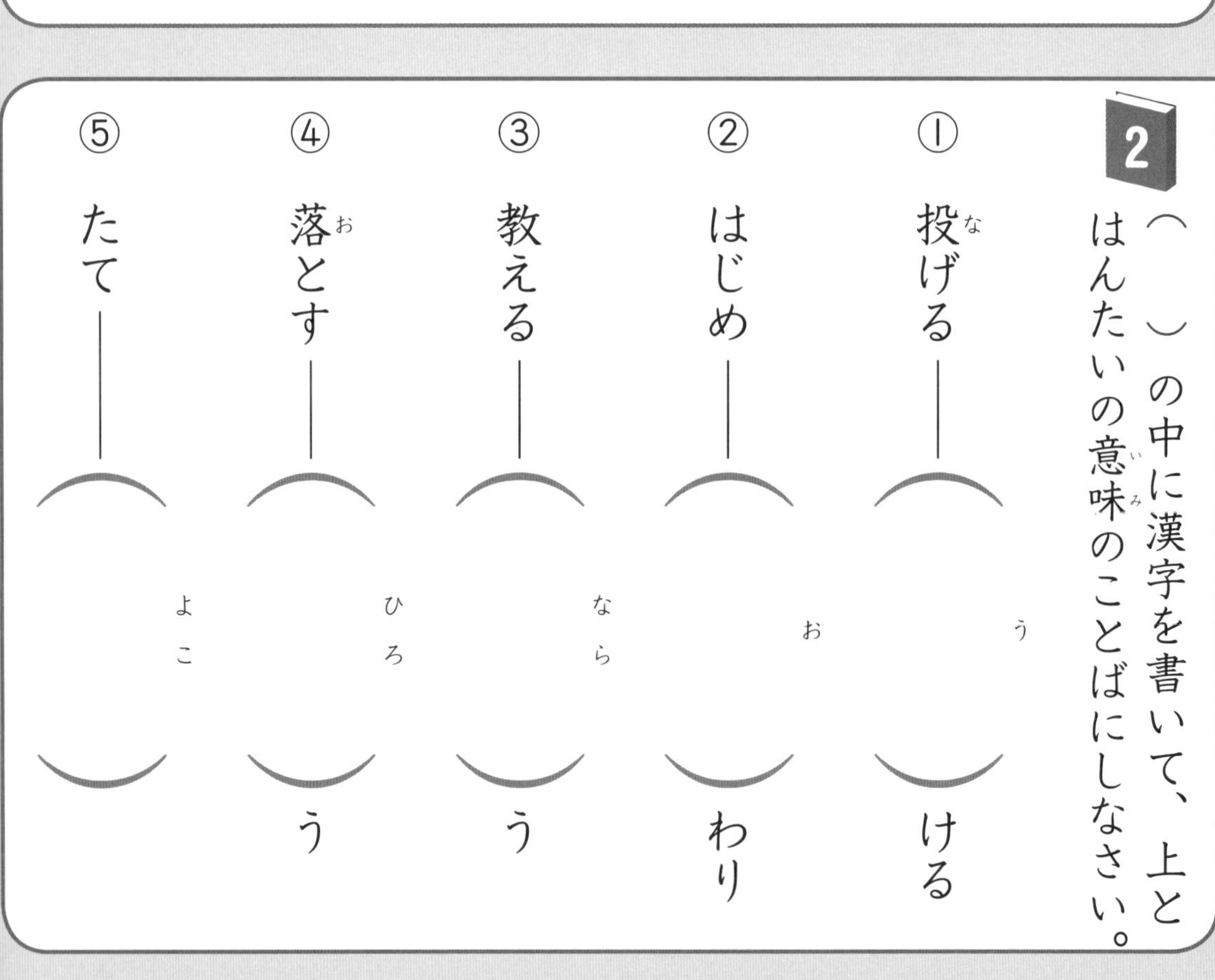

2 （　）の中に漢字を書いて、上とはんたいの意味（いみ）のことばにしなさい。

① 投（な）げる―（う）ける
② はじめ―（お）わり
③ 教える―（なら）う
④ 落（お）とす―（ひろ）う
⑤ たて―（よこ）

3

つぎの―線のカタカナを○の中の漢字とおくりがな（ひらがな）で□の中に書きなさい。

〈れい〉㊅大 **オオキイ**花がさく。　［大きい］

① (受) 漢字のテストを**ウケル**。　□

② (守) 学校生活の決まりを**マモル**。　□

③ (実) 秋にブドウが**ミノル**。　□

④ (始) すきな番組が**ハジマル**。　□

⑤ (集) 午前七時に**アツマル**。　□

⑥ (写) 詩を書き**ウツス**。　□

4

つぎの□に漢字を書きなさい。

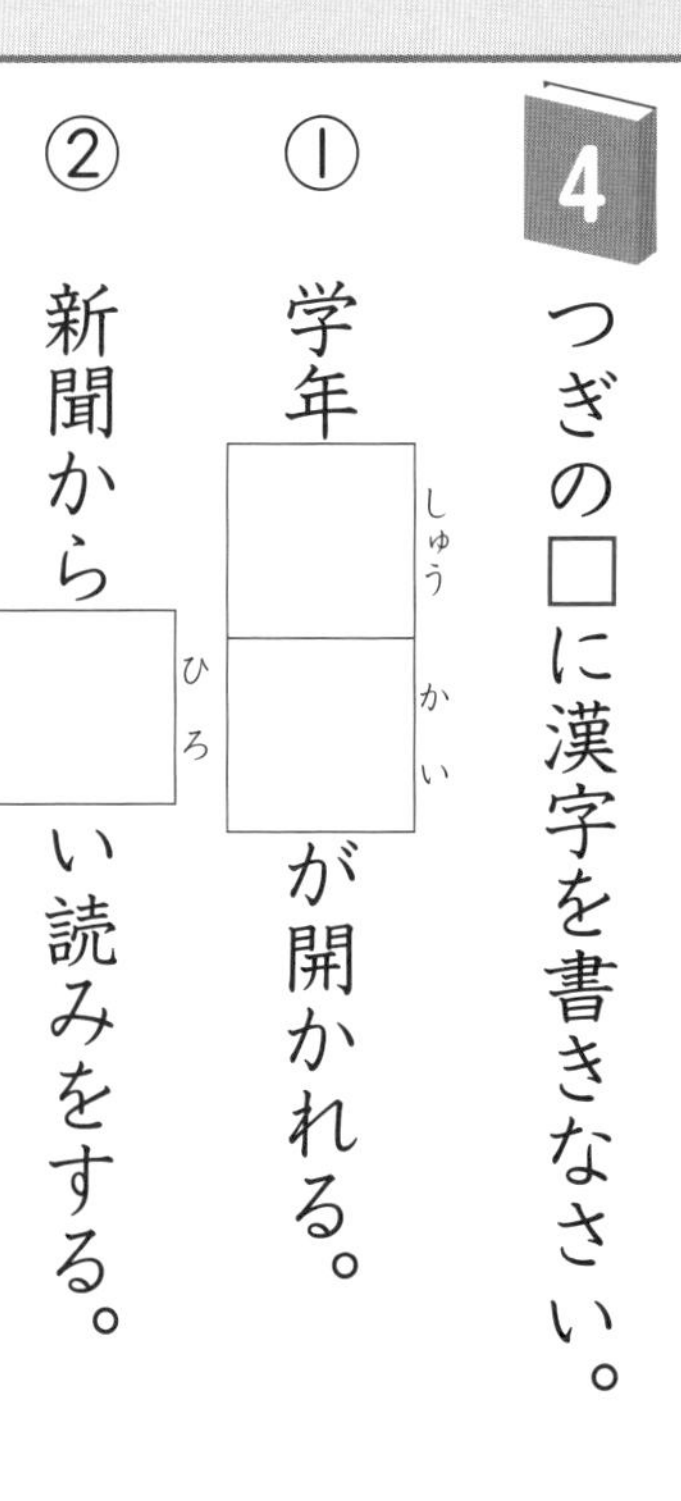

① 学年□□（しゅうかい）が開かれる。

② 新聞から□（ひろ）い読みをする。

③ □□（しゅうてん）の駅でおりる。

④ 校庭（こうてい）に□□（しゅうごう）する。

⑤ 小さいころからバレエを□（なら）う。

⑥ アメリカは五十□（しゅう）からなる。

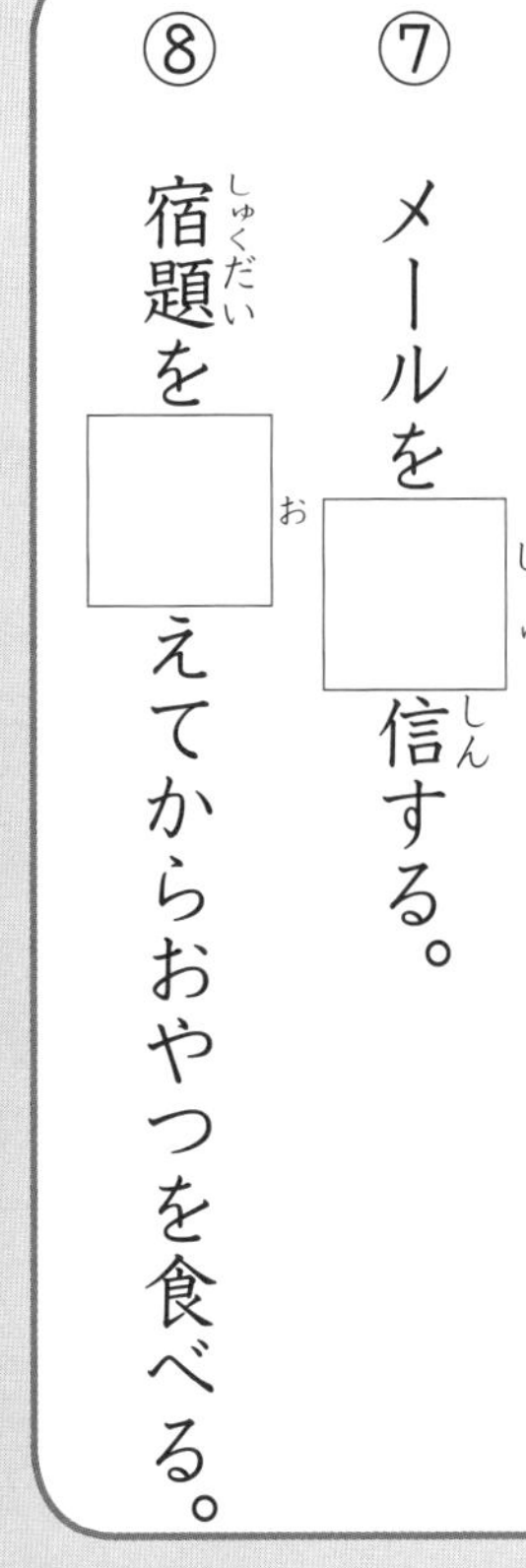

⑦ メールを□（じゅ）信（しん）する。

⑧ 宿題（しゅくだい）を□（お）えてからおやつを食べる。

1 つぎの――線の漢字に読みがなをつけなさい。〈一つ2点 計38点〉

① しあわせな気持ちになる。（　　）（　　）
② カードを番号順（じゅん）にならべる。（　　）
③ かかとを軽石であらう。（　　）
④ 台所（だいどころ）で皿あらいをてつだう。（　　）
⑤ 車庫のたなに道具をかたづける。（　　）（　　）
⑥ 酒屋に配達（はいたつ）をたのむ。（　　）
⑦ パソコンの使い方を習う。（　　）（　　）
⑧ ミカンの木に実がなる。（　　）

⑨ わすれものの持ち主をさがす。（　　）
⑩ 入学式のじゅんびをする。（　　）
⑪ 遊園地（ゆうえんち）の係員になりたい。（　　）
⑫ 根気よく作業をする。（　　）
⑬ 詩をノートに書き写す。（　　）（　　）
⑭ ひな祭りのかざりつけをする。（　　）
⑮ 向こう岸まで泳いでわたる。（　　）
⑯ すきな本を手に取る。（　　）

100

80

50

とくてん
点

郵便はがき

お手数ですが
切手をおはり
ください。

（受取人）
京都市東山区祇園町南側
551番地

（公財）日本漢字能力検定協会
書籍アンケート係　行

K2403

フリガナ
お名前

〒　　　　TEL
ご住所

◆Web からでもお答えいただけます◆

下記 URL、または右の二次元コードからアクセスしてください。
https://www.kanken.or.jp/kanken/textbook/step.html

ご記入頂きました個人情報は、アンケートの集計及び粗品の送付、今後の（公財）日本漢字能力検定協会の事業に関するご案内以外の目的には使用しません。また、第三者への開示、弊協会外へ漏洩することもございません。（ただし、業務の一部を、業務提携会社へ委託する場合があります。）

16 歳未満の方は、保護者の同意の上ご記入ください。

個人情報のご記入は任意でありますが、必須事項をご記入頂けない場合は粗品の送付が出来ない場合がございますので、ご注意ください。

ご記入頂きました個人情報に関する開示、訂正等お問い合わせは、下記の窓口へお願いします。

（公財）日本漢字能力検定協会　個人情報保護責任者　事務局長
個人情報相談窓口　https://www.kanken.or.jp/privacy/

今後の出版事業に役立てたいと思いますので、下記のアンケートにご協力ください。抽選で粗品をお送りします。

お買い上げいただいた本（級に○印をつけてください）

『漢検　漢字学習ステップ　ワイド版』　7級　8級　9級　10級

●年齢＿＿＿＿＿歳　　●性別　男・女

●この教材で学習したあと、漢字検定を受検しましたか？
その結果を教えてください。

a. 受検した（合格）　b. 受検した（不合格）　c. 受検した（結果はまだわからない）　d. 受検していない・受検する予定がない　e. これから受検する・受検するつもりがある

●この教材で学習したことで、語彙力（ごいりょく）がついたと思いますか？

a. 思う　b. 思わない　c. どちらともいえない

●この教材で学習したことで、漢字・日本語への興味はわきましたか？

a. わいた　b. わかなかった　c. どちらともいえない

●この教材で学習したことで、学習習慣は身につきましたか？

a. ついた　b. つかなかった　c. どちらともいえない

●この教材で学習したことで、漢字への自信はつきましたか？

a. ついた　b. つかなかった　c. どちらともいえない

●この教材に満足しましたか？

a. 非常に満足した　b. ある程度満足した　c. どちらともいえない　d. あまり満足しなかった　e. 全く満足しなかった

●この教材で満足したところを、具体的に教えてください。

（　　　　　　　　　　　　　　　　　　　）

●この教材で不満だったところを、具体的に教えてください。

（　　　　　　　　　　　　　　　　　　　）

●この教材と一緒に使った教材はありますか？
書籍名を教えてください。

（　　　　　　　　　　　　　　　　　　　）

ご協力ありがとうございました。

2 つぎの□に漢字を書き、上のことばとはんたいの意味のことばをむすびなさい。〈一つ2点　計10点〉

① はじまる・　・□(ま)げる

② のばす・　・□(まも)る

③ 楽しい・　・□(お)わる

④ 生きる・　・□(し)ぬ

⑤ せめる・　・□(くる)しい

3 つぎの□の中に漢字を書きなさい。〈一つ2点　計16点〉

① 下校するとき転(ころ)んで出□(けつ)した。

② 雨天でも遠足を□(けっ)行する。

③ 家の前で工□(じ)をしている。

④ □(じ)回のドラマが楽しみだ。

⑤ コンサートが中□(し)になる。

⑥ □(し)名されて発言(はつげん)する。

⑦ □(しゅう)点までバスに乗(の)る。

⑧ □(しゅう)分の日におはぎを作る。

4 つぎの□に漢字を書きなさい。〈一つ2点　計36点〉

① 明日、□(きみ)の家にあつまろう。

② ロボットの□□(けんきゅう)をする。

③ □□(くうこう)に友だちを見送(みおく)りに行く。

④ □(みずうみ)のほとりでキャンプをする。

⑤ □□□(しゅじんこう)の気持ちを考える。

⑥ 父が力□□(しごと)を□(はじ)める。

⑦ この薬(くすり)は思ったほど□(にが)くない。

⑧ だれもが□(こう)福(ふく)をねがっている。

---

⑨ 青森□(けん)に引っこしをする。

⑩ 全校(ぜんこう)□□(しゅうかい)が開かれる。

⑪ □(は)ぐきから□(ち)が出た。

⑫ きずの手当てを□(う)ける。

⑬ 絵本の□□(さくしゃ)に手紙を書く。

⑭ 赤いさいふを□(ひろ)う。

⑮ 九□(しゅう)地方の子もり歌を聞く。

⑯ □(ゆび)人形で遊(あそ)ぶ。

クイズであそぼ！ 2

漢字ボールでゴール！

漢字の書かれたボールがあるよ。画数（漢字を書くときの点や線の数）が8・9・10画の漢字を順番にくりかえし、全部えらんでゴールしよう。

【注意】

線の引いていないところは、進めません。8→9→10→8→9→10……のように進みます。

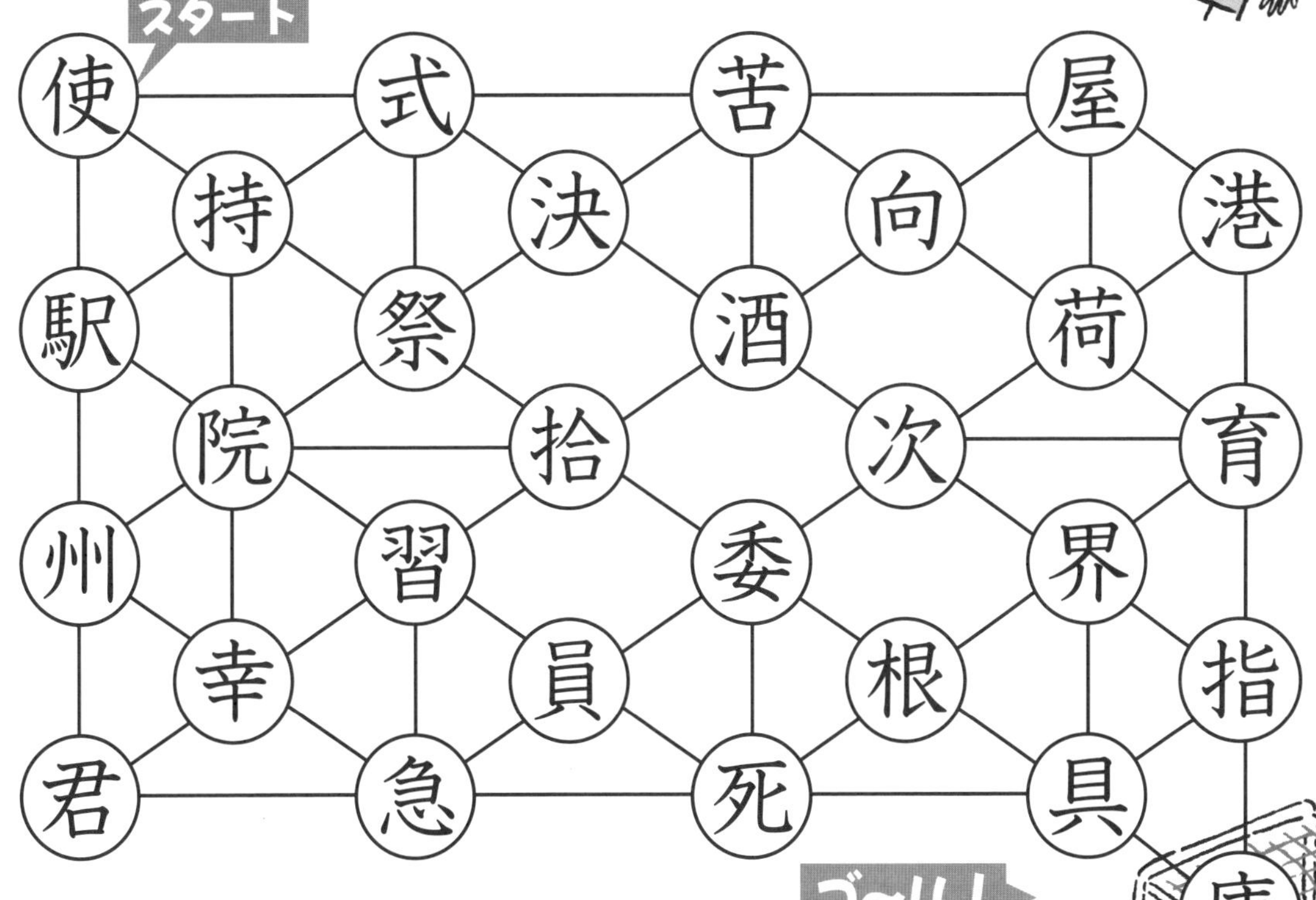

クイズであそぼ！ 1

（39ページ）**の答え**

【答え】

暗	記

た	い	お	ん	が	あ	だ	き
い	い	が	く	っ	く	い	と
い	ん	か	ん	き	よ	ち	よ
く	か	い	ち	ゅ	う	お	う
あ	い	が	か	う	も	う	お
き	て	ん	い	め	い	あ	ん
か	ん	じ	す	い	え	い	か
ん	か	ん	う	ば	い	ば	い

※答えは103ページにあります。

住

ジュウ
す(む)
す(まう)

7画

部首	部首名
亻	にんべん

言葉と使い方

住所（じゅうしょ）　住人（じゅうにん）

住（す）まい

都会（とかい）に住（す）む

重

ジュウ
チョウ
え
おも(い)
かさ(ねる)
かさ(なる)

9画

部首	部首名
里	さと

言葉と使い方

体重（たいじゅう）　一重（ひとえ）　重（かさ）ね着（ぎ）

重（おも）い荷物（にもつ）

重大（じゅうだい）なお知（し）らせがある

宿

シュク
やど
やど(る)
やど(す)

11画

部首	部首名
宀	うかんむり

言葉と使い方

宿題（しゅくだい）　▲民宿（みんしゅく）

宿屋（やどや）

店先（みせさき）で雨宿（あまやど）りをする

所

ショ
ところ

言葉と使い方

近所（きんじょ）　市役所（しやくしょ）
台所（だいどころ）
自分（じぶん）の長所（ちょうしょ）を書（か）き出（だ）す

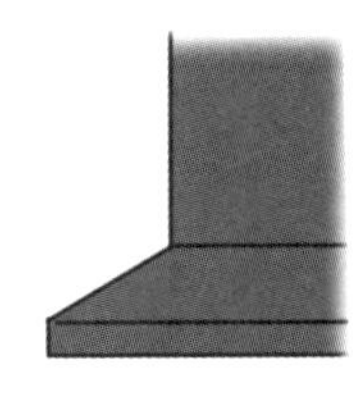

暑

ショ
あつ（い）

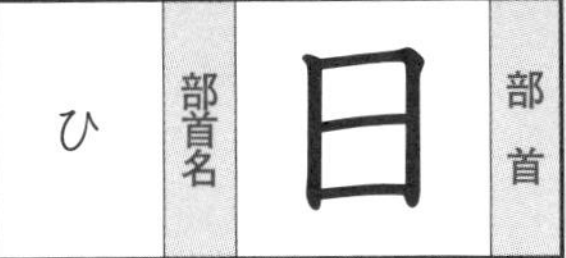

言葉と使い方

▲残暑（ざんしょ）
暑（あつ）い日（ひ）
暑中（しょちゅう）みまいを出（だ）す

助

ジョ
たす（ける）
たす（かる）
すけ㊥

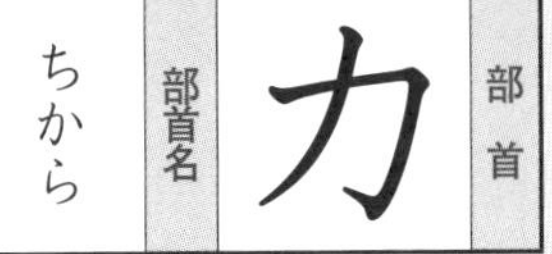

言葉と使い方

助手席（じょしゅせき）▲
手助（てだす）け　◎助太刀（すけだち）★◎
てつだってくれて助（たす）かった

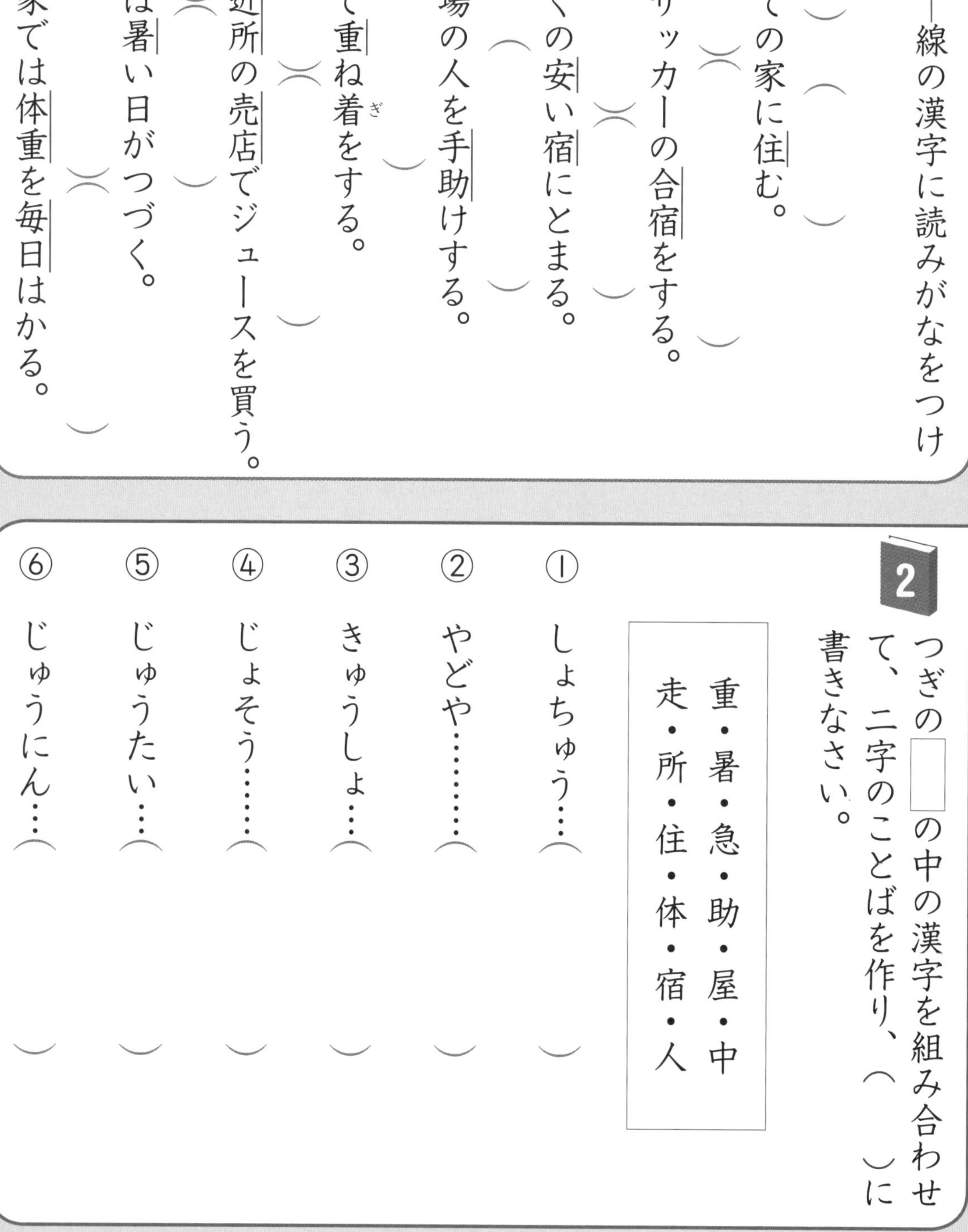

1 つぎの――線の漢字に読みがなをつけなさい。

① 二階（　）だての家に住（　）む。

② 高原（　）でサッカーの合宿（　）をする。

③ 駅の近くの安（　）い宿（　）にとまる。

④ 弱（　）い立場の人を手助（　）けする。

⑤ 寒（　）いので重（　）ね着（ぎ）をする。

⑥ 公園の近所（　）の売店（　）でジュースを買う。

⑦ この夏（　）は暑（　）い日がつづく。

⑧ ぼくの家では体重（　）を毎日（　）はかる。

2 つぎの□の中の漢字を組み合わせて、二字のことばを作り、（　）に書きなさい。

重・暑・急・助・屋・中
走・所・住・体・宿・人

① しょちゅう……（　）

② やどや………（　）

③ きゅうしょ……（　）

④ じょそう………（　）

⑤ じゅうたい……（　）

⑥ じゅうにん……（　）

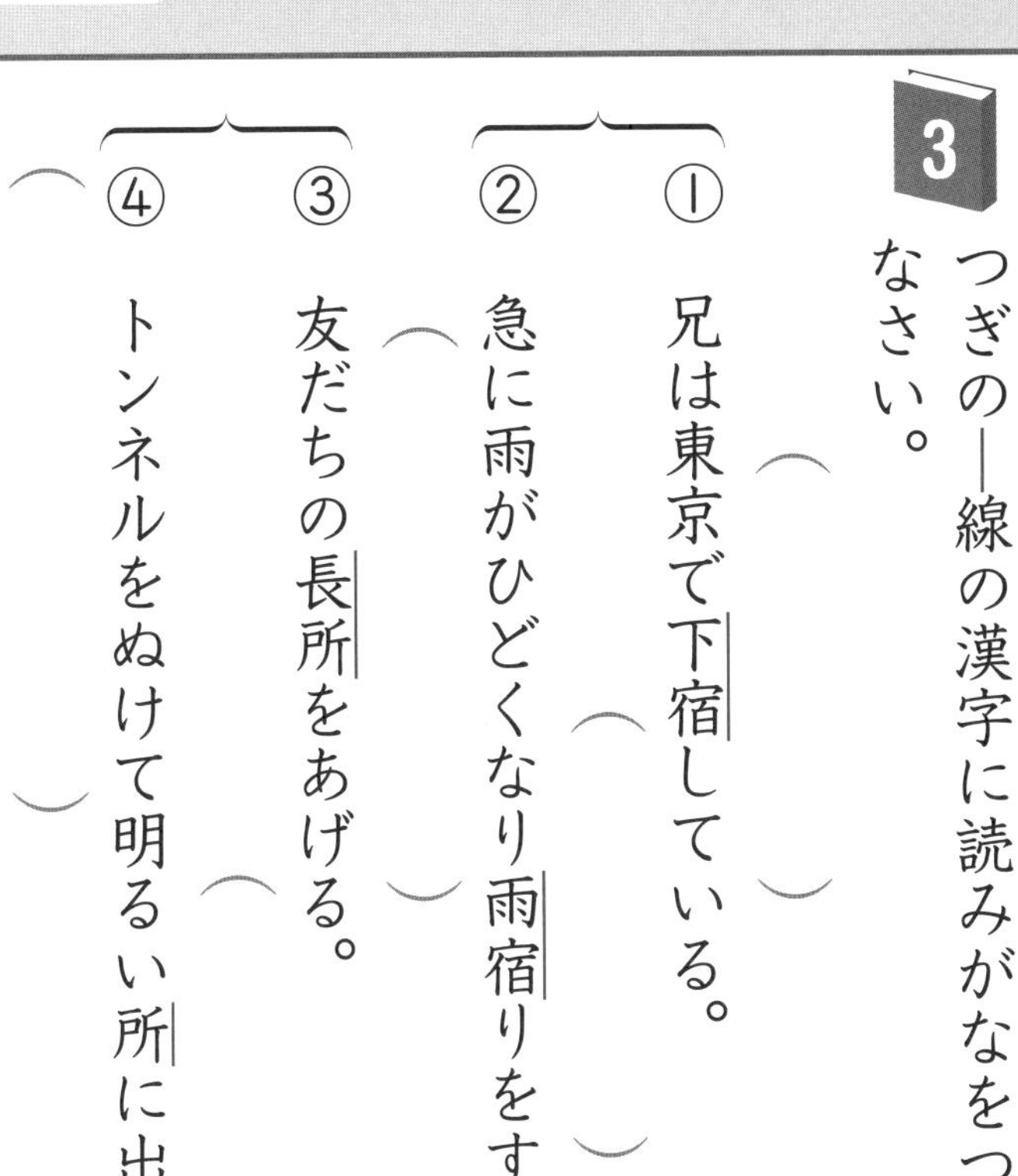

3 つぎの―線の漢字に読みがなをつけなさい。

① 兄は東京で下宿している。（　　）

② 急に雨がひどくなり雨宿りをする。（　　）

③ 友だちの長所をあげる。（　　）

④ トンネルをぬけて明るい所に出る。（　　）

⑤ 終業式で校長先生の話を聞く。（　　）

⑥ 夕方六時に仕事を終えて家に帰る。（　　）

⑦ 学年集会が開かれる。（　　）

⑧ 空きかんを集める。（　　）

4 つぎの□に漢字を書きなさい。

① 歯科□□（じょしゅ）としてはたらく。

② □（おも）いかばんを運ぶ。

③ はがきに□□（じゅうしょ）を書く。

④ 夕食の前に□（しゅく）題（だい）をする。

⑤ 夜になってもむし□（あつ）かった。

⑥ 母は□□（だいどころ）にいる。

⑦ □（たす）けてもらったお礼（れい）をする。

⑧ 海外にうつり□（す）む。

昭

ショウ

言葉と使い方

昭和新山

昭和にできたビル

消

ショウ
き(える)
け(す)

言葉と使い方

消化　消火器▲

消しゴム

ろうそくの火が消える

商

ショウ
あきな(う)㊥

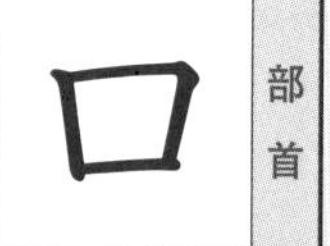

言葉と使い方

商店　商売

商品　◎商い

わり算の商をもとめる

章

ショウ

11画

部首 立　部首名 たつ

言葉と使い方

記章（きしょう）

校章（こうしょう）

長い文章を読む（ながいぶんしょうをよむ）

勝

ショウ
か(つ)
まさ(る)㊥

12画

部首 力　部首名 ちから

言葉と使い方

勝負（しょうぶ）　▲祝勝会（しゅくしょうかい）

気力で勝る（きりょくでまさる）◎

つな引きで赤組が勝つ（つなひきであかぐみがかつ）

乗

ジョウ
の(る)
の(せる)

9画

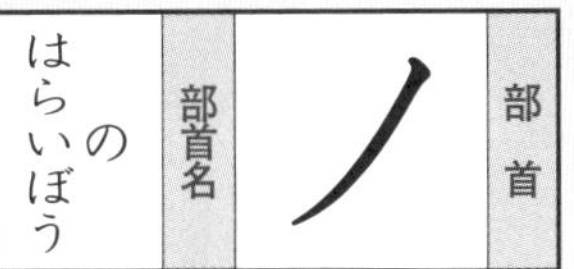

部首 ノ　部首名 はらいぼう

言葉と使い方

乗用車（じょうようしゃ）

乗りもの（のりもの）　波乗り（なみのり）

タクシーに同乗する（どうじょうする）

1 つぎの―線の漢字に読みがなをつけなさい。

① 野球で一組が勝つ。（　）（　）

② 食べものを消化する。（　）（　）

③ この県道は昭和のおわりにできた。（　）（　）

④ 町の明かりが消える。（　）（　）

⑤ 多くの人がバスに乗車する。（　）（　）

⑥ おじは商売で生計を立てている。（　）（　）

⑦ 横書きで文章を書く。（　）（　）

⑧ 赤ちゃんをひざに乗せてあやす。（　）

2 ㋐と㋑のカードを組み合わせて、漢字を作りなさい。（カードはそれぞれ一回ずつ使います。）

①
㋐ 艮　寺　台　幵
㋑ 言　石　木　女
□ □ □ □

②
㋐ 与　呂　者　早
㋑ 宀　冖　立　日
□ □ □ □

べんきょうした日　　月　　日

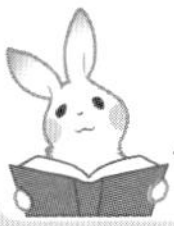

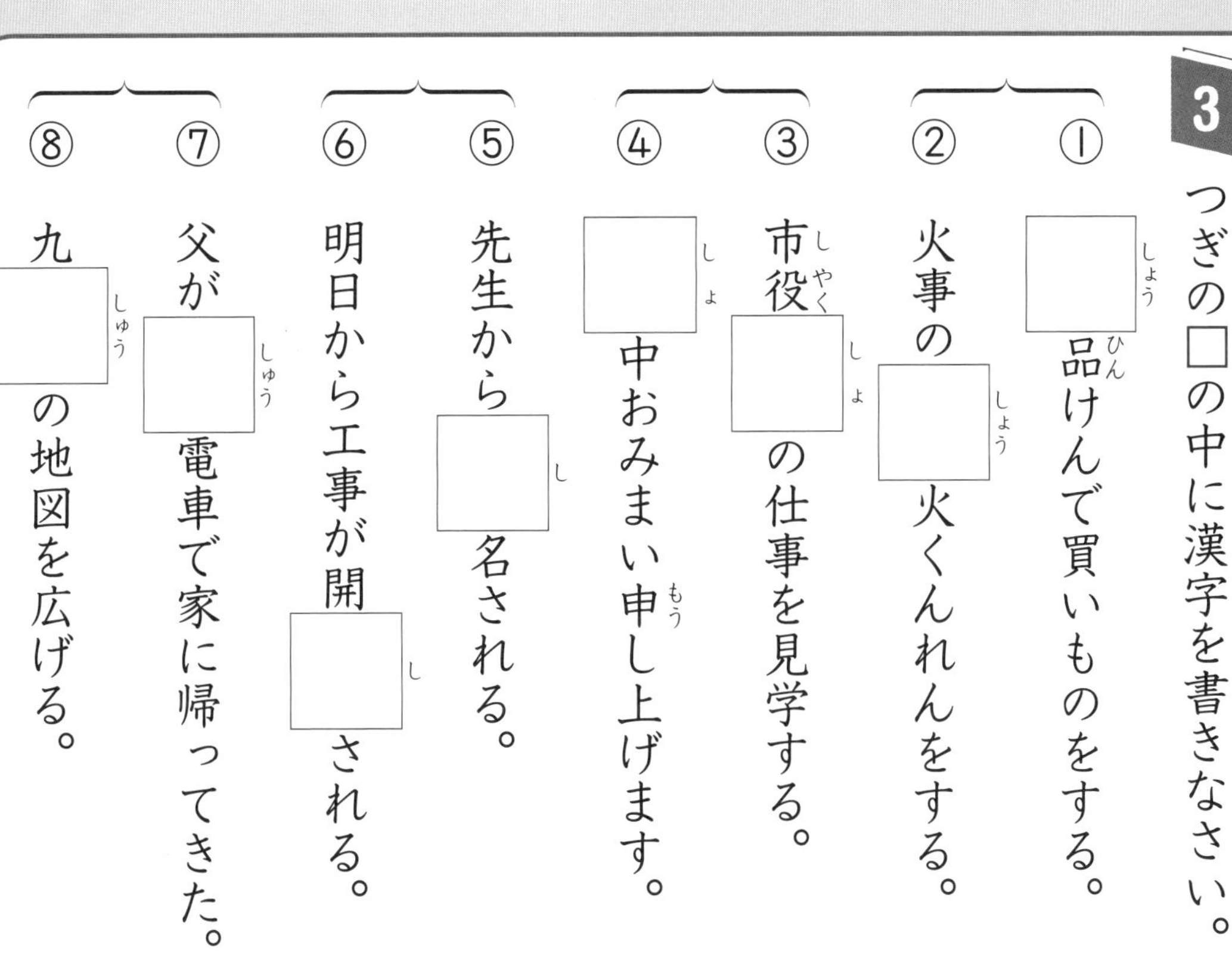

3 つぎの□の中に漢字を書きなさい。

①　□(しょう)品(ひん)けんで買いものをする。
②　火事の□(しょう)火くんれんをする。
③　市役(しやく)□(しょ)の仕事を見学する。
④　□(しょ)中おみまい申(もう)し上げます。
⑤　先生から□(し)名される。
⑥　明日から工事が開□(し)される。
⑦　父が□(しゅう)電車で家に帰ってきた。
⑧　九□(しゅう)の地図を広げる。

4 つぎの□に漢字を書きなさい。

①　おばあさんは□(しょう)和(わ)生まれだ。
②　声が風に□(の)って聞こえてくる。
③　□(け)しゴムとえんぴつを持っていく。
④　□□(しょう・てん)街(がい)を歩く。
⑤　決□(しょう)の試合(しあい)は午後に行われる。
⑥　第一(だいいち)□□(がく・しょう)を聞く。
⑦　□□(じょう・きゃく)が係員にきっぷをわたす。
⑧　□(か)ち負(ま)けにこだわる。

植

ショク
う（える）
う（わる）

言葉と使い方

植物（しょくぶつ）　植木（うえき）ばち
田植（たう）え
植木（うえき）の手入（てい）れをする

シン㊥
もう（す）

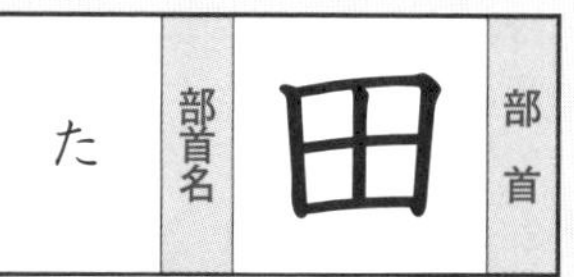

言葉と使い方

◎申▲告（しんこく）　申（もう）しこみ
申（もう）し出（で）　申（もう）し分（ぶん）ない
申（もう）しわけないことをした

身

シン
み

言葉と使い方

身体▲測定（しんたいそくてい）　身長（しんちょう）
身▲構（みがま）える　身（み）ぶり
身（み）ぶり手（て）ぶりで話（はな）す

神

シン
ジン
かみ
かん㊥
こう㊪

9画

部首	部首名
ネ	しめすへん

言葉と使い方

神父（しんぷ）　神社（じんじゃ）

神様（かみさま）　◎神主（かんぬし）

▲星座（せいざ）についての神話（しんわ）を読（よ）む

真

シン
ま

10画

部首	部首名
目	め

言葉と使い方

写真（しゃしん）

真上（まうえ）　真っ白（まっしろ）　真夜中（まよなか）

イカが真っ黒（まっくろ）なすみをはく

深

シン
ふか（い）
ふか（まる）
ふか（める）

11画

部首	部首名
氵	さんずい

言葉と使い方

深海（しんかい）　水深（すいしん）

深い（ふかい）谷（たに）

深夜（しんや）に出発（しゅっぱつ）する

1

つぎの―線の漢字に読みがなをつけなさい。

① 深海にすむ魚類（るい）について調（しら）べる。

② 神話の本を読む。

③ 植林をして森を守る。

④ 水泳教室に申しこむ。

⑤ 読書を通して知しきを深める。

⑥ 身ぶり手ぶりでやっと通じた。

⑦ 真上に上がった球をとる。

⑧ 庭（にわ）の植木が雨にぬれる。

2

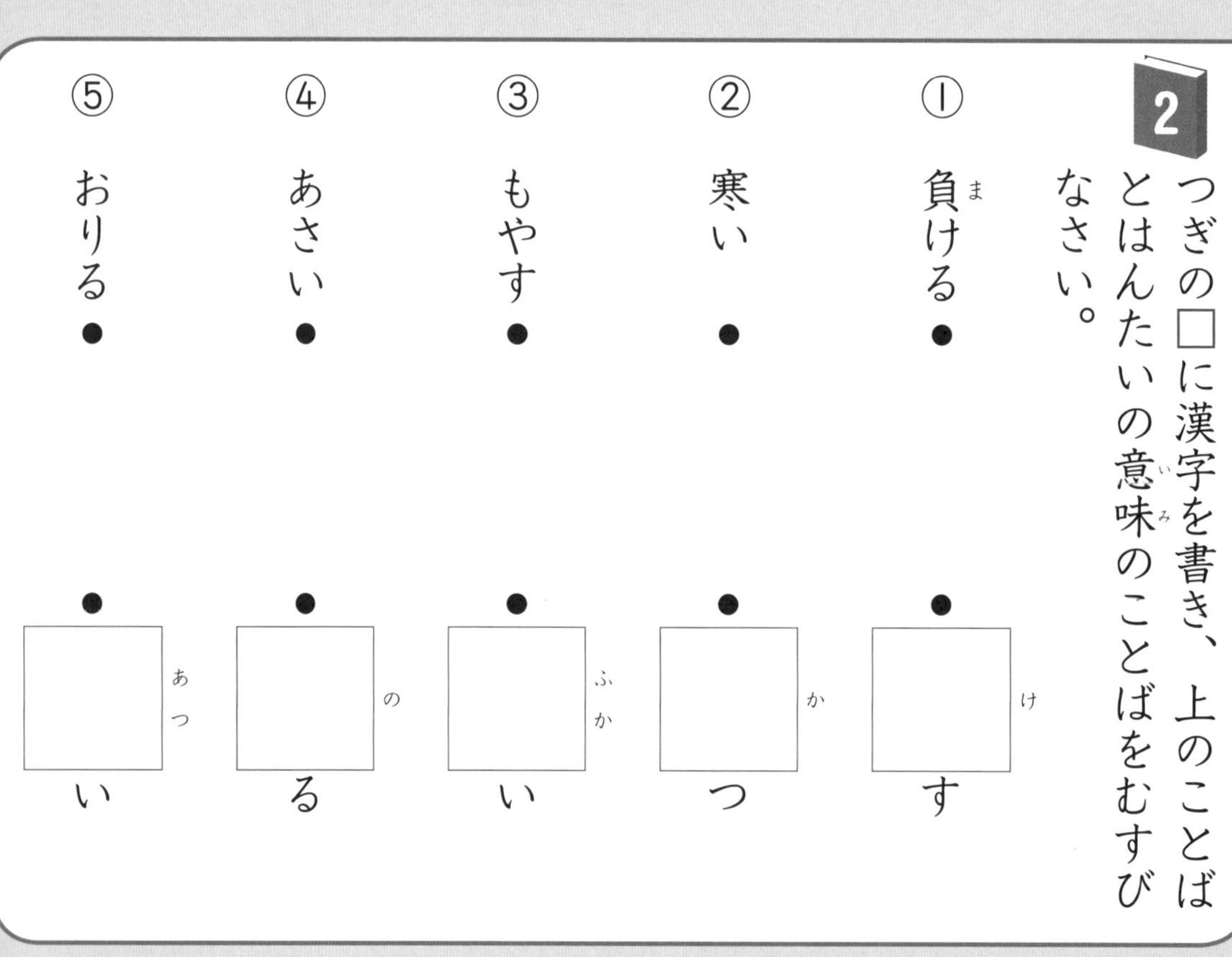

つぎの□に漢字を書き、上のことばとはんたいの意味（いみ）のことばをむすびなさい。

① 負（ま）ける ●　　● □（け）す

② 寒い ●　　● □（か）つ

③ もやす ●　　● □（ふか）い

④ あさい ●　　● □（の）る

⑤ おりる ●　　● □（あつ）い

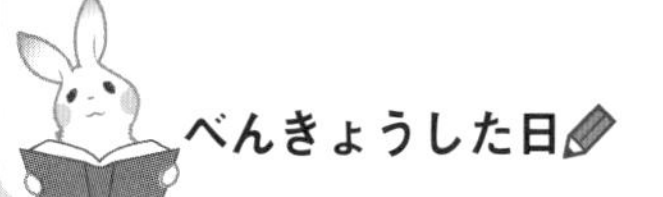

3 同じなかまの漢字を□に書きなさい。

① きへん（木）
□（しょく）物（ぶつ）・□（こん）本

② しめすへん（ネ）
□（かみ）様（さま）・会□（しゃ）

③ さんずい（氵）
水□（しん）・□（しょう）火

④ おんなへん（女）
□（いもうと）・終□（し）

⑤ ひへん（日）
□（しょう）和（わ）・□（あん）算

4 つぎの□に漢字を書きなさい。

① □□（しんぷ）がキリストの教えをとく。

② 田□（う）えをてつだう。

③ 家の中が□（ま）っ暗だ。

④ 入会□（もう）しこみの手つづきをする。

⑤ □□（しんちょう）が五センチのびた。

⑥ □□（じんじゃ）におまいりする。

⑦ □□（しんや）に目がさめる。

⑧ 集合□□（しゃしん）をとる。

進

シン
すす(む)
すす(める)

言葉と使い方

進学(しんがく)　進歩(しんぽ)　行進(こうしん)
前進(ぜんしん)　進(すす)め方(かた)
車(くるま)が急(きゅう)に発進(はっしん)した

世

セイ
セ
よ

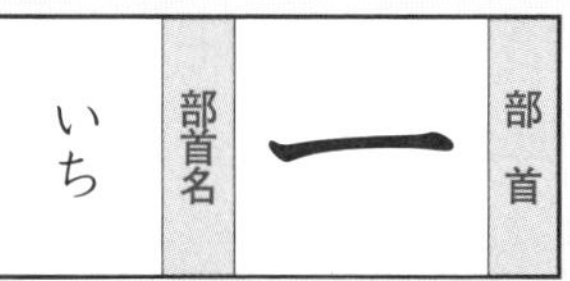

言葉と使い方

世紀(せいき)▲　世界(せかい)　世話(せわ)
世(よ)の中(なか)
世間(せけん)をさわがせる

整

セイ
ととの(える)
ととの(う)

言葉と使い方

整理(せいり)　整列(せいれつ)
調整(ちょうせい)
身(み)なりを整(ととの)える

昔

セキ㊫
シャク㊥
むかし

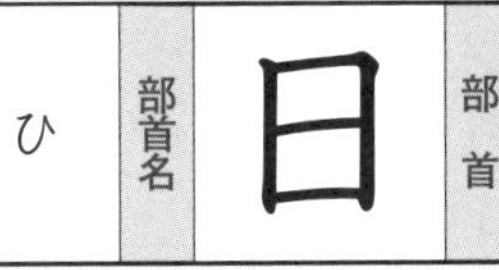

言葉と使い方

◎昔日（せきじつ）　◎今昔（こんじゃく）　昔話（むかしばなし）

大昔（おおむかし）　昔（むかし）なじみ

ひと昔前（むかしまえ）のことだ

全

ゼン
まった（く）
すべ（て）

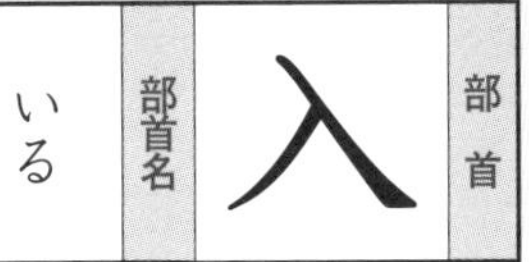

言葉と使い方

全員（ぜんいん）　全部（ぜんぶ）　全力（ぜんりょく）

安全（あんぜん）　全（すべ）ての道（みち）

全（まった）く新（あたら）しいことを考（かんが）える

相

ソウ
ショウ㊥
あい

言葉と使い方

相談（そうだん）　真相（しんそう）　手相（てそう）

◎首相（しゅしょう）　相手（あいて）

相（あい）づちを打（う）つ

1 つぎの――線の漢字に読みがなをつけなさい。

① 秋祭りの行列(ぎょうれつ)がゆっくりと進む。
② たまった写真の整理をする。
③ 弟の世話をするために急いで帰る。
④ この地方につたわる昔話を聞く。
⑤ ゴールに向かって全力で走る。
⑥ 身なりを整えて出かける。
⑦ 近年、科学の進歩はめざましい。
⑧ 相手の気持ちを考えて話す。

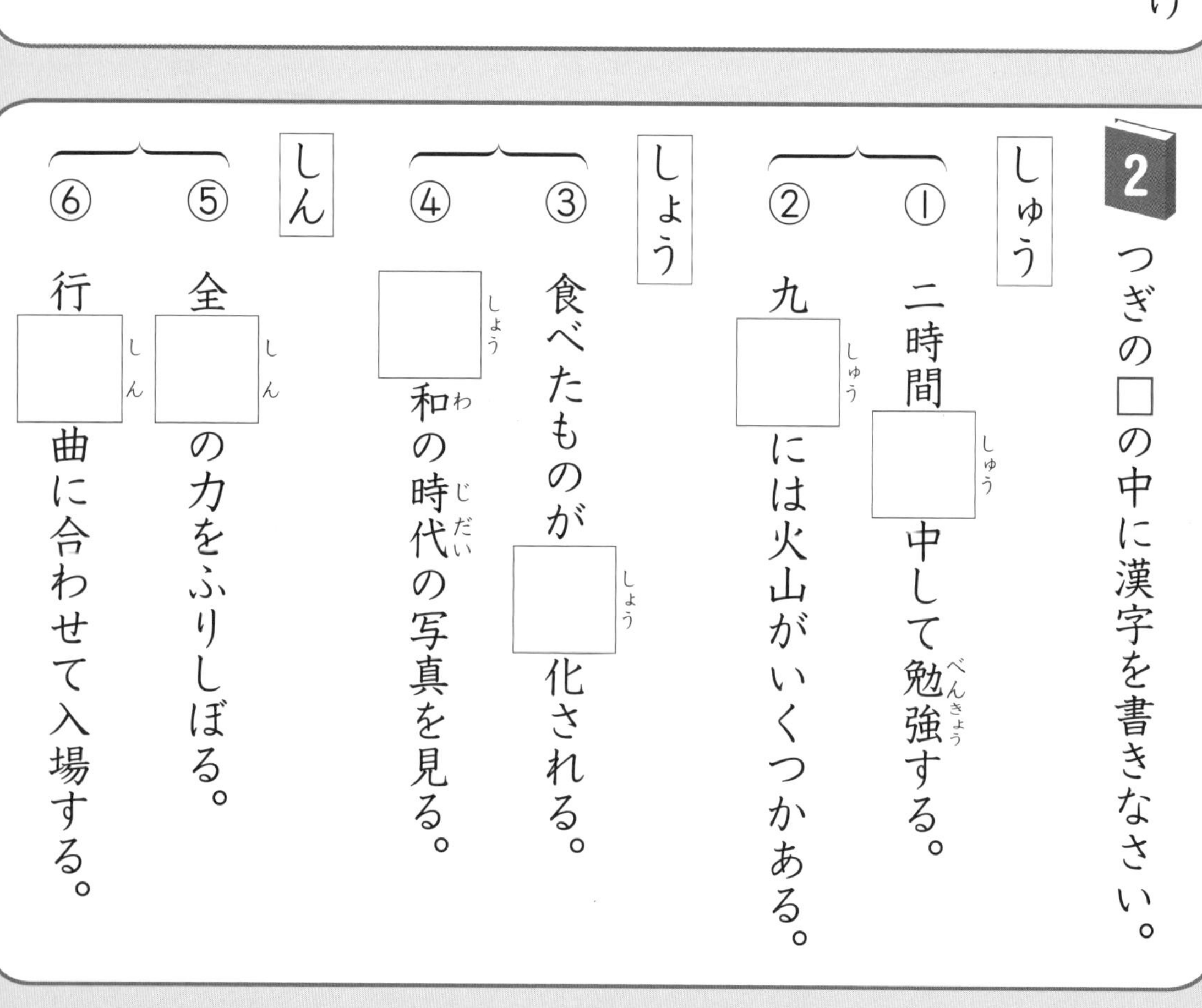

2 つぎの□の中に漢字を書きなさい。

しゅう
① 二時間□(しゅう)中して勉強(べんきょう)する。
② 九□(しゅう)には火山がいくつかある。

しょう
③ 食べたものが□(しょう)化される。
④ □(しょう)和(わ)の時代(じだい)の写真を見る。

しん
⑤ 全□(しん)の力をふりしぼる。
⑥ 行□(しん)曲に合わせて入場する。

3 つぎの――線のカタカナを○の中の漢字とおくりがな(ひらがな)で□の中に書きなさい。

〈れい〉 (大) オオキイ花がさく。 [大きい]

① (整) つくえの上をトトノエル。 [　]

② (進) 時計の針(はり)をススメル。 [　]

③ (深) フカイあなをほる。 [　]

④ (植) アサガオをウエル。 [　]

⑤ (助) 友だちをタスケル。 [　]

⑥ (重) 絵の具を何色もカサネル。 [　]

4 つぎの□に漢字を書きなさい。

① □(まった)くべつの話をする。

② □□(おおむかし)、ここは海だった。

③ □□(せかい)のできごとを知る。

④ クラスごとに□(せい)列(れつ)する。

⑤ 姉が高校に□□(しんがく)した。

⑥ 新聞で□(よ)の中のできごとを知る。

⑦ □(すべ)てのお金を使ってしまった。

⑧ 先生と□(そう)談(だん)して決める。

送

ソウ
おく(る)

言葉と使い方

放送(ほうそう)　返送(へんそう)
送(おく)りむかえ
友(とも)だちを見送(みおく)る

想

ソウ
ソ㊔

言葉と使い方

想像(そうぞう)▲　感想文(かんそうぶん)
理想(りそう)　▲◎愛想(あいそ)(あいそう)
ゲームは空想(くうそう)の世界(せかい)だ

ソク
いき

言葉と使い方

休息(きゅうそく)
息(いき)つぎ　ため息(いき)
消息(しょうそく)をたつ

速

10画

ソク
はや(い)
はや(める)
はや(まる)
すみ(やか)㊥

部首	部首名
辶	しんにょう しんにゅう

言葉と使い方

▲速達(そくたつ)　速度(そくど)

高速道路(こうそくどうろ)　◎速(すみ)やかに動(うご)く

大雨(おおあめ)で川(かわ)の流(なが)れが速(はや)い

族

11画

ゾク

部首	部首名
方	ほうへん かたへん

言葉と使い方

家族(かぞく)　水族館(すいぞくかん)

▲民族(みんぞく)

お正月(しょうがつ)に親族(しんぞく)が集(あつ)まる

他

5画

タ
ほか

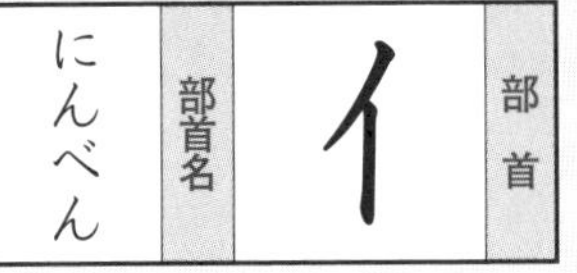

部首	部首名
亻	にんべん

言葉と使い方

他国(たこく)

他(ほか)の考(かんが)え

他人(たにん)のような顔(かお)をする

1 つぎの――線の漢字に読みがなをつけなさい。

① 空港で父を見送る。（　）（　）
② 高速道路（どうろ）を通っていなかへ帰る。（　）（　）
③ 家族で　港の近くの市場に行く。（　）（　）
④ 物語（ものがたり）を読んで空想の世界に入りこむ。（　）（　）
⑤ 体には十分な休息が必要（ひつよう）だ。（　）（　）
⑥ 大村君は学年で一番足が速い。（　）（　）
⑦ 運送会社のトラックが県道を走る。（　）（　）
⑧ 他校の友だちと道で出会った。（　）（　）

2 □の中に漢字を書いて、上とはんたいの意味（いみ）のことばにしなさい。

① 自分――□□（た）（にん）
② 今――□（むかし）
③ 直線――□□（きょく）（せん）
④ 点火――□□（しょう）（か）
⑤ 来年――□□（きょ）（ねん）

べんきょうした日　　月　　日

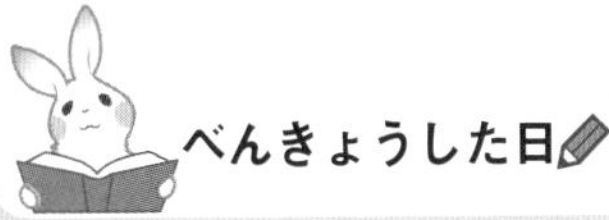

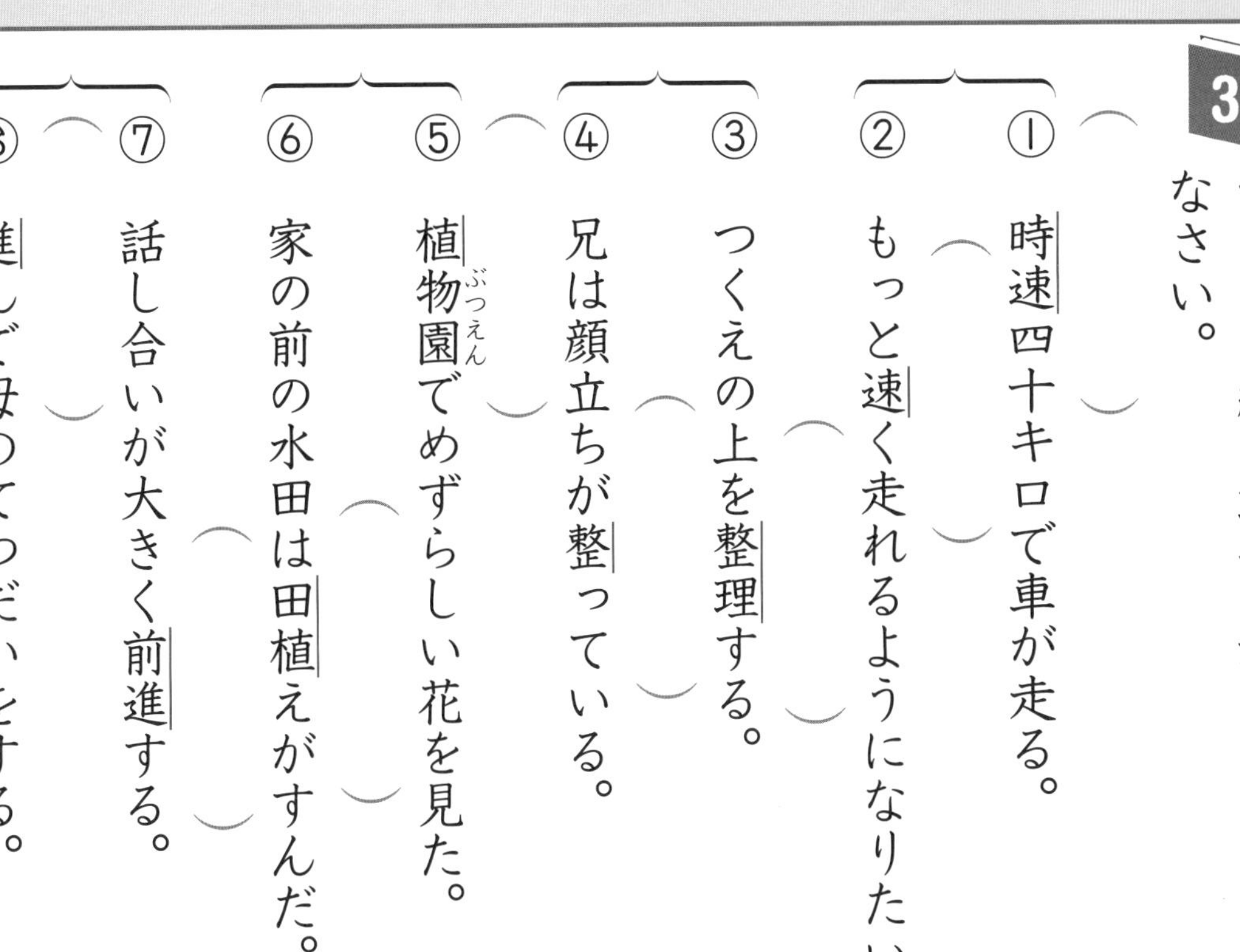

3

つぎの――線の漢字に読みがなをつけなさい。

① 時速四十キロで車が走る。（　　）

② もっと速く走れるようになりたい。（　　）

③ つくえの上を整理する。（　　）

④ 兄は顔立ちが整っている。（　　）

⑤ 植物園（ぶつえん）でめずらしい花を見た。（　　）

⑥ 家の前の水田は田植えがすんだ。（　　）

⑦ 話し合いが大きく前進する。（　　）

⑧ 進んで母のてつだいをする。（　　）

4

つぎの□に漢字を書きなさい。

① □□（じた）ともにみとめる努力家（どりょくか）だ。

② 走ってきたので□（いき）が切れた。

③ 漢字に□（おく）りがなをつける。

④ 新しい本の□□（かんそう）をのべる。

⑤ クロールの□（いき）つぎを練習（れんしゅう）する。

⑥ 車が□（そく）度（ど）を落（お）として走る。

⑦ 遠足で□□□（すいぞくかん）に行く。

⑧ 強風で□□（そうでん）線が切れた。

打

ダ
う(つ)

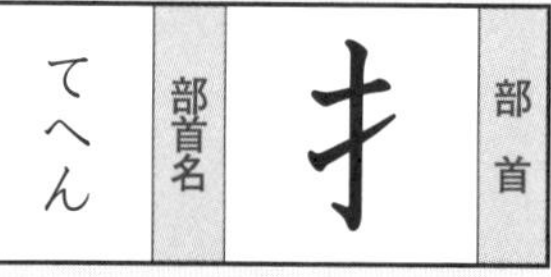

言葉と使い方

打者（だしゃ）　強打（きょうだ）

打（う）ち上（あ）げ　頭打（あたまう）ち

くぎを打（う）ちつける

対

タイ
ツイ㊥

部首	部首名
寸	すん

言葉と使い方

対岸（たいがん）　対等（たいとう）

対立（たいりつ）　反対（はんたい）　◎一対（いっつい）

親子（おやこ）で対話（たいわ）をする

待

タイ
ま(つ)

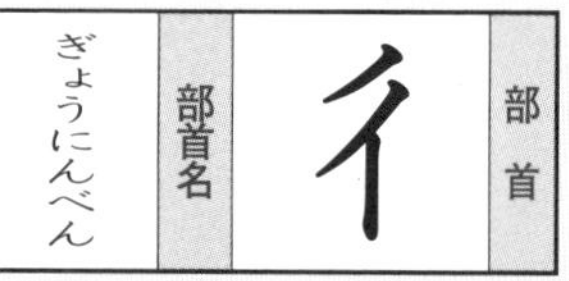

言葉と使い方

期待（きたい）　待合室（まちあいしつ）

待（ま）ち人（びと）　待（ま）ちぶせ

校門前（こうもんまえ）で待（ま）ち合（あ）わせる

ダイ
タイ
か(わる)
か(える)
よ
しろ㊥

部首	部首名
亻	にんべん

言葉と使い方

代表(だいひょう)　母(はは)の代(か)わり

千代紙(ちよがみ)　◎代物(しろもの)

時代(じだい)が大(おお)きくかわる

第

ダイ

部首	部首名
⺮	たけかんむり

言葉と使い方

第一回(だいいっかい)　第二土曜日(だいにどようび)

リレーの第三走者(だいさんそうしゃ)

第六感(だいろっかん)がひらめいた

題

ダイ

部首	部首名
頁	おおがい

言葉と使い方

題名(だいめい)　宿題(しゅくだい)

問題(もんだい)

さまざまな話題(わだい)が出(で)る

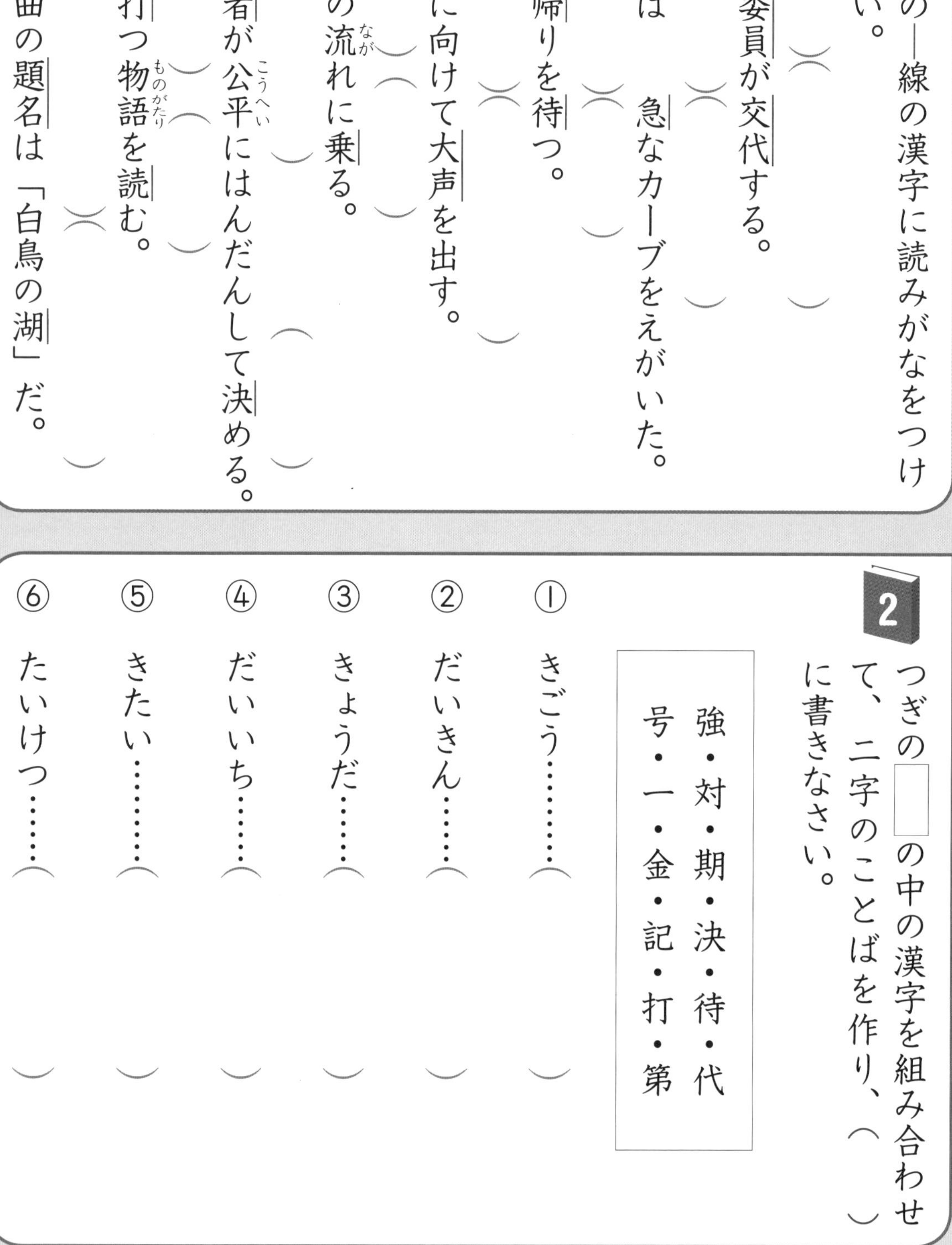

1 つぎの――線の漢字に読みがなをつけなさい。

① 学級委員が交代する。（　）（　）

② 打球は　急なカーブをえがいた。（　）（　）

③ 母の帰りを待つ。（　）（　）

④ 対岸に向けて大声を出す。（　）（　）

⑤ 時代の流（なが）れに乗る。（　）（　）

⑥ 第三者が公平（こうへい）にはんだんして決める。（　）（　）

⑦ 心を打つ物語（ものがたり）を読む。（　）（　）

⑧ この曲の題名は「白鳥の湖」だ。（　）（　）

2 つぎの□の中の漢字を組み合わせて、二字のことばを作り、（　）に書きなさい。

強・対・期・決・待・代
号・一・金・記・打・第

① きごう……（　）

② だいきん……（　）

③ きょうだ……（　）

④ だいいち……（　）

⑤ きたい……（　）

⑥ たいけつ……（　）

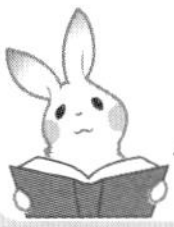

べんきょうした日　　月　　日

3 つぎの□の中に漢字を書きなさい。

① 君とは話□(だい)がつきない。
② クラスを□(だい)表(ひょう)する。
③ 強風に□(たい)する注意(ちゅうい)をする。
④ □(たい)育館に集合する。
⑤ 歯医者で□(じ)回のよやくをする。
⑥ 水道工□(じ)が始まった。
⑦ 先生は山口県の出□(しん)だ。
⑧ プールの水□(しん)をはかる。

4 つぎの□に漢字を書きなさい。

① □□(だしゃ)がバットを持ってかまえる。
② 意見が□□(たいりつ)する。
③ □□(ちよ)紙で人形をおる。
④ 父の□(か)わりに電話に出る。
⑤ 夏の夕方、□(う)ち水をする。
⑥ □(ま)ち合わせの場所を決める。
⑦ 歌手としての□(だい)一歩をふみ出す。
⑧ 今日の□□(しゅくだい)はむずかしい。

炭

タン
すみ

9画

部首	部首名
火	ひ

言葉と使い方

石炭（せきたん）　木炭画（もくたんが）

▲炭焼き（すみやき）

炭火（すみび）をおこす

短

タン
みじか（い）

12画

部首	部首名
矢	やへん

言葉と使い方

短気（たんき）　短所（たんしょ）

短文（たんぶん）

夏（なつ）は夜（よる）が短（みじか）い

談

ダン

15画

部首	部首名
言	ごんべん

言葉と使い方

談話室（だんわしつ）　会談（かいだん）

相談（そうだん）

先生（せんせい）との面談（めんだん）がある

着

チャク
ジャク 高
き(る)
き(せる)
つ(く)
つ(ける)

12画

部首	羊	部首名	ひつじ

言葉と使い方

着地(ちゃくち)　▲愛着(あいちゃく)(◎あいじゃく)

上着(うわぎ)　水着(みずぎ)

家(いえ)にたどり着(つ)く

注

チュウ
そそ(ぐ)

8画

部首	氵	部首名	さんずい

言葉と使い方

注意(ちゅうい)　注目(ちゅうもく)

注文(ちゅうもん)　受注(じゅちゅう)

光(ひかり)がベランダにふり注(そそ)ぐ

柱

チュウ
はしら

9画

部首	木	部首名	きへん

言葉と使い方

電柱(でんちゅう)

★柱時計(はしらどけい)

チームの大黒柱(だいこくばしら)になる

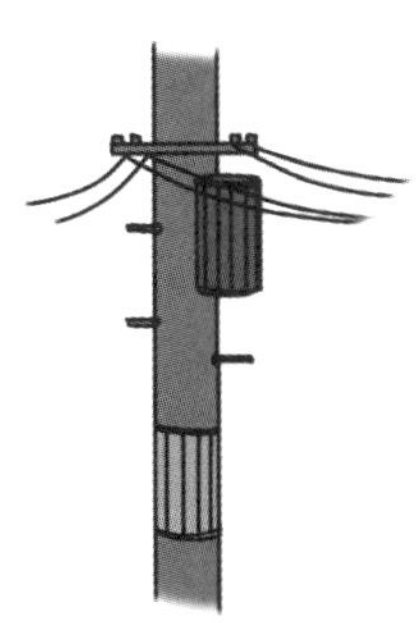

1

つぎの──線の漢字に読みがなをつけなさい。

① <u>急</u>（　　）いだので、時間までに駅に<u>着</u>（　　）いた。

② 自分の<u>短所</u>（　　）と<u>長所</u>（　　）を書き出す。

③ <u>県知事</u>（　　）が　<u>会談</u>（　　）にのぞむ。

④ 母に<u>黄色</u>（　　）い<u>水着</u>（　　）を買ってもらう。

⑤ <u>春</u>（　　）の日ざしがまどから<u>注</u>（　　）ぎこむ。

⑥ <u>柱時計</u>（　　）を見ると、<u>昔</u>（　　）を思い出す。

⑦ あの山は<u>昭和</u>（　　）（わ）のはじめに<u>石炭</u>（　　）がとれた。

⑧ <u>出前</u>（　　）でそばを<u>注文</u>（　　）する。

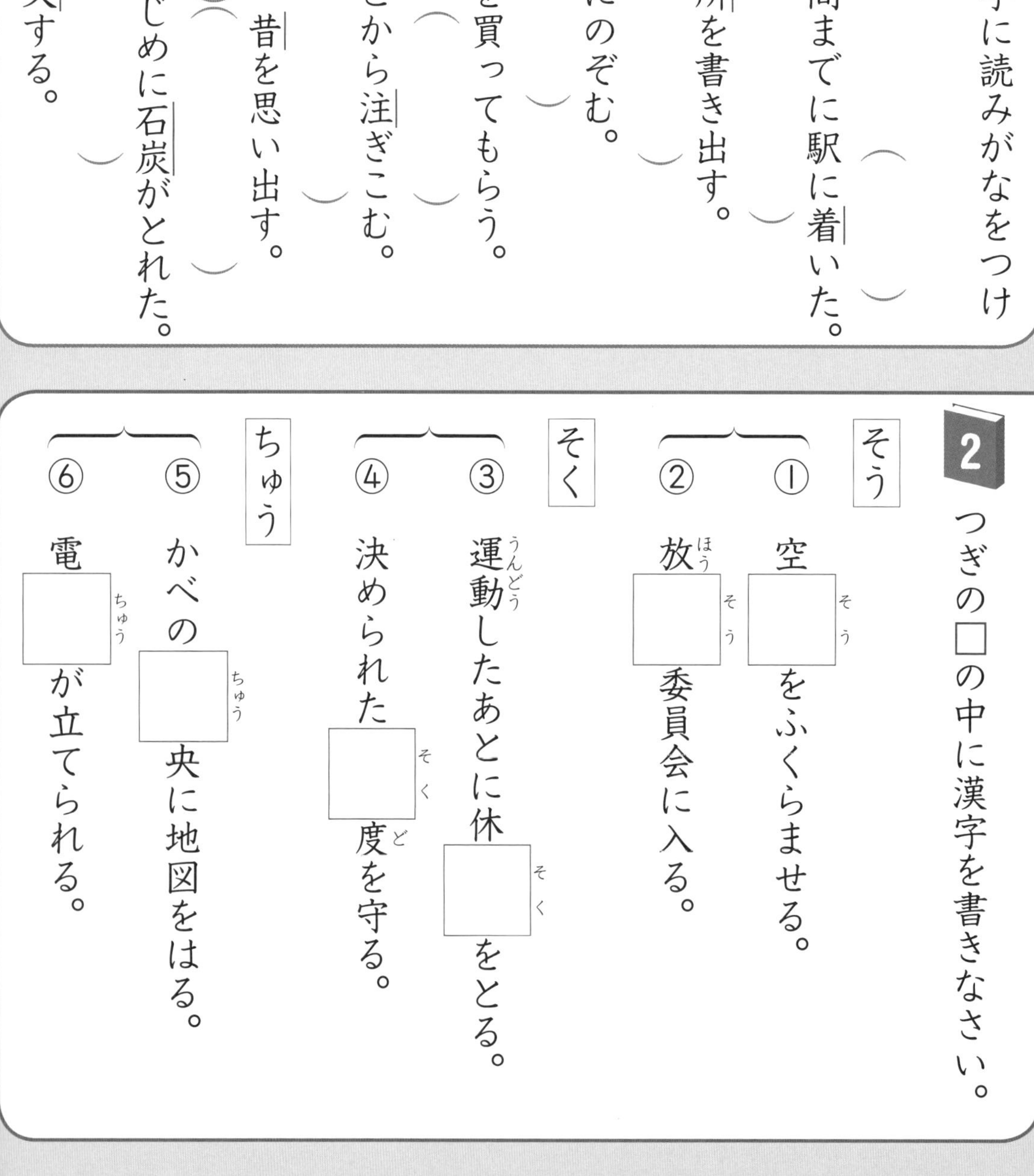

2

つぎの□の中に漢字を書きなさい。

そう

① 空□（そう）をふくらませる。

② 放（ほう）□（そう）委員会に入る。

そく

③ 運動（うんどう）したあとに休□（そく）をとる。

④ 決められた□（そく）度（ど）を守る。

ちゅう

⑤ かべの□（ちゅう）央に地図をはる。

⑥ 電□（ちゅう）が立てられる。

3 同じなかまの漢字を□に書きなさい。

① さんずい（氵）
□（ちゅう）目・空□（こう）

② てへん（扌）
強□（だ）・□（ひろ）う

③ にんべん（亻）
□（だい）金・□（た）人

④ ぎょうにんべん（彳）
午□（ご）・□（ま）つ

⑤ しんにょう・しんにゅう（辶）
前□（しん）・運□（そう）

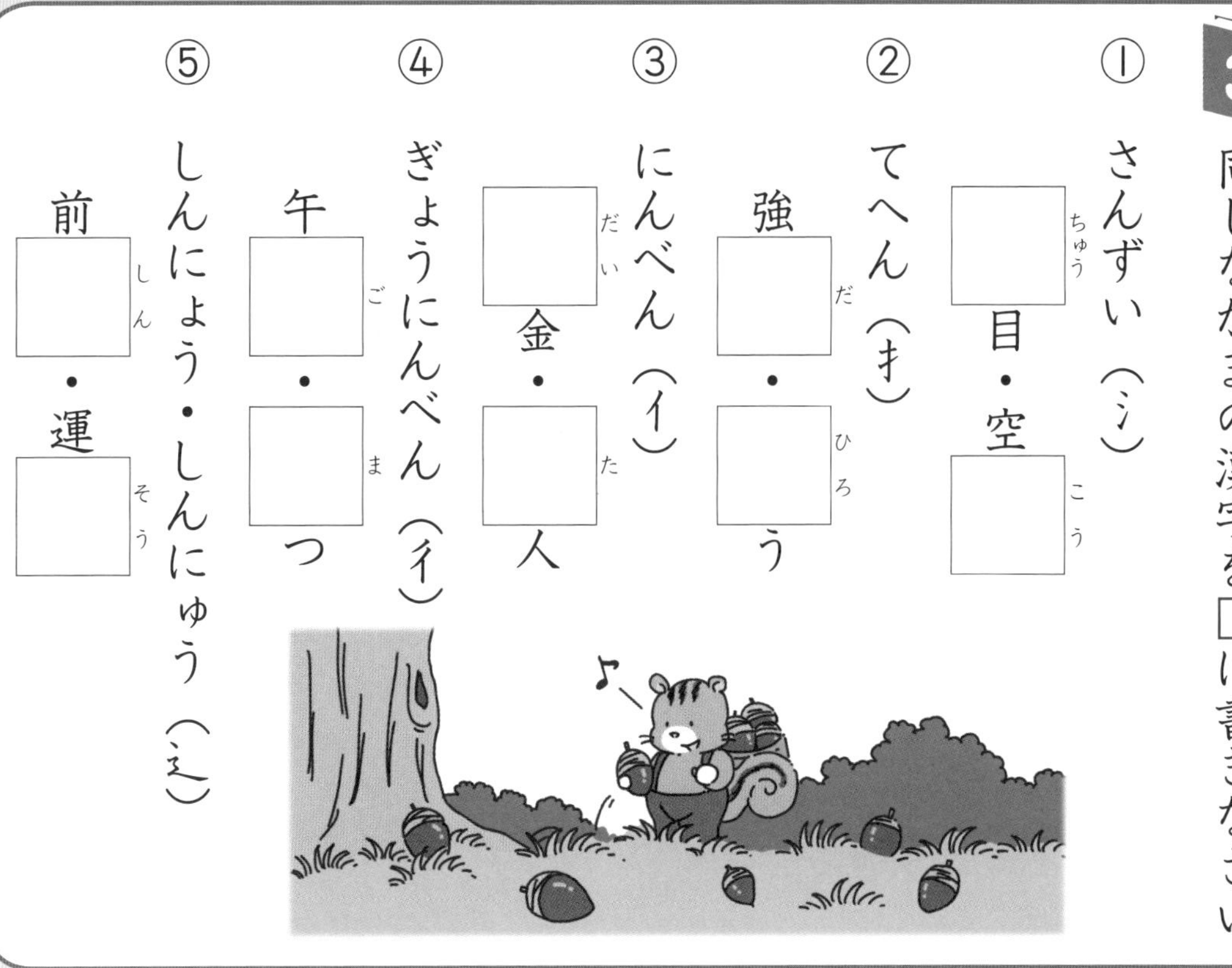

4 つぎの□に漢字を書きなさい。

① 絵の下がきに木□（たん）を使った。

② ゆかたを□（き）て夏祭りに行く。

③ 見学は□（みじか）い時間だった。

④ とび箱運動（ばこうんどう）で□□（ちゃくち）が決まる。

⑤ 木をもやして□（すみ）を作る。

⑥ 帰りがおそいことを□□（ちゅうい）される。

⑦ 友だちに□□（そうだん）する。

⑧ チームの大黒□（ばしら）になる。

1 つぎの――線の漢字に読みがなをつけなさい。〈一つ2点　計36点〉

① 乗客を目的地(もくてき)まで安全に運ぶ。（　）（　）（　）
② ボールを自分の真上に投(な)げる。（　）（　）
③ ロケットを打ち上げる。（　）（　）
④ 庭(にわ)に植木ばちをならべる。（　）
⑤ 身長が一年間で十センチものびた。（　）（　）
⑥ 消火くんれんをする。（　）（　）
⑦ 姉に宿題をみてもらう。（　）（　）
⑧ 古代文明のいせきを見学する。（　）（　）

---

⑨ 柱に新しいカレンダーをかける。（　）
⑩ だんごの形をきれいに整える。（　）
⑪ この川の流(なが)れはとても速い。（　）（　）
⑫ 夏の暑さがだんだんきびしくなる。（　）
⑬ お正月を家族でいわう。（　）（　）
⑭ 学級新聞の第三号が仕上がる。（　）（　）
⑮ ろうかを走って注意された。（　）（　）
⑯ 車がゆっくりと前へ進む。（　）

100 80 50

とくてん

点

2

㋐と㋑のカードを組み合わせて、漢字を作りなさい。（カードはそれぞれ一回ずつ使います。）〈一つ2点　計16点〉

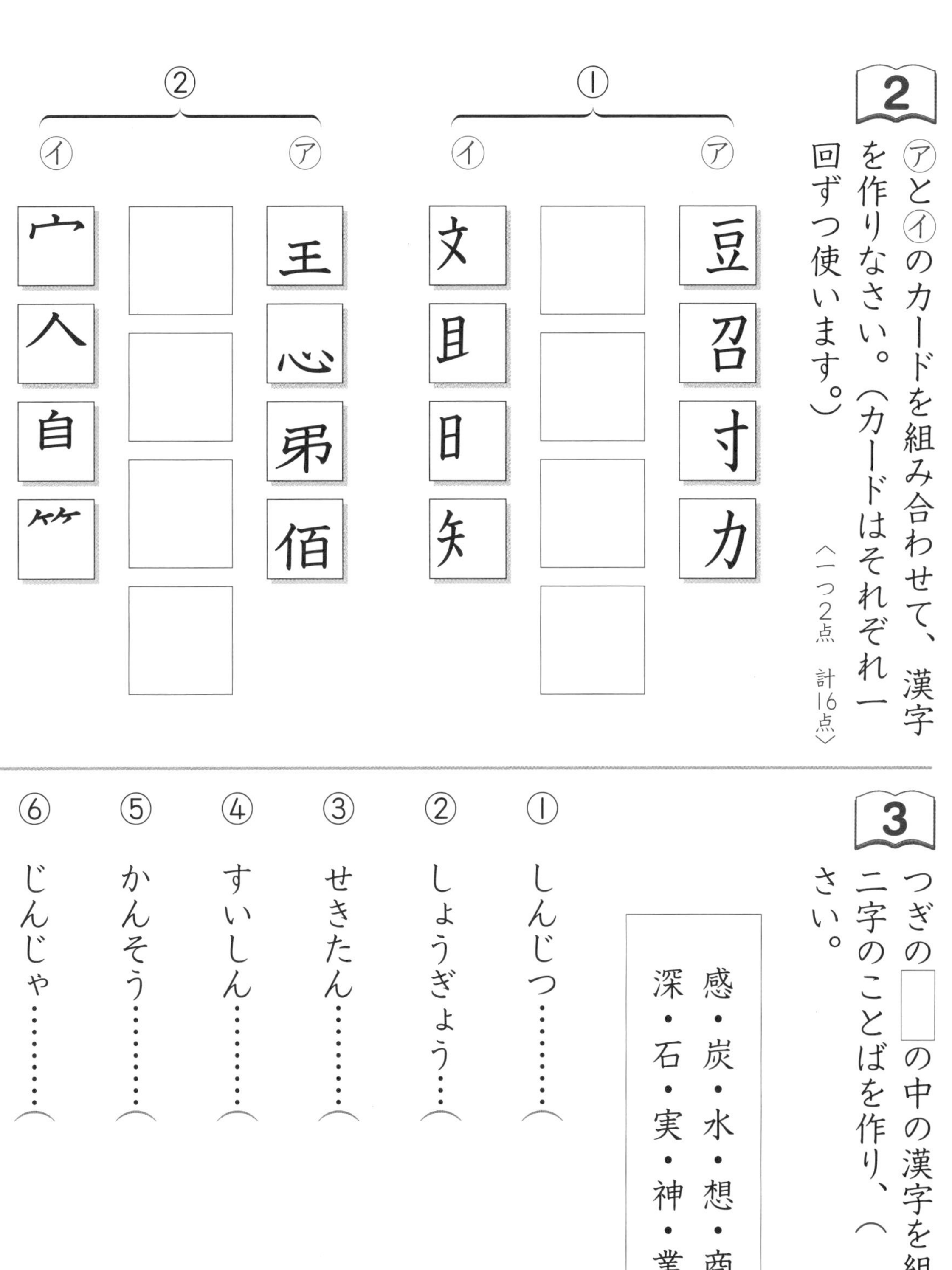

①
㋐ 豆　召　寸　力
㋑ 文　且　日　矢

②
㋐ 王　心　弔　佰
㋑ 宀　入　自　⺮

3

つぎの□の中の漢字を組み合わせて、二字のことばを作り、（　）に書きなさい。〈一つ2点　計12点〉

感・炭・水・想・商・社
深・石・実・神・業・真

① しんじつ……（　　）
② しょうぎょう……（　　）
③ せきたん……（　　）
④ すいしん……（　　）
⑤ かんそう……（　　）
⑥ じんじゃ……（　　）

4 つぎの――線の漢字に読みがなをつけなさい。〈一つ2点　計16点〉

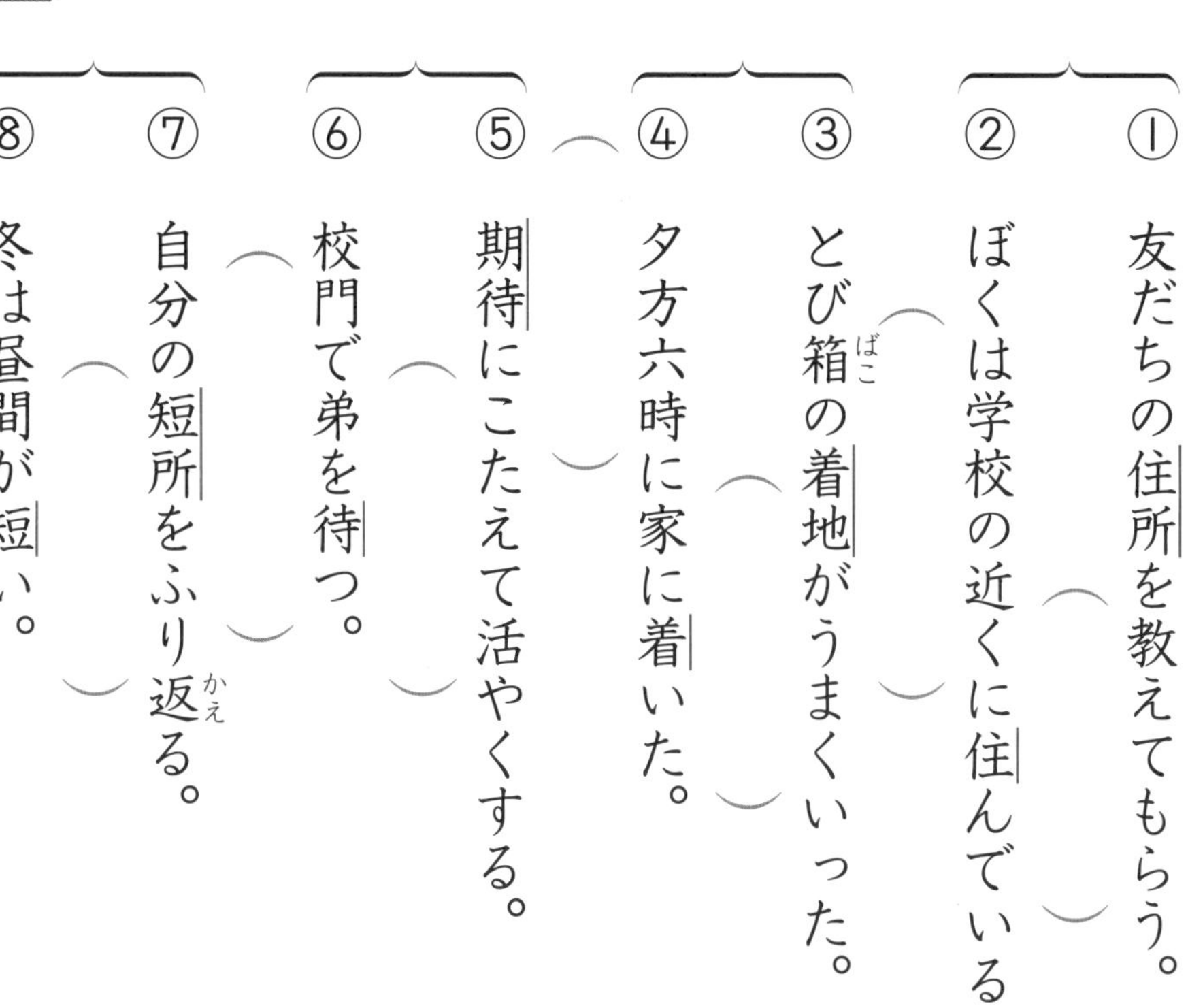

① 友だちの住所を教えてもらう。
② ぼくは学校の近くに住んでいる。
③ とび箱（ばこ）の着地がうまくいった。
④ 夕方六時に家に着いた。
⑤ 期待にこたえて活やくする。
⑥ 校門で弟を待つ。
⑦ 自分の短所をふり返（かえ）る。
⑧ 冬は昼間が短い。

5 つぎの□に漢字を書きなさい。〈一つ2点　計20点〉

① ふろ上がりに□□（たいじゅう）をはかる。
② バレーボールの試合（しあい）で日本が□（か）つ。
③ テレビ局の見学を□（もう）しこむ。
④ 駅で父を□□（みおく）る。
⑤ 祖母（そぼ）から□□（むかしばなし）を聞く。
⑥ □（ぎん）の□□（こうしょう）をつける。
⑦ □□（せかい）平和（へいわ）をうったえる。
⑧ □□（たにん）には□□（そうだん）できない。

クイズであそぼ！3

漢字めいろ

スタートの「音」から、漢字2字でできた言葉(ことば)をたどってゴールしよう。

【注意】

マスは、たてと横に進むことができます。ななめには進めません。

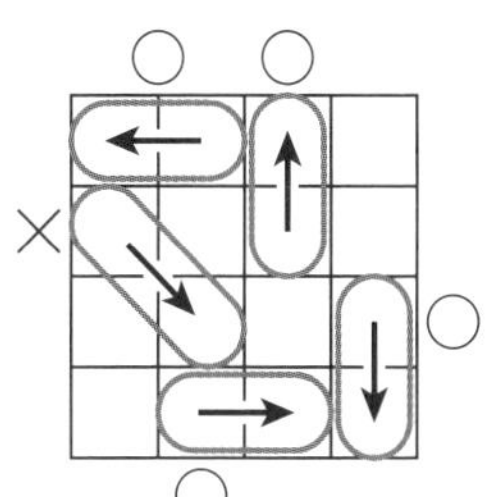

2字の漢字の言葉をさがせばいいのね。

スタート↓（音）

乗	宿	係	船	音
研	歯	代	荷	読
港	血	屋	寒	書
起	泳	息	真	写
悪	話	談	相	決
名	題	打	飲	受
曲	暗	幸	銀	湖

↓ゴール（曲）

クイズであそぼ！2

(71ページ)の答え

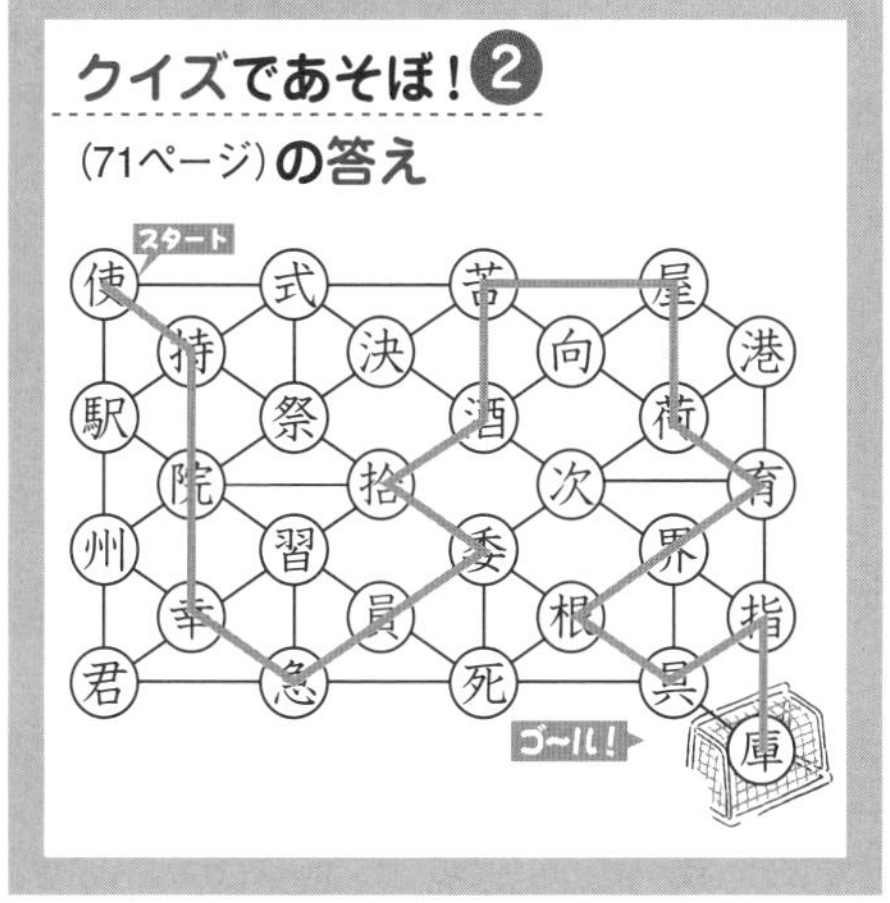

※答えは135ページにあります。

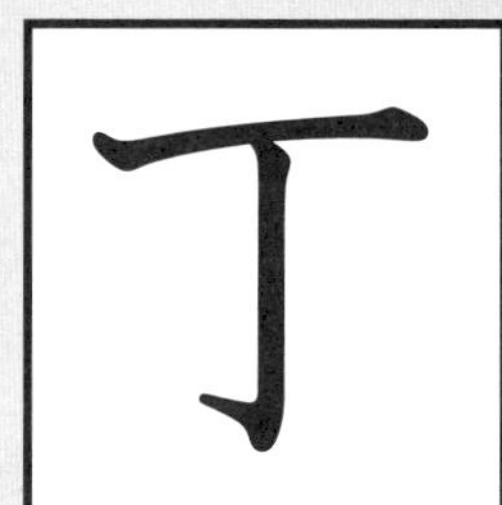

チョウ
テイ㊥

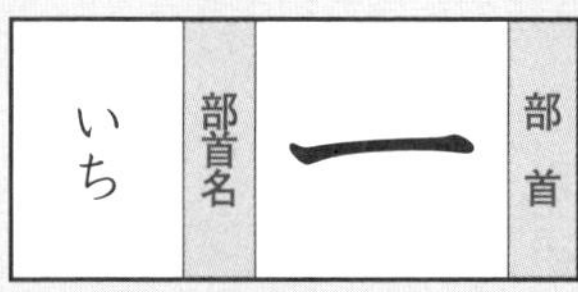

言葉と使い方

豆腐(とうふ)▲一丁(いっちょう)

▲包丁(ほうちょう)　落丁(らくちょう)

二丁目(にちょうめ)には公園(こうえん)がある

帳

チョウ

言葉と使い方

帳面(ちょうめん)　通帳(つうちょう)

電話帳(でんわちょう)

手帳(てちょう)に予定(よてい)を記入(きにゅう)する

調

チョウ
しら(べる)
ととの(う)㊥
ととの(える)㊥

言葉と使い方

調子(ちょうし)　下調(したしら)べ

▲材▲料(ざいりょう)が調(ととの)◎う

調理(ちょうり)の道具(どうぐ)を買(か)う

追

ツイ
お(う)

9画

部首	部首名
辶	しんにょう しんにゅう

言葉と使い方

▲追加(ついか)　追放(ついほう)
追(お)い風(かぜ)
ボールを追(お)いかける

定

テイ
ジョウ
さだ(める)
さだ(まる)
さだ(か)㊫

8画

部首	部首名
宀	うかんむり

言葉と使い方

定員(ていいん)　指定(してい)　予定(よてい)
三角定規(さんかくじょうぎ)▲　◎定(さだ)かな話(はなし)
ルールを定(さだ)める

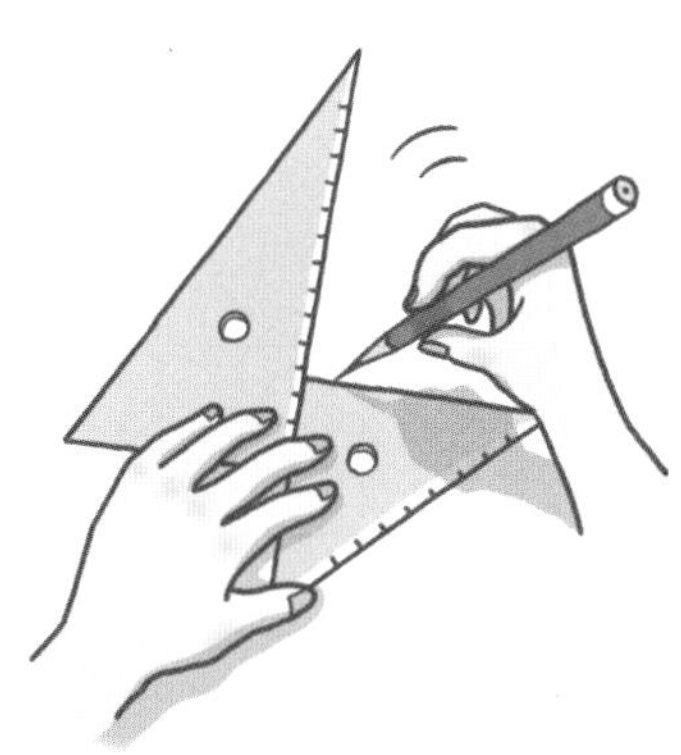

庭

テイ
にわ

10画

部首	部首名
广	まだれ

言葉と使い方

庭園(ていえん)　家庭(かてい)　校庭(こうてい)
中庭(なかにわ)
庭先(にわさき)でネコと遊(あそ)ぶ

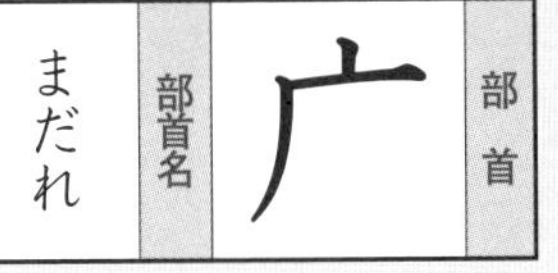

1 つぎの―線の漢字に読みがなをつけなさい。

① 曲の調子に合わせて行進する。（　）（　）（　）（　）

② 電話帳で食事のできる店をさがす。（　）（　）（　）

③ 人生に　追い風がふいてきた。（　）（　）

④ とうふを一丁だけ買う。（　）（　）

⑤ 試合（しあい）の日時を決定する。（　）（　）

⑥ 庭にサクラの木を植える。（　）（　）

⑦ 新聞でじけんについて調べる。（　）（　）

⑧ 温かい　家庭をきずく。（　）（　）

2 つぎの□に漢字を書き、上のことばとはんたいの意味（いみ）のことばをむすびなさい。

① にげる ・　　・ □（みじか）い

② 長い ・　　・ □（すす）む

③ ぬぐ ・　　・ □（おく）る

④ むかえる ・　　・ □（お）う

⑤ 止まる ・　　・ □（き）る

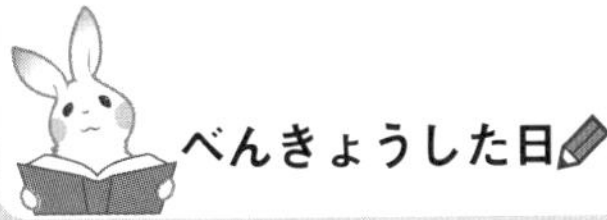

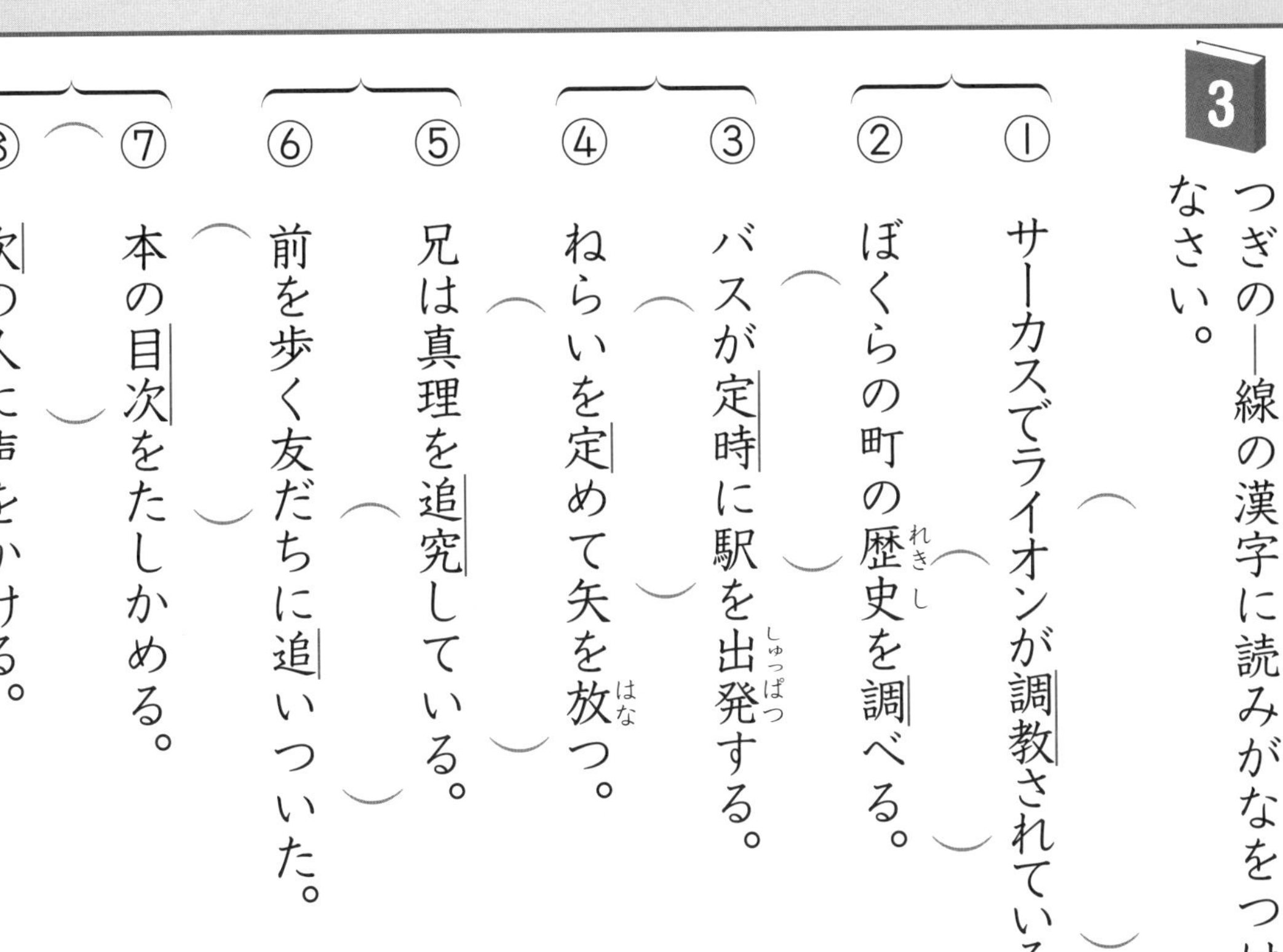

3 つぎの―線の漢字に読みがなをつけなさい。

① サーカスでライオンが調教されている。（　　）

② ぼくらの町の歴史（れきし）を調べる。（　　）

③ バスが定時に駅を出発（しゅっぱつ）する。（　　）

④ ねらいを定めて矢を放（はな）つ。（　　）

⑤ 兄は真理を追究している。（　　）

⑥ 前を歩く友だちに追いついた。（　　）

⑦ 本の目次をたしかめる。（　　）

⑧ 次の人に声をかける。（　　）

4 つぎの□に漢字を書きなさい。

① □□（こうてい）に集合する。

② 田中君は□□□（にちょうめ）に住んでいる。

③ 天気がよいと体□（ちょう）もよい。

④ □（さだ）められた決まりを守る。

⑤ 悪書を□（つい）放（ほう）する。

⑥ □□（ていいん）は八名です。

⑦ □□（なかにわ）でパーティーを開く。

⑧ 新しい□□（てちょう）を買ってもらう。

笛

テキ
ふえ

部首	部首名
⺮	たけかんむり

言葉と使い方

汽笛（きてき）
草笛（くさぶえ）
口笛（くちぶえ）をふきながら歩（ある）く

鉄

テツ

部首	部首名
金	かねへん

言葉と使い方

鉄橋（てっきょう）　鉄道（てつどう）
鉄板（てっぱん）
地下鉄（ちかてつ）に乗（の）る

転

テン
ころ（がる）
ころ（げる）
ころ（がす）
ころ（ぶ）

部首	部首名
車	くるまへん

言葉と使い方

転校（てんこう）　運転（うんてん）
回転（かいてん）　自転車（じてんしゃ）
ボールを転（ころ）がす

都

ト
ツ
みやこ

部首 阝 部首名 おおざと

言葉と使い方

都市（とし）　都合（つごう）
京（きょう）の都（みやこ）
大都会（だいとかい）で生活（せいかつ）する

度

ド
ト 高
タク 中
たび 中

言葉と使い方

温度（おんど）　今度（こんど）　▲法度（はっと）◎
▲支度（したく）◎　◎度重（たびかさ）なる
年（ねん）に一度（いちど）の集（あつ）まりだ

投

トウ
な（げる）

言葉と使い方

投手（とうしゅ）　投入（とうにゅう）　力投（りきとう）
▲輪投（わな）げ
ボールを速（はや）く投（な）げる

1 つぎの―線の漢字に読みがなをつけなさい。

① 妹と自転車に乗る練習(れんしゅう)をする。
（　　）（　　）（　　）

② 会合は都合により中止になった。
（　　）（　　）（　　）

③ 船が汽笛を鳴らす。
（　　）（　　）

④ 力持ちの主人公がクマを投げとばす。
（　　）（　　）

⑤ 昔は京都に都があった。
（　　）（　　）（　　）

⑥ 地下鉄に乗って終点まで行く。
（　　）（　　）（　　）

⑦ 寒いのでエアコンの温度を上げる。
（　　）（　　）

⑧ 投手の力投で試合(しあい)に勝った。
（　　）（　　）（　　）

2 ㋐と㋑のカードを組み合わせて、漢字を作りなさい。（カードはそれぞれ一回ずつ使います。）

①
- ㋐ 阝　殳　主　火
- ㋑ 木　岸　扌　者

②
- ㋐ 云　廷　失　疋
- ㋑ 广　宀　車　金

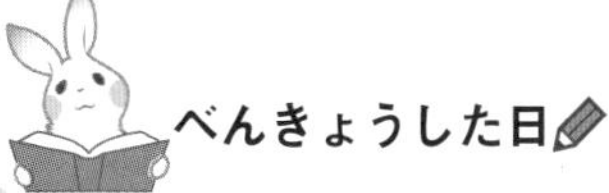

べんきょうした日　月　日

3 つぎの——線のカタカナを○の中の漢字とおくりがな（ひらがな）で□の中に書きなさい。

〈れい〉 (大) オオキイ花がさく。 [大きい]

① (着) 人形にキセル服をえらぶ。
② (転) ネコが毛糸の玉をコロガス。
③ (定) 決まりをサダメル。
④ (調) 先月の天気をシラベル。
⑤ (注) 川が海へとソソグ。
⑥ (短) ミジカイひもをむすぶ。

4 つぎの□に漢字を書きなさい。

① 今日、□□□（てんこうせい）が来た。
② □□（くちぶえ）をふいて犬をよぶ。
③ 雪の上で□（ころ）がって遊ぶ。
④ 年に□□（いちど）の祭りが始まる。
⑤ 世界の□□（とし）名をおぼえる。
⑥ 新聞に意見を□□（とうしょ）する。
⑦ □□（てつどう）についてしらべる。
⑧ 弟は宿題を□（な）げ出した。

豆

トウ
ズ
まめ

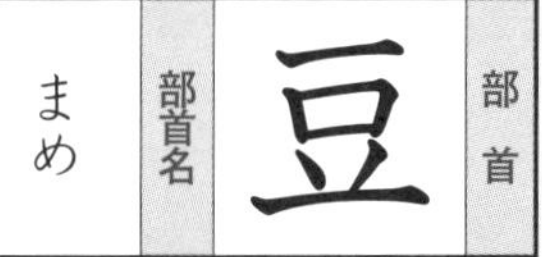

言葉と使い方

豆▲腐（とうふ）　大豆（だいず）

豆電球（まめでんきゅう）　▲枝豆（えだまめ）

豆（まめ）つぶほどの大（おお）きさだ

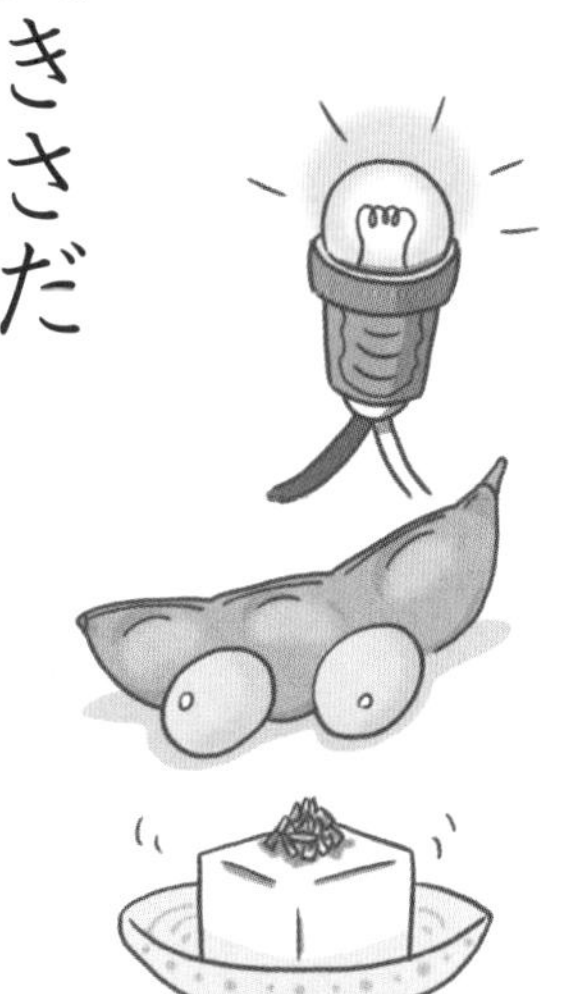

島

トウ
しま

部首：山　部首名：やま

言葉と使い方

島▲民（とうみん）　半島（はんとう）

列島（れっとう）

この島（しま）はひょうたんの形（かたち）だ

湯

トウ
ゆ

言葉と使い方

▲熱湯（ねっとう）

湯気（ゆげ）　湯船（ゆぶね）

湯水（ゆみず）のようにお金（かね）を使（つか）う

漢字練習（れんしゅう）ノート 26ページ

登

トウ
ト
のぼ（る）

部首	部首名
癶	はつがしら

言葉と使い方

登場（とうじょう）　登山（とざん）
木登（きのぼ）り
八時（はちじ）に登校（とうこう）する

等

トウ
ひと（しい）

部首	部首名
⺮	たけかんむり

言葉と使い方

等級（とうきゅう）　等身大（とうしんだい）
上等（じょうとう）　平等（びょうどう）
ひもの長（なが）さを等（ひと）しく切（き）る

動

ドウ
うご（く）
うご（かす）

部首	部首名
力	ちから

言葉と使い方

動物（どうぶつ）　活動（かつどう）
感動（かんどう）　自動車（じどうしゃ）
音楽（おんがく）に合（あ）わせて体（からだ）を動（うご）かす

1 つぎの―線の漢字に読みがなをつけなさい。

① 庭の木に豆電球をかざる。
② 電車が動き始める。
③ あの島には人が住んでいない。
④ 誕生日(たんじょうび)に上等な肉を食べる。
⑤ 湯をわかして茶をいれる。
⑥ 大人でも冬の登山はきけんだ。
⑦ 感動したことを日記に書く。
⑧ 母の運転で半島の先まで行った。

2 つぎの漢字の太いところは、何番めに書きますか。○の中に数字を書きなさい。

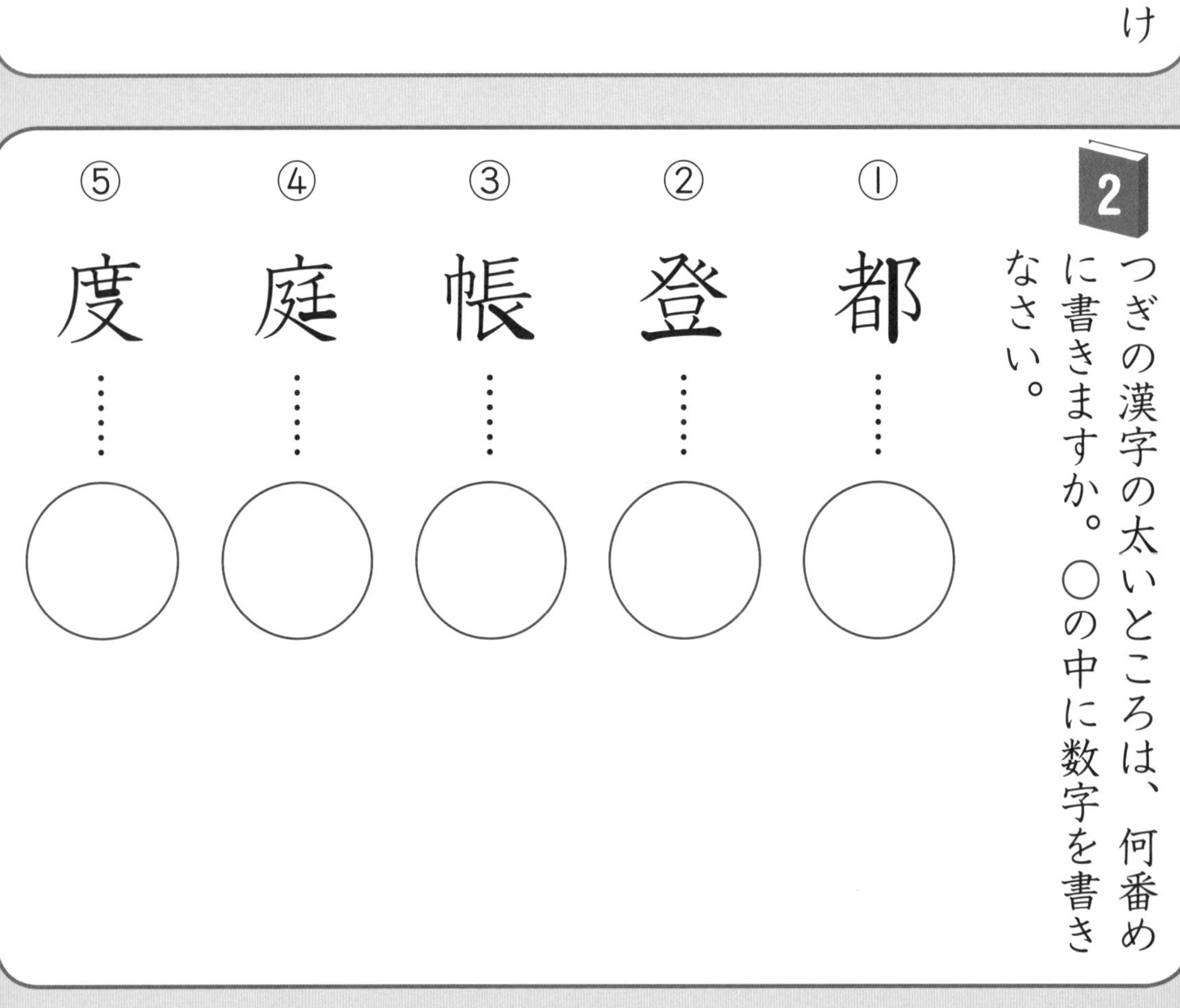

3 つぎの□の中に漢字を書きなさい。

① ふきんを熱（ねっ）□（とう）で消毒（しょうどく）する。

② □（とう）ふは父の好物（こうぶつ）だ。

③ 新幹線（しんかんせん）の指□（てい）席（せき）を取る。

④ 校□（てい）でサッカーをする。

⑤ 手□（ちょう）に住所をメモする。

⑥ 包（ほう）□（ちょう）で手を切ってしまった。

⑦ 黒板（こくばん）の字に□（ちゅう）目する。

⑧ 電□（ちゅう）が立てられた。

4 つぎの□に漢字を書きなさい。

① □□（ゆげ）でめがねがくもる。

② □□（だいず）は体によい。

③ 正三角形は三辺（さんぺん）の長さが□（ひと）しい。

④ サルは□□（きのぼ）りがうまい。

⑤ 元気に□□（とうこう）する。

⑥ ケーキを六□□（とうぶん）する。

⑦ 日本は□□（しまぐに）だ。

⑧ クラブ□□（かつどう）にはげむ。

童

12画

ドウ
わらべ㊥

部首：立　部首名：たつ

言葉と使い方

童顔(どうがん)　童話(どうわ)
▲児童会(じどうかい)　◎童歌(わらべうた)
交通事(こうつうじ)▲故(こ)から▲児童(じどう)を守(まも)る

農

13画

ノウ

部首：辰　部首名：しんのたつ

言葉と使い方

農家(のうか)　農業(のうぎょう)
農作物(のうさくぶつ)
農村(のうそん)の出身(しゅっしん)だ

波

8画

ハ
なみ

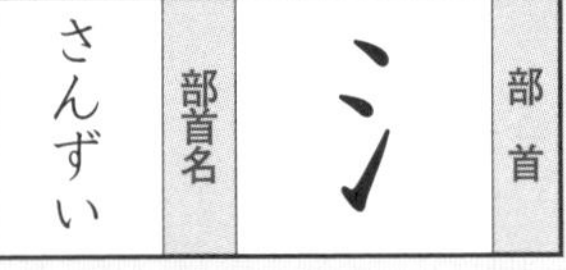
部首：氵　部首名：さんずい

言葉と使い方

音波(おんぱ)　電波(でんぱ)
波風(なみかぜ)　波乗(なみの)り
波(なみ)しぶきをあびる

配

ハイ
くば(る)

部首：酉　部首名：とりへん

言葉と使い方

配役（はいやく）　配列（はいれつ）
心配（しんぱい）　分配（ぶんぱい）
プリントを配る（くばる）

倍

バイ

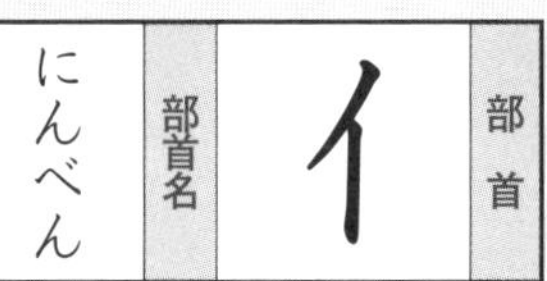

言葉と使い方

倍数（ばいすう）
二倍（にばい）
何百倍（なんびゃくばい）にもふえた

箱

はこ

言葉と使い方

箱庭（はこにわ）　薬箱（くすりばこ）
筆箱（ふでばこ）　本箱（ほんばこ）
道具（どうぐ）を箱（はこ）にしまう

1 つぎの――線の漢字に読みがなをつけなさい。

① 先生がそうじの用具を配る。（　　）（　　）（　　）

② リンゴ農園ではたらく。（　　）（　　）

③ 母は童話の作家になりたかった。（　　）（　　）（　　）（　　）

④ よく電波の具合が悪くなる。（　　）（　　）（　　）

⑤ お祭りの係員が飲み物（もの）を手配する。（　　）（　　）（　　）

⑥ 三の倍数を五つ答える。（　　）（　　）

⑦ 波風が立たないように取り計らう。（　　）（　　）

⑧ 家にある本箱の整理をする。（　　）（　　）

2 つぎの□の中の漢字を組み合わせて、二字のことばを作り、（　）に書きなさい。

分・顔・農・波・配・音
重・家・箱・百・童・倍

① どうがん……（　　）

② じゅうばこ……（　　）

③ なみおと……（　　）

④ ひゃくばい……（　　）

⑤ はいぶん……（　　）

⑥ のうか……（　　）

3 同じなかまの漢字を□に書きなさい。

① くるまへん（車）
□(てん)校・□(かる)い

② さんずい（氵）
白□(なみ)・□(ゆ)のみ

③ にんべん（亻）
数□(ばい)・□(し)事

④ しんにょう・しんにゅう（辶）
□(うん)動・行□(しん)

⑤ うかんむり（宀）
乗□(きゃく)・お□(まも)り

4 つぎの□に漢字を書きなさい。

① まわりの人に気□(くば)りをする。

② □□□(のうさぎょう)をてつだう。

③ □(はこ)の中身を当てる。

④ かれとは□□(はちょう)が合わない。

⑤ 流行(りゅうこう)の□(なみ)にのまれる。

⑥ 心□(ぱい)のあまりについて行く。

⑦ □□(どうしん)に返(かえ)って遊(あそ)ぶ。

⑧ 兄は人の□□(なんばい)も食べる。

畑

はた
はたけ

9画

部首	田	部首名	た

言葉と使い方

畑作（はたさく）

花畑（はなばたけ）

だんだん畑（ばたけ）が広（ひろ）がる

発

ハツ
ホツ㊥

9画

部首	癶	部首名	はつがしら

言葉と使い方

発電所（はつでんしょ）　発表会（はっぴょうかい）

活発（かっぱつ）　出発（しゅっぱつ）　◎発作（ほっさ）

新（あたら）しい発明（はつめい）をした

反

ハン
ホン㊤
タン㊥
そ（る）
そ（らす）

4画

部首	又	部首名	また

言葉と使い方

反省（はんせい）　反対（はんたい）

▲反物（たんもの）

◎大（おお）きくむねを反（そ）らす

坂

ハン 高
さか

言葉と使い方

急坂(きゅうはん) ◎
上り坂(のぼりざか)
坂道(さかみち)を転(ころ)がり落(お)ちる

板

ハン
バン
いた

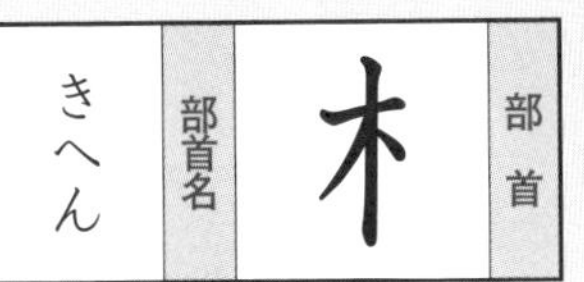

言葉と使い方

鉄板(てっぱん)　黒板(こくばん)
板(いた)の間(ま)　まな板(いた)
木(き)の板(いた)に名前(なまえ)をほる

ヒ
かわ

言葉と使い方

皮▲膚科(ひふか)
リンゴの皮(かわ)
皮肉(ひにく)を言(い)われる

1 つぎの―線の漢字に読みがなをつけなさい。

① 畑にトマトのなえを植える。（　）（　）
② あの坂道を上ると港が見える。（　）（　）
③ 体を後ろに反らす。（　）（　）
④ かさを持ってきたら皮肉にも晴れた。（　）（　）
⑤ 黒板に書かれた字を消す。（　）（　）
⑥ 島に向けて船が出発する。（　）（　）
⑦ まちがえて反対の方角に進む。（　）（　）
⑧ 母は毎日、板の間をぞうきんがけする。（　）（　）

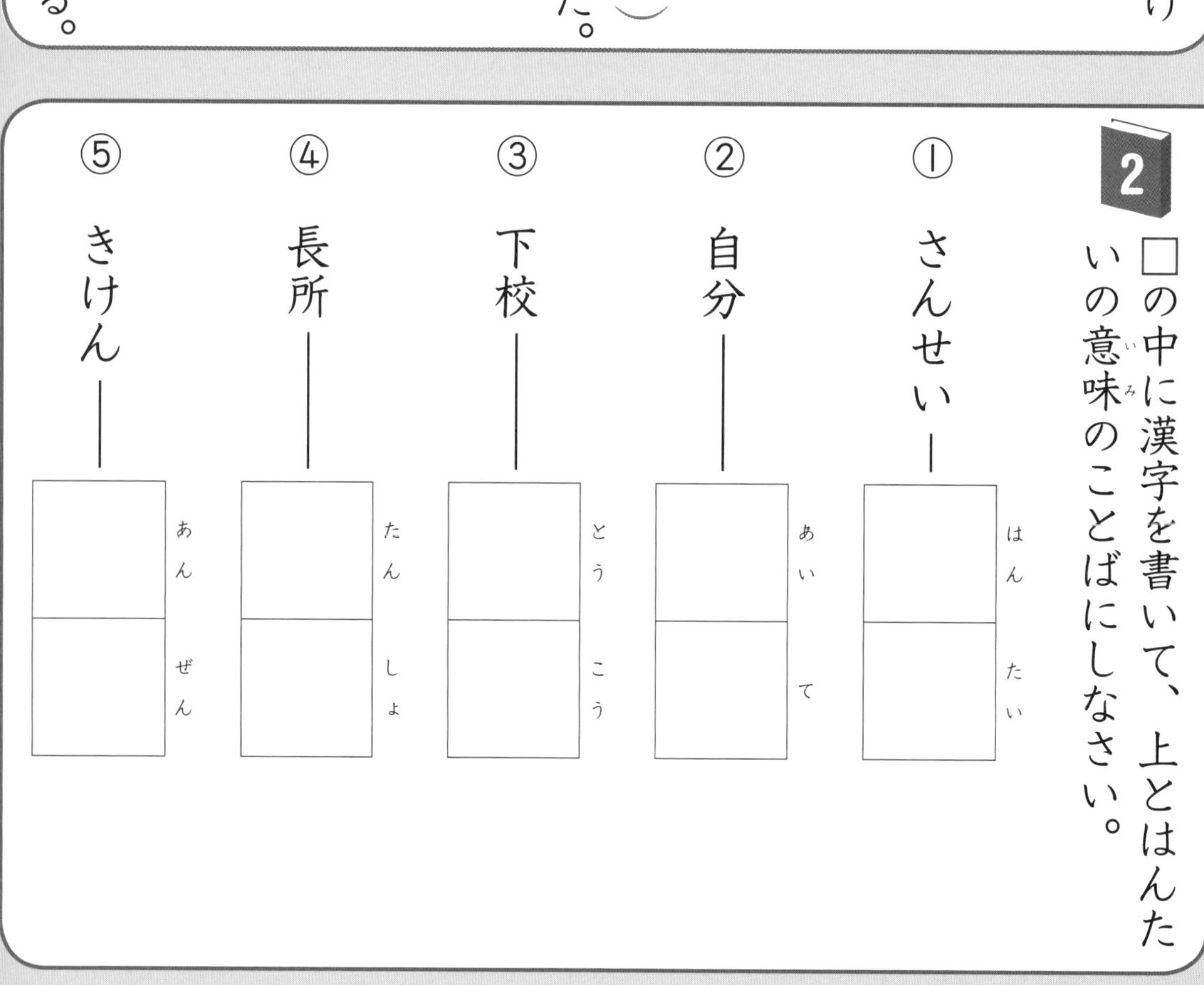

2 □の中に漢字を書いて、上とはんたいの意味のことばにしなさい。

① さんせい―□□（はんたい）
② 自分―□□（あいて）
③ 下校―□□（とうこう）
④ 長所―□□（たんしょ）
⑤ きけん―□□（あんぜん）

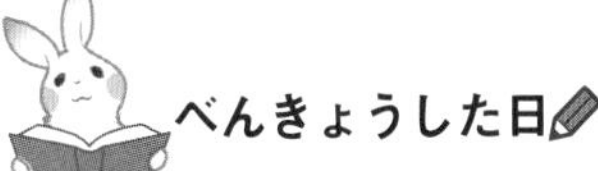

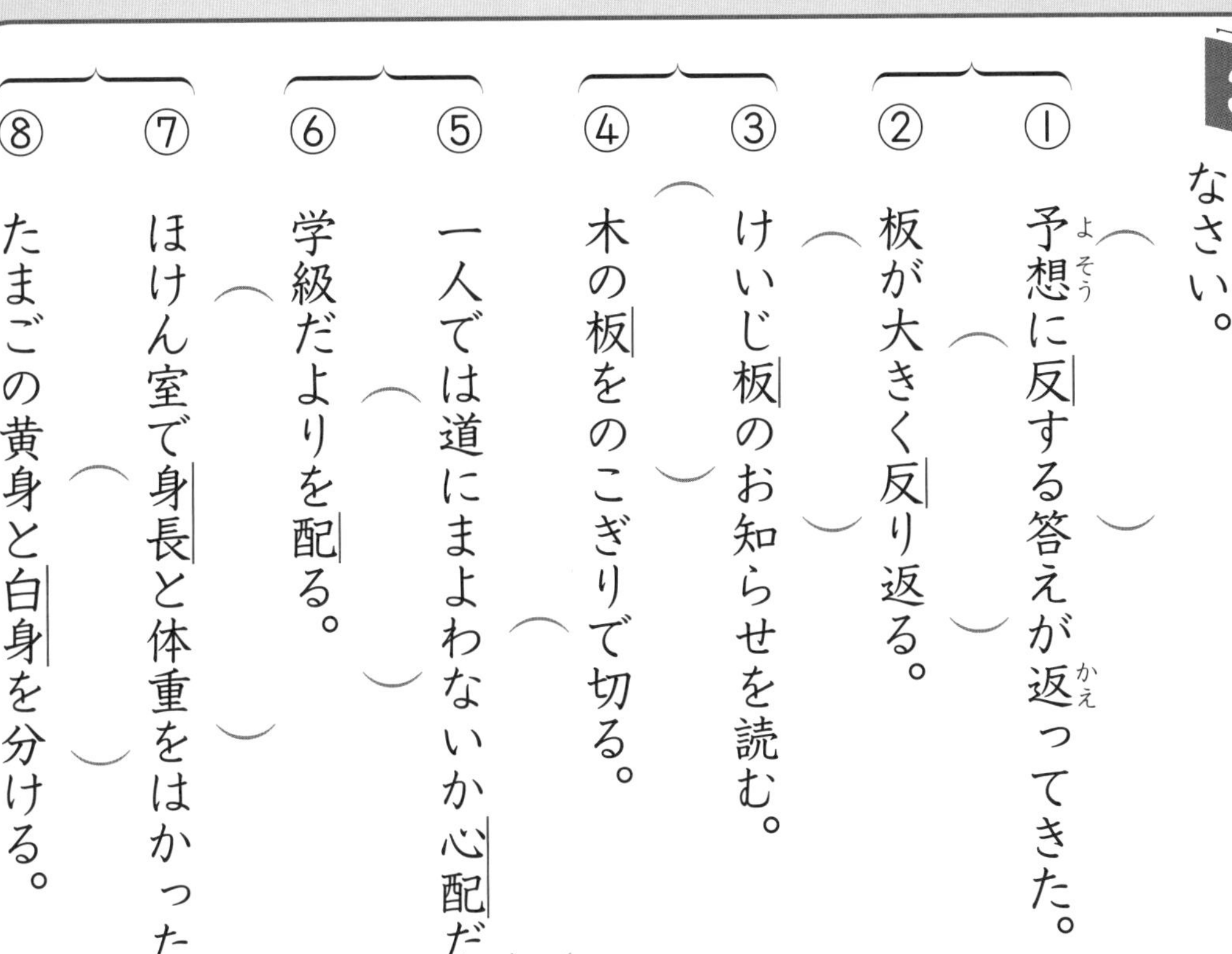

3 つぎの―線の漢字に読みがなをつけなさい。

① 予想（よそう）に反する答えが返（かえ）ってきた。（反＿）
② 板が大きく反り返る。（反＿）
③ けいじ板のお知らせを読む。（板＿）
④ 木の板をのこぎりで切る。（板＿）
⑤ 一人では道にまよわないか心配だ。（心配＿）
⑥ 学級だよりを配る。（配＿）
⑦ ほけん室で身長と体重をはかった。（身長＿）
⑧ たまごの黄身と白身を分ける。（白身＿）

4 つぎの□に漢字を書きなさい。

① めずらしい鳥を□□（はっけん）する。
② 下り□（ざか）を気をつけておりる。
③ □□（むぎばたけ）の様子（ようす）を絵にえがく。
④ あいての□□（はんかん）を買う。
⑤ リンゴの□（かわ）をむく。
⑥ □□（てっぱん）で肉をやく。
⑦ まな□（いた）でキャベツを切る。
⑧ むねを□（そ）らせて息をすう。

悲

ヒ
かな(しい)
かな(しむ)

12画

部首	部首名
心	こころ

言葉と使い方

悲鳴（ひめい）
悲（かな）しい気持（きも）ち
悲▲観▲的（ひかんてき）になる

美

ビ
うつく(しい)

9画

部首	部首名
羊	ひつじ

言葉と使い方

美▲術館（びじゅつかん）
美人（びじん）　美味（びみ）
山（やま）のもみじが美（うつく）しい

鼻

ビ㊥
はな

14画

部首	部首名
鼻	はな

言葉と使い方

◎耳鼻科（じびか）　鼻歌（はなうた）
◎鼻血（はなぢ）　鼻水（はなみず）
目鼻立（めはなだ）ちがはっきりしている

筆

ヒツ
ふで

12画

部首	部首名
⺮	たけかんむり

言葉と使い方

毛筆（もうひつ）
筆箱（ふでばこ）　絵筆（えふで）
筆記用具（ひっきようぐ）を買（か）う

氷

ヒョウ
こおり
ひ ㊂

5画

部首	部首名
水	みず

言葉と使い方

氷山（ひょうざん）　氷点下（ひょうてんか）　流氷（りゅうひょう）
氷（こおり）まくら　◎氷雨（ひさめ）
池（いけ）に氷（こおり）がはっている

表

ヒョウ
おもて
あらわ（す）
あらわ（れる）

8画

部首	部首名
衣	ころも

言葉と使い方

表紙（ひょうし）　表面（ひょうめん）
書（か）き表（あらわ）す
表通（おもてどお）りを歩（ある）く

1 つぎの―線の漢字に読みがなをつけなさい。

① 校内のごみを拾い、美化につとめる。（　）（　）（　）

② 暗い部屋（へや）から悲鳴が聞こえた。（　）（　）

③ 妹は気分がよいと鼻歌が出る。（　）（　）

④ 習字で使った筆をあらう。（　）（　）

⑤ 期待どおりの美しい星空だった。（　）（　）（　）

⑥ わかっているのは氷山の一角だ。（　）（　）

⑦ 地区の代表にえらばれる。（　）（　）

⑧ 筆記用具を持っていく。（　）（　）

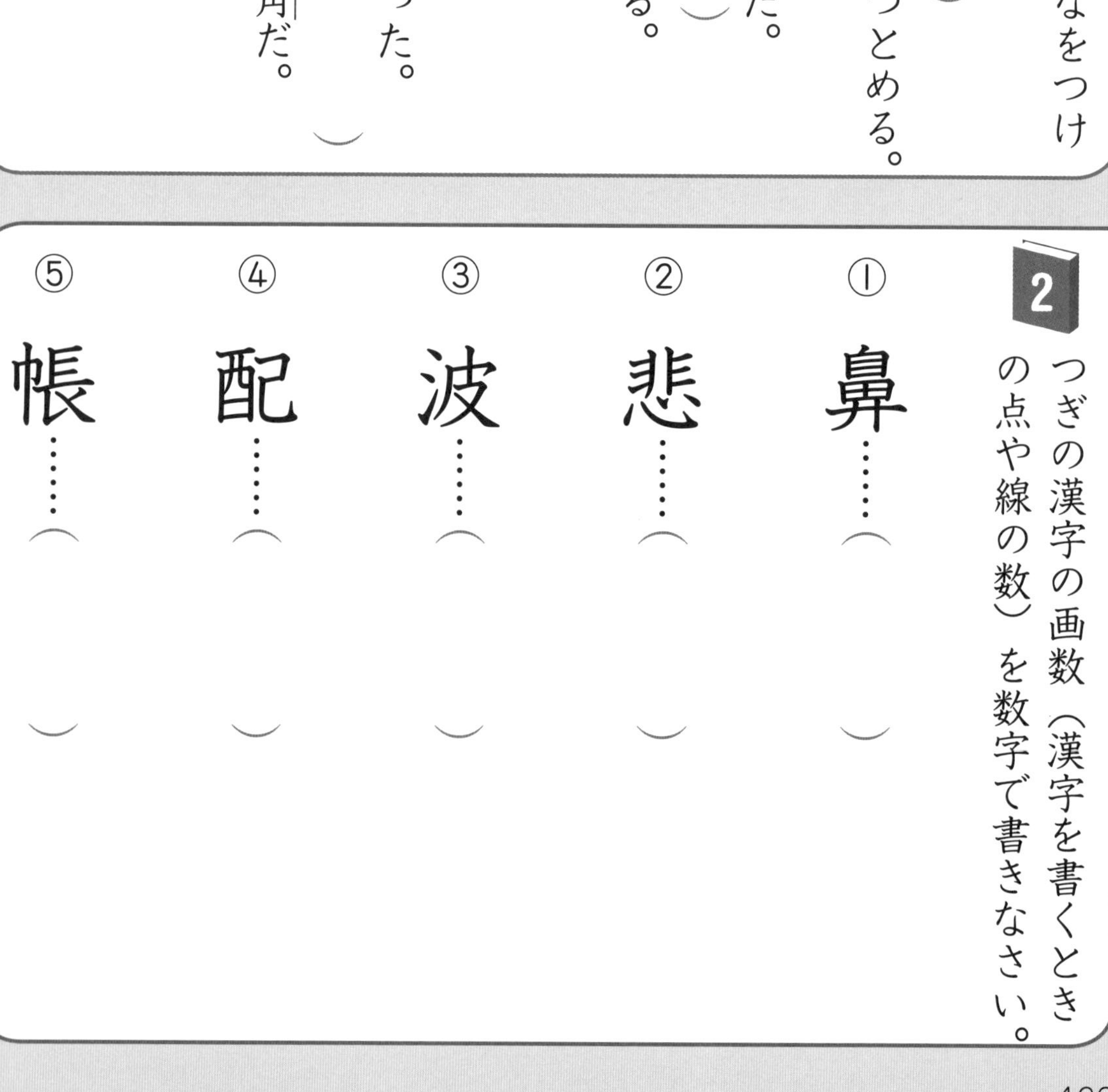

2 つぎの漢字の画数（漢字を書くときの点や線の数）を数字で書きなさい。

① 鼻……（　）

② 悲……（　）

③ 波……（　）

④ 配……（　）

⑤ 帳……（　）

3

つぎの――線のカタカナを○の中の漢字とおくりがな（ひらがな）で□の中に書きなさい。

〈れい〉（大）**オオキイ**花がさく。　［大きい］

①（美）**ウツクシイ**けしきを見る。　［　］

②（悲）**カナシイ**話を聞く。　［　］

③（表）うれしさが顔に**アラワレル**。　［　］

④（配）あめ玉を**クバル**。　［　］

⑤（動）植木ばちを**ウゴカス**。　［　］

⑥（等）左右の長さが**ヒトシイ**。　［　］

4

つぎの□に漢字を書きなさい。

① ねつが出たので□（こおり）まくらを使う。

② かぜをひいて□□（はなみず）が出る。

③ □（おもて）の空気をすいに外に出る。

④ □□（ふでばこ）を学校にわすれる。

⑤ 母は□□（びじん）だと言われる。

⑥ 北海道に流（りゅう）□（ひょう）が来た。

⑦ 祖父（そふ）の死を□（かな）しむ。

⑧ 新しいえん□（ぴつ）をけずる。

ヒン
しな

9画

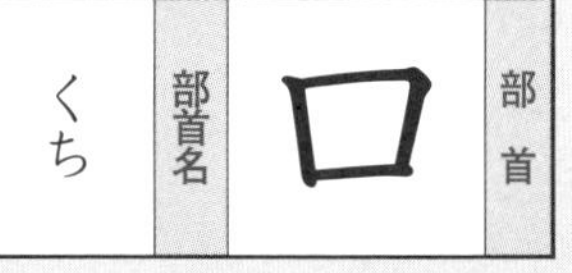

部首	部首名
口	くち

言葉と使い方

作品(さくひん)　品切(しなぎ)れ

品物(しなもの)

気品(きひん)ただよう人(ひと)だ

病

ビョウ
ヘイ㊂
や(む)㊥
やまい

10画

部首	部首名
疒	やまいだれ

言葉と使い方

病院(びょういん)　病気(びょうき)

気(き)に病(や)む◎

重(おも)い病(やまい)に打(う)ち勝(か)つ

秒

ビョウ

9画

部首	部首名
禾	のぎへん

言葉と使い方

秒速(びょうそく)

一秒(いちびょう)

秒読(びょうよ)みを始(はじ)める

負

フ
ま(ける)
ま(かす)
お(う)

部首	部首名
貝	かい こがい

言葉と使い方

自負(じふ)　勝負(しょうぶ)

勝(か)ち負(ま)け

重(おも)いリュックをせ負(お)う

部

ブ

部首	部首名
阝	おおざと

言葉と使い方

部員(ぶいん)　細部(さいぶ)

全部(ぜんぶ)　★部屋(へや)

テストを一部(いちぶ)ずつ配(くば)る

服

フク

部首	部首名
月	つきへん

言葉と使い方

服地(ふくじ)　洋服(ようふく)

和服(わふく)

薬(くすり)を服用(ふくよう)する

1 つぎの―線の漢字に読みがなをつけなさい。

① 新年への秒読み（　）を始（　）める。
② 上等（　）なぬので洋服（　）を仕立てる。
③ 父は自負心（　）が強（　）い。
④ 鉄橋（　）に使われる部品（　）を作る。
⑤ 医者（　）に 急病（　）の人をみてもらう。
⑥ 売（　）り切れになるほどの人気商品（　）だ。
⑦ 雪で一部（　）の区間（　）が通行止めだ。
⑧ じゃんけんで勝（　）ち負（　）けを決める。

2 つぎの□の中に漢字を書きなさい。

① 竹とんぼが空中を十□(びょう)間とんだ。
② 妹は□(びょう)気で学校を休んだ。
③ 気温が□(ひょう)点下になる。
④ 調べたけっかを公□(ひょう)する。
⑤ 買ったものの□(だい)金をはらう。
⑥ むずかしい問(もん)□(だい)をとく。
⑦ 近くで□(ひ)鳴が聞こえた。
⑧ 兄から□(ひ)肉を言われる。

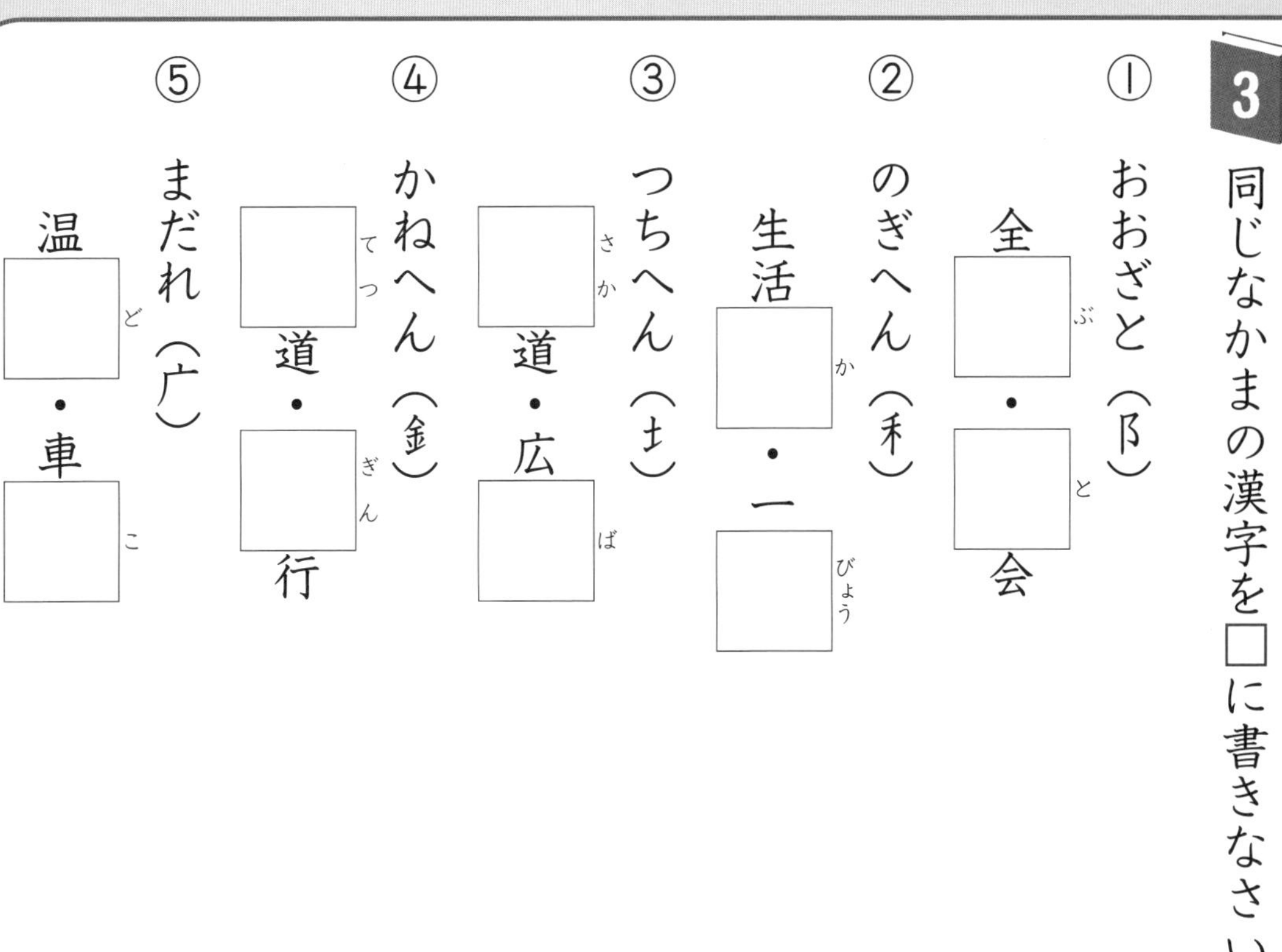

3 同じなかまの漢字を□に書きなさい。

① おおざと（阝）　全□（ぶ）・□（と）会

② のぎへん（禾）　生活□（か）・一□（びょう）

③ つちへん（土）　□（さか）道・広□（ば）

④ かねへん（金）　□（てつ）道・□（ぎん）行

⑤ まだれ（广）　温□（ど）・車□（こ）

4 つぎの□に漢字を書きなさい。

① お礼（れい）の□（しな）をわたす。

② 百メートルを二十□（びょう）で走る。

③ □（やまい）をおして学校に行く。

④ すぐに□□（しょうぶ）が決まる。

⑤ □□（びょういん）へ見まいに行く。

⑥ 兄は□□□（やきゅうぶ）に入った。

⑦ 新しい□（ふく）に着がえる。

⑧ 自分の□□（さくひん）を売りこむ。

1 つぎの―線の漢字に読みがなをつけなさい。〈一つ2点　計42点〉

①朝七時半に集合して八時に出発する。（　）（　）

②みんなの歩く速度を記録（きろく）する。（　）

③とうふを一丁買うようにたのまれた。（　）

④春休みに農家の畑仕事をてつだった。（　）（　）

⑤十秒待ってからふたを取る。（　）

⑥都市の交通を整備（せいび）する。（　）

⑦妹の部屋から鼻歌が聞こえてきた。（　）（　）

⑧兄とおそろいの手帳を持っている。（　）

⑨遠足の日取りが決定した。（　）

⑩弟は負けん気が強い。（　）

⑪道の反対がわにわたる。（　）

⑫笛をふきながら坂道を歩く。（　）（　）

⑬板の間をふきそうじする。（　）

⑭マラソンで友だちを追いぬく。（　）

⑮船に乗って美しい島を見に行く。（　）（　）

⑯父に新しい服を買ってもらう。（　）

100

80

50

とくてん

点

2 つぎの漢字の画数（漢字を書くときの点や線の数）を数字で書きなさい。〈一つ2点　計10点〉

① 童……（　　）

② 氷……（　　）

③ 追……（　　）

④ 湯……（　　）

⑤ 服……（　　）

3 つぎの――線の漢字に読みがなをつけなさい。〈一つ2点　計16点〉

① 校庭でなわとびをする。（　　）

② うら庭でたくさんの花を育てる。（　　）

③ クラスに転校生がやって来た。（　　）

④ 坂の上からボールを転がす。（　　）

⑤ くじ引きで一等が当たる。（　　）

⑥ 二つのグループの人数が等しい。（　　）

⑦ けがをして母に心配をかけた。（　　）

⑧ テストのプリントを配る。（　　）

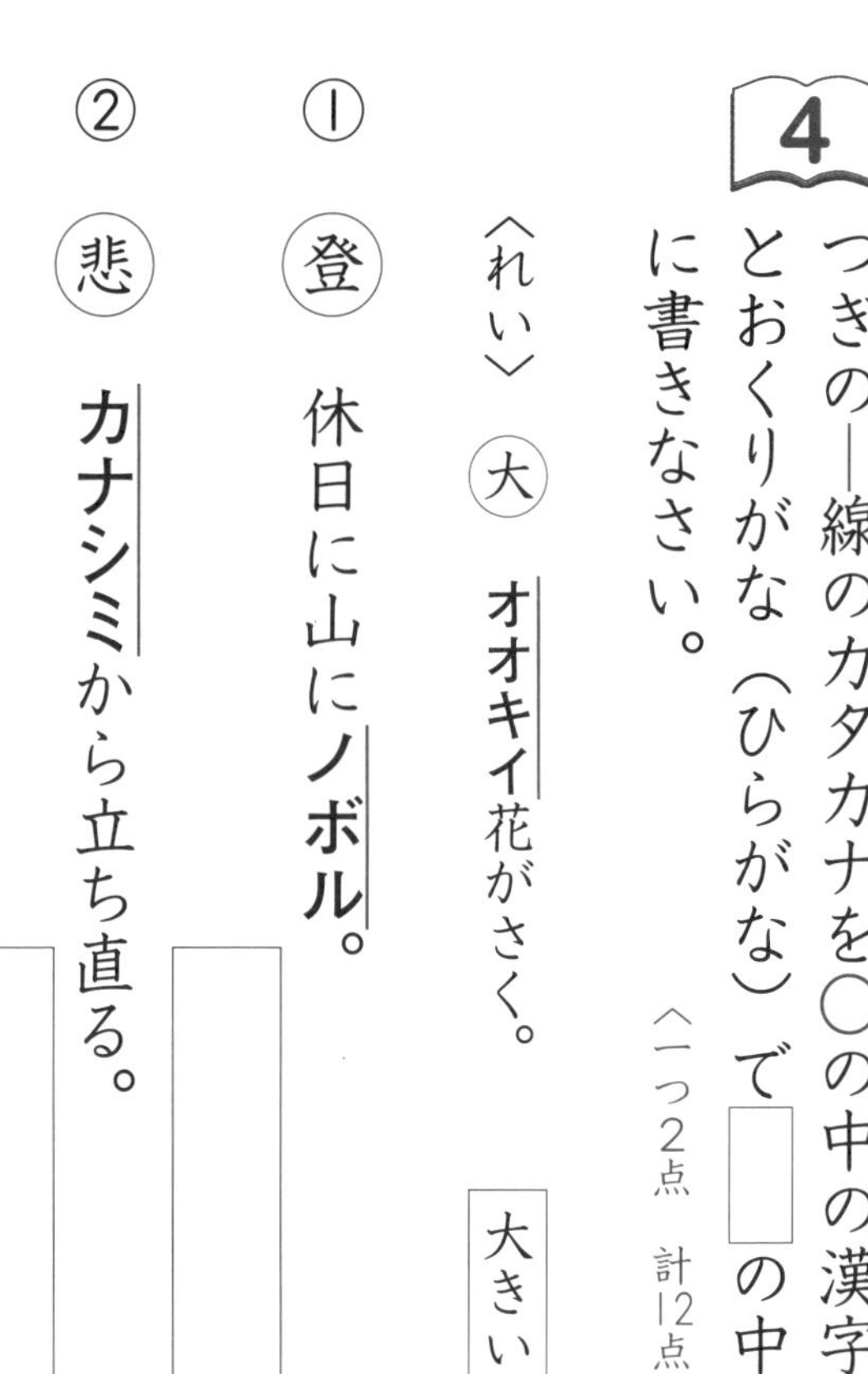

4

つぎの―線のカタカナを○の中の漢字とおくりがな（ひらがな）で□の中に書きなさい。〈一つ2点　計12点〉

〈れい〉 ㊅大 **オオキイ**花がさく。 ［大きい］

① 登　休日に山に**ノボル**。 ［　］

② 悲　**カナシミ**から立ち直る。 ［　］

③ 反　むねを**ソラス**。 ［　］

④ 調　地図で町名を**シラベル**。 ［　］

⑤ 定　ねらいを**サダメル**。 ［　］

⑥ 投　まとを目がけてボールを**ナゲル**。 ［　］

5

つぎの□に漢字を書きなさい。

〈一つ2点　計20点〉

① ぼくは□□（てつどう）もけいを集めている。

② □（しな）物（もの）をよく見てえらぶ。

③ 母の作る□（まめ）料理（りょうり）はとてもおいしい。

④ 台風で□（なみ）の高さが□□（にばい）になる。

⑤ □□（びょうき）になって学校を休む。

⑥ 姉はリンゴの□（かわ）を上手にむく。

⑦ □□（ふでばこ）に消しゴムをしまいわすれる。

⑧ □（おもて）に出てじゅんび□□（うんどう）をする。

クイズであそぼ！ 4

なぞ？ なぞ？ 漢字

次の絵をヒントに漢字を作り、
□□にできた漢字を書いてみよう。

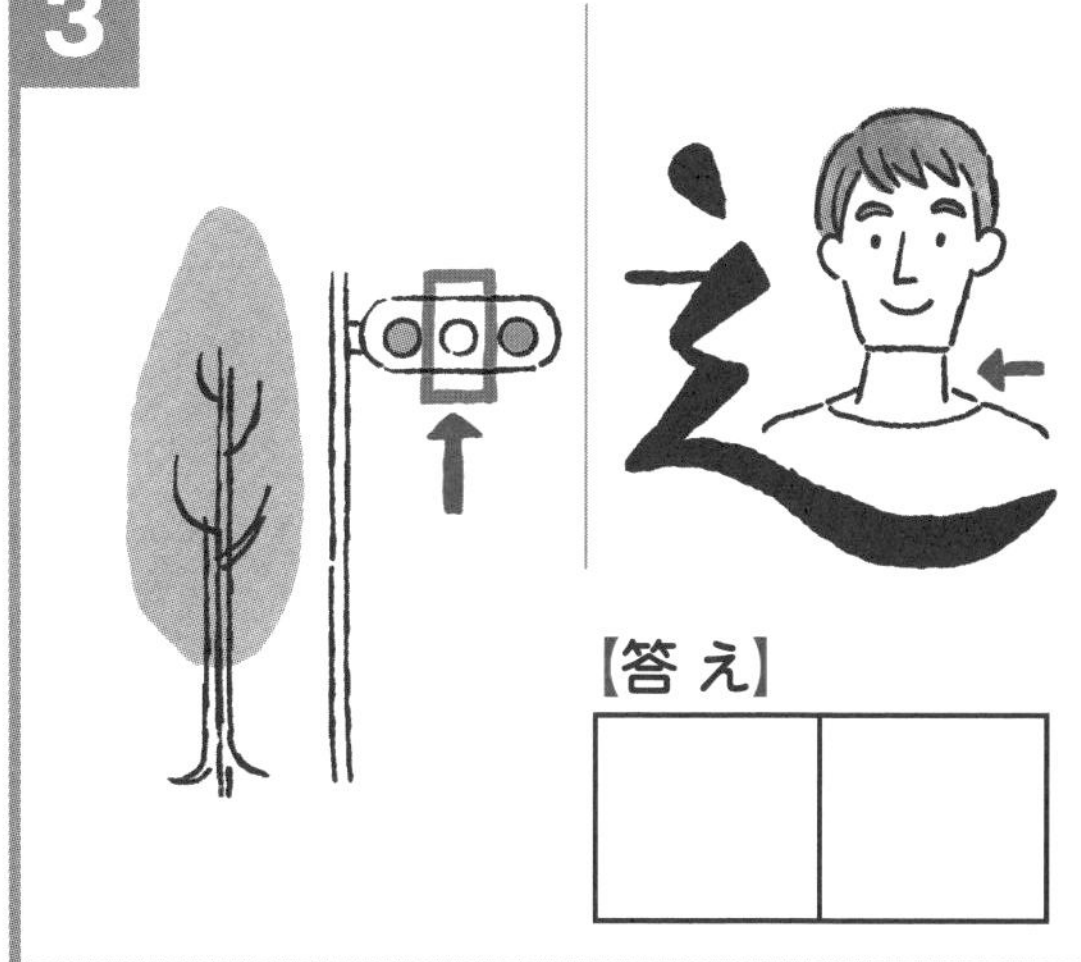

１つの漢字が部分ごとにバラバラになっているから、組み合わせてね。

クイズであそぼ！③
（103ページ）**の答え**

スタート↓

乗	宿	係	船	音
研	歯	代	荷	読
港	血	屋	寒	書
起	泳	息	真	写
悪	話	談	相	決
名	題	打	飲	受
曲	暗	幸	銀	湖

↓ゴール

※答えは163ページにあります。

福

フク

言葉と使い方

▲福笑い（ふくわらい）　幸福（こうふく）
七福神（しちふくじん）
福引き（ふくびき）に当（あ）たる

物

ブツ
モツ
もの

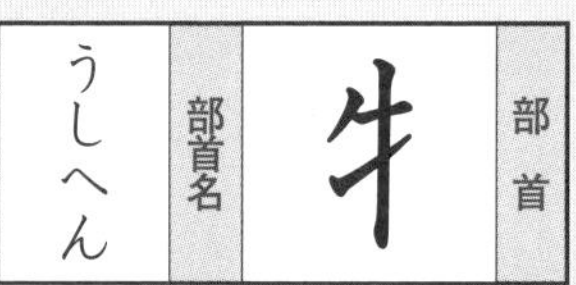

言葉と使い方

植物（しょくぶつ）
物語（ものがたり）
重（おも）い荷物（にもつ）を運（はこ）ぶ

ヘイ
ビョウ
たい(ら)
ひら

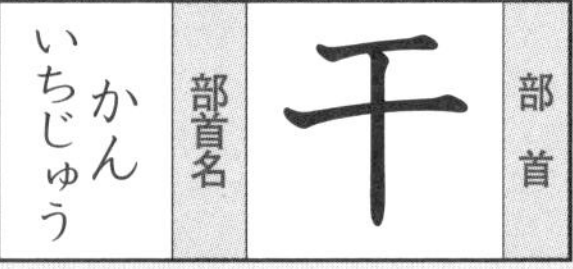

言葉と使い方

公平（こうへい）　水平線（すいへいせん）　平等（びょうどう）
平（たい）らな道（みち）　平泳（ひらおよ）ぎ
世界（せかい）の平和（へいわ）を▲願（ねが）う

ヘン
かえ(す)
かえ(る)

7画

部首	部首名
辶	しんにょう しんにゅう

言葉と使い方

返事(へんじ)　返送(へんそう)　返答(へんとう)
▲恩返し(おんがえし)
図書館(としょかん)に本(ほん)を返(かえ)す

勉

ベン

10画

部首	部首名
力	ちから

言葉と使い方

勉強(べんきょう)
▲勤勉(きんべん)
勉学(べんがく)にはげむ

放

ホウ
はな(す)
はな(つ)
はな(れる)
ほう(る)

8画

部首	部首名
攵	のぶん ぼくづくり

言葉と使い方

放送(ほうそう)　放流(ほうりゅう)
魚(さかな)を川(かわ)に放(はな)す
ボールを放(ほう)る

1 つぎの―線の漢字に読みがなをつけなさい。

① 幸せの青い鳥をさがす物語を読んだ。
（　　）（　　）（　　）

② 先週出した手紙の返事を待つ。
（　　）（　　）（　　）

③ すな場を平らにする。
（　　）（　　）

④ 海岸で平たい石を拾う。
（　　）（　　）（　　）

⑤ 荷物を一か所に集める。
（　　）（　　）

⑥ 兄はいつも勉強の合間にゲームをする。
（　　）（　　）

⑦ 豆まきをして福をよぶ。
（　　）（　　）

⑧ まどを開け放して空気を入れかえる。
（　　）（　　）

2 つぎの□に漢字を書き、上のことばとはんたいの意味(いみ)のことばをむすびなさい。

① とじる　●　　●　□(かな)しい

② うれしい　●　　●　□(うご)く

③ かりる　●　　●　□(くば)る

④ 集める　●　　●　□(ひら)く

⑤ 止まる　●　　●　□(かえ)す

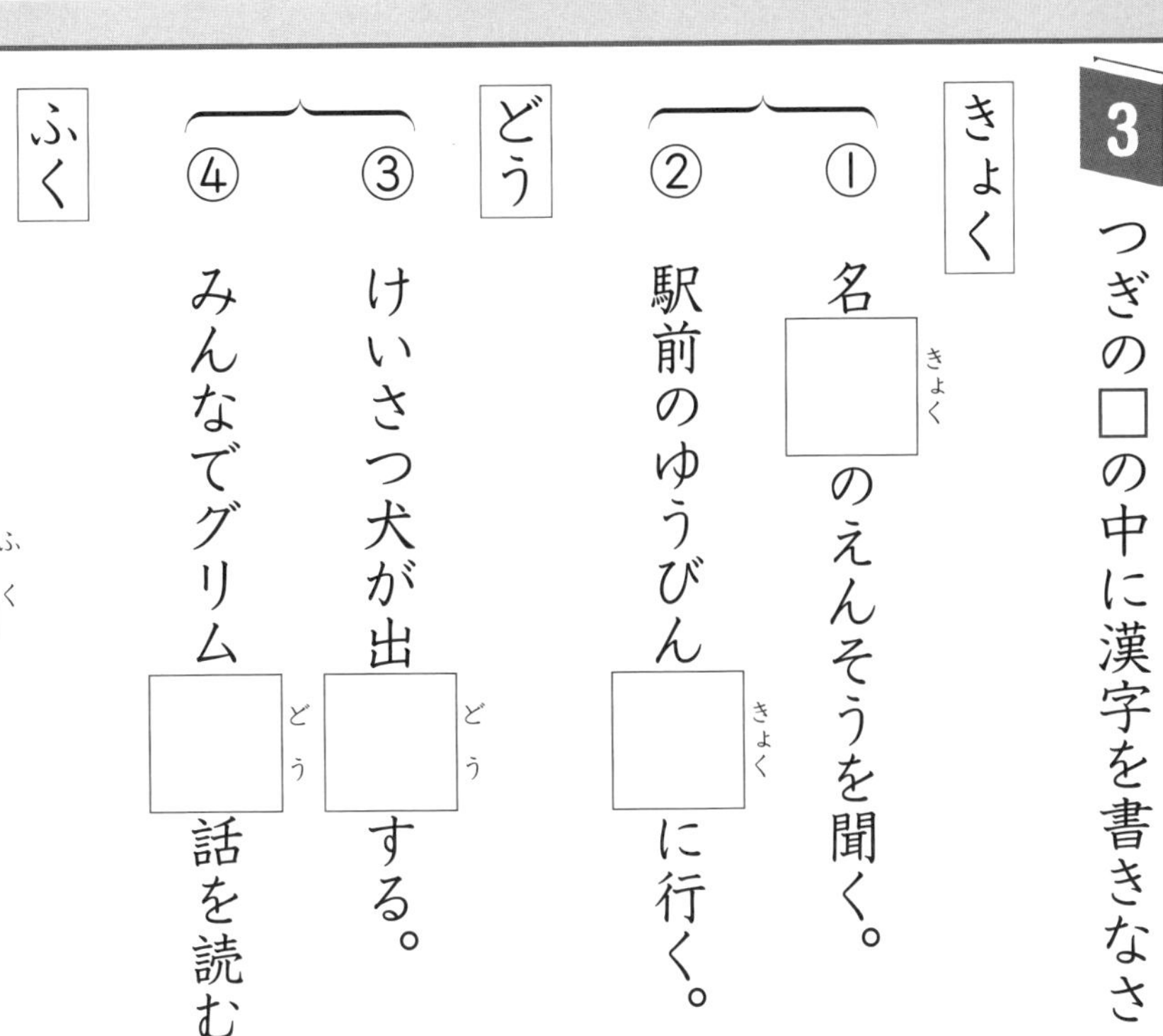

3 つぎの□の中に漢字を書きなさい。

きょく
① 名□(きょく)のえんそうを聞く。
② 駅前のゆうびん□(きょく)に行く。

どう
③ けいさつ犬が出□(どう)する。
④ みんなでグリム□(どう)話を読む。

ふく
⑤ 正月に和(わ)□(ふく)を着る。
⑥ □(ふく)引きで大当たりが出る。

4 つぎの□に漢字を書きなさい。

① □□(すいへい)線をながめる。
② すきな本を読み□(かえ)す。
③ 幸□(ふく)な家庭をきずく。
④ 高山□□(しょくぶつ)を写真にとる。
⑤ 姉は□□(べんがく)にはげんでいる。
⑥ 妹は宿題を□(ほう)り出した。
⑦ むずかしくて□□(へんとう)にこまる。
⑧ 部屋でラジオ□□(ほうそう)を聞く。

味

ミ
あじ
あじ(わう)

言葉と使い方

意味(いみ)　調味料(ちょうみりょう)▲
味見(あじみ)
よくかんで味(あじ)わう

メイ
ミョウ㊥
いのち

言葉と使い方

生命(せいめい)　▲寿命(じゅみょう)
命(いのち)がけ　◎命拾(いのちびろ)い
矢(や)がまとに命中(めいちゅう)した

メン
おも㊥
おもて㊥
つら㊫

言葉と使い方

面会(めんかい)　水面(すいめん)
◎面長(おもなが)　◎鼻面(はなづら)
公園(こうえん)は大通(おおどお)りに面(めん)している

問

モン
と（う）
と（い）
とん

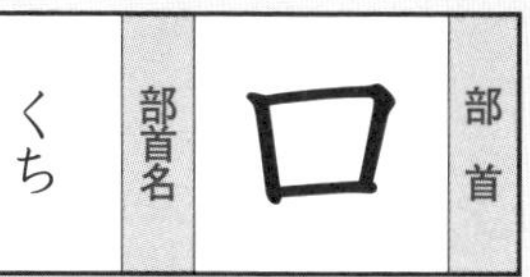

言葉と使い方

問題（もんだい）　学問（がくもん）

問（と）い合（あ）わせ　問屋（とんや）

▲先生（せんせい）に質問（しつもん）する

役

ヤク
エキ㊥

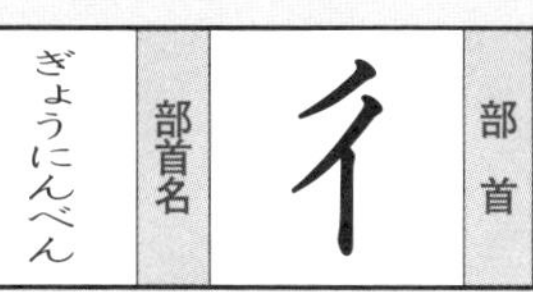

言葉と使い方

役者（やくしゃ）　役目（やくめ）

市役所（しやくしょ）　◎使役（しえき）

この本（ほん）は勉強（べんきょう）に役立（やくだ）つ

薬

ヤク
くすり

言葉と使い方

薬局（やっきょく）　薬品（やくひん）

火薬（かやく）　農薬（のうやく）　薬箱（くすりばこ）

かぜをひいたので薬（くすり）を飲（の）む

1 つぎの――線の漢字に読みがなをつけなさい。

① まとに矢が命中する。（　）（　）（　）
② うつわにもる前に味見をする。（　）（　）（　）
③ 人の命は何よりも重い。（　）（　）
④ 知らない言葉（ことば）の意味を調べる。（　）（　）（　）
⑤ 先生の問いに、よく考えて答える。（　）（　）
⑥ 今回で自分の役目は終わった。（　）（　）（　）
⑦ 実の表面には細かい毛が生えていた。（　）（　）（　）
⑧ 商店街（がい）のはしに薬局がある。（　）（　）

2 つぎの漢字を画数（漢字を書くときの点や線の数）の少ないものから順（じゅん）番（ばん）に、□に書きなさい。

平・命・農・役・族
面・倍・勝・式・駅

画数の少ないもの
□→□→□→□→□→□→□→□→□→□

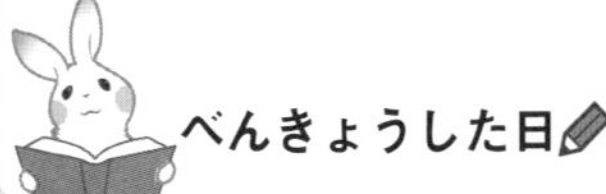

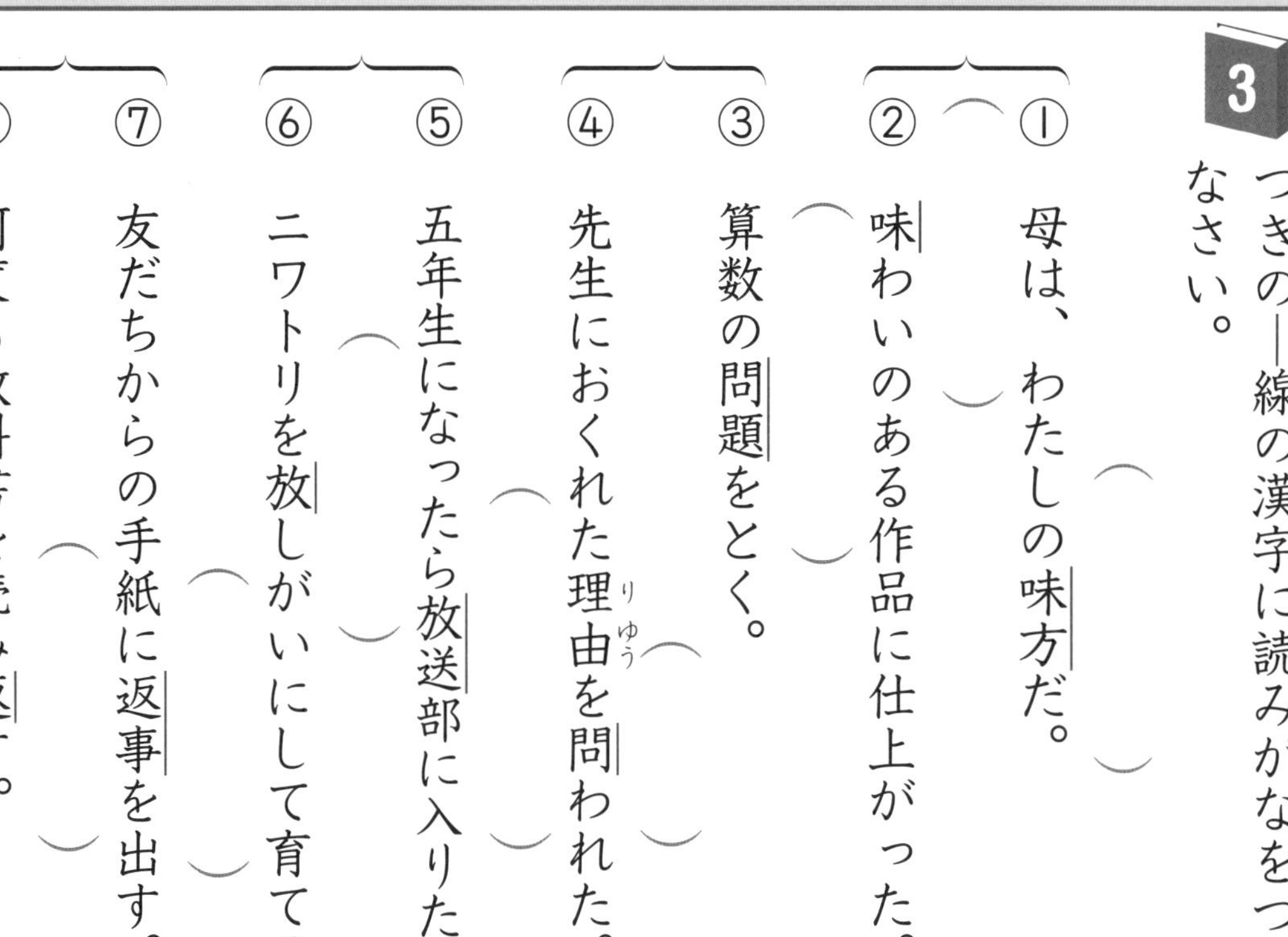

3 つぎの——線の漢字に読みがなをつけなさい。

① 母は、わたしの<u>味方</u>だ。（　　）
② <u>味</u>わいのある作品に仕上がった。（　　）
③ 算数の<u>問題</u>をとく。（　　）
④ 先生におくれた理由（りゆう）を<u>問</u>われた。（　　）
⑤ 五年生になったら<u>放送</u>部に入りたい。（　　）
⑥ ニワトリを<u>放</u>しがいにして育てる。（　　）
⑦ 友だちからの手紙に<u>返事</u>を出す。（　　）
⑧ 何度も教科書を読み<u>返</u>す。（　　）

4 つぎの□に漢字を書きなさい。

① □□（すいめん）に顔をうつす。
② しおからい□（あじ）がする。
③ 会社に□（と）い合わせる。
④ 弟とおし□□（もんどう）をする。
⑤ 赤ちゃんに□□（めいめい）する。
⑥ □□□（しやくしょ）を見学する。
⑦ 毎食後、□（くすり）を飲む。
⑧ ふろに□□（やくそう）を入れる。

有

ユウ
ウ㊥
あ(る)

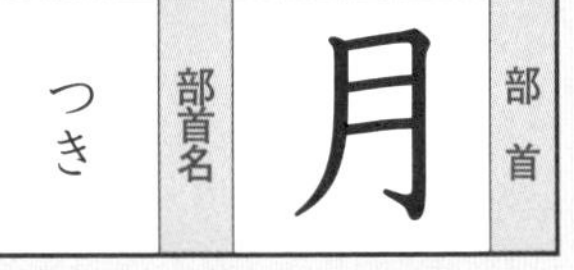

部首 月 部首名 つき

言葉と使い方

有益(ゆうえき)　有名(ゆうめい)
▲有力者(ゆうりょくしゃ)　◎▲有無(うむ)
▲有る無し(あるなし)を調べる(しらべる)

油

ユ
あぶら

部首 氵 部首名 さんずい

言葉と使い方

油田(ゆでん)
油絵(あぶらえ)
石油(せきゆ)ストーブをつける

由

ユ
ユウ
ユイ㊫
よし㊫

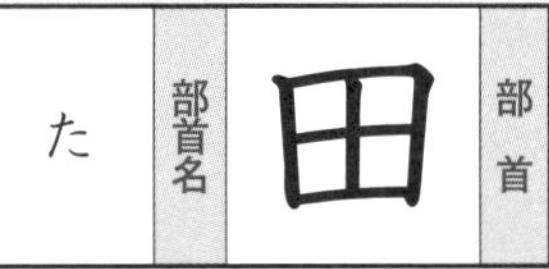

部首 田 部首名 た

言葉と使い方

▲経由(けいゆ)　自由(じゆう)
理由(りゆう)　◎▲由緒(ゆいしょ)
名前(なまえ)の由来(ゆらい)を知る(しる)

ユウ
ユ㊂
あそ（ぶ）

言葉と使い方

遊園地（ゆうえんち）
遊具（ゆうぐ）
◎遊山（ゆさん）
水遊び（みずあそび）
近（ちか）くの公園（こうえん）で遊（あそ）ぶ

ヨ

言葉と使い方

予想（よそう）
予定（よてい）
▲予報（よほう）
列車（れっしゃ）の予約（よやく）▲を行（おこな）う

1 つぎの―線の漢字に読みがなをつけなさい。

① 自由な生き方にあこがれる。（　）（　）

② 有力な手がかりを見つけた。（　）（　）

③ 遊園地で（　） 風船を買う。（　）

④ 油で（　） 大根をいためる。（　）

⑤ 草笛をふいて遊ぶ。（　）（　）

⑥ 日本でも有数の科学者だ。（　）（　）

⑦ テストの問題を予想する。（　）（　）

⑧ 石油をあつかう工場を見学する。（　）（　）

2 つぎの□の中に漢字を書きなさい。

やく

① 父は市□(やく)所ではたらいている。

② □(やく)品のあつかいには注意する。

み

③ 七□(み)とうがらしをかける。

④ 出かけるので□(み)じたくをする。

ゆ

⑤ お□(ゆ)をわかす。

⑥ 原□(ゆ)が値上(ねあ)がりしている。

3 同じなかまの漢字を□に書きなさい。

① しんにょう・しんにゅう（辶）
水□（あそ）び・時□（そく）

② さんずい（氵）
□（ゆ）田・□（みずうみ）

③ うかんむり（宀）
□（しゅく）題・□（てい）住

④ ひへん（日）
□（しょう）和（わ）・□（あん）記

⑤ のぶん・ぼくづくり（攵）
□（ほう）送・□（せい）列（れつ）

4 つぎの□に漢字を書きなさい。

① よいことが起きる□□（よかん）がする。

② 地名の□□（ゆらい）を聞く。

③ □□（じゅうゆ）が海に流（なが）れ出す。

④ げんかんに□□（あぶらえ）をかざる。

⑤ 休日の□□（よてい）を決める。

⑥ □□（ゆうぐ）をかたづける。

⑦ □□（ゆうめい）人に会った。

⑧ 一日中□（あそ）び回る。

羊

ヨウ
ひつじ

6画

部首	部首名
羊	ひつじ

言葉と使い方

羊（ひつじ）の肉（にく）

羊雲（ひつじぐも）　子羊（こひつじ）

羊毛（ようもう）のセーターを着（き）る

洋

ヨウ

9画

部首	部首名
氵	さんずい

言葉と使い方

洋楽（ようがく）　洋服（ようふく）

西洋（せいよう）　太平洋（たいへいよう）

赤（あか）い屋根（やね）の洋館（ようかん）がある

葉

ヨウ
は

12画

部首	部首名
艹	くさかんむり

言葉と使い方

▲観葉植物（かんようしょくぶつ）

落（お）ち葉（ば）　言葉（ことば）

きゅうすにお茶（ちゃ）の葉（は）を入（い）れる

様

ヨウ
さま

14画

部首	部首名
木	きへん

言葉と使い方

様式（ようしき）　様子（ようす）
王様（おうさま）
▲仏様（ほとけさま）
町（まち）の様（さま）がわりにおどろく

陽

ヨウ

12画

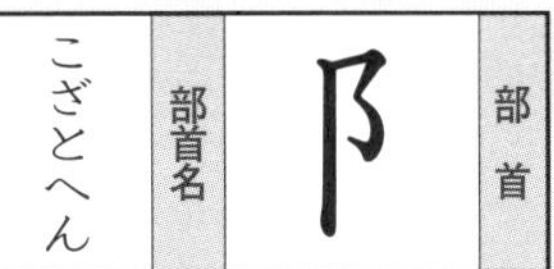

部首	部首名
阝	こざとへん

言葉と使い方

陽光（ようこう）
太陽（たいよう）
山陽新▲幹線（さんようしんかんせん）
父（ちち）は陽気（ようき）な人（ひと）だ

1 つぎの―線の漢字に読みがなをつけなさい。

① 言葉の　意味を調べる。（　）（　）
② 父はときどき洋酒を飲む。（　）（　）
③ うら庭のカエデの葉が色づいてきた。（　）（　）
④ 水平線にしずむ太陽をながめる。（　）（　）
⑤ 外の様子を見る。（　）
⑥ 羊毛からセーターを作る。（　）（　）
⑦ これは大西洋にうかぶ島の写真だ。（　）（　）
⑧ 犬が羊のむれを追いかける。（　）（　）

2 つぎの□の中に漢字を書きなさい。

① □(よう)毛のふとんにねる。
② 本だなに□(よう)書をならべる。
③ 校庭のかれ□(は)をほうきではく。
④ □(は)のちりょうをした。
⑤ 日曜日は□(ゆう)園地に行く。
⑥ □(ゆう)名な観光地(かんこうち)をおとずれる。
⑦ □(しゅ)人公の気持ちを考える。
⑧ 日本□(しゅ)は米から作られる。

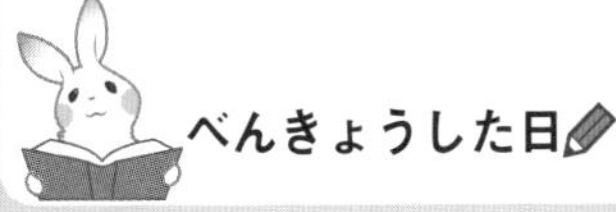

べんきょうした日　月　日

3 同じなかまの漢字を□に書きなさい。

① のぶん・ぼくづくり（攵）
手□（ばな）す・算□（すう）

② きへん（木）
お客□（さま）・まな□（いた）

③ くさかんむり（艹）
木の□（は）・飲み□（ぐすり）

④ ちから（力）
□（どう）物・□（じょ）手

⑤ たけかんむり（⺮）
絵□（ふで）・汽□（てき）

4 つぎの□に漢字を書きなさい。

① ぼうしと□□（ようふく）をそろえる。

② 空に□□（ひつじぐも）がうかんでいる。

③ □□□（たいへいよう）をヨットで航海（こうかい）する。

④ □□（ようき）な歌声が聞こえる。

⑤ ていねいな□□（ことば）を使う。

⑥ 家のトイレは□（よう）式だ。

⑦ 落（お）ち□（ば）をかき集める。

⑧ 王□（さま）が登場する物語だ。

旅

リョ
たび

10画

部首　方
部首名　ほうへん　かたへん

言葉と使い方

旅館（りょかん）　旅行（りょこう）

旅先（たびさき）　船旅（ふなたび）

海（うみ）をこえて旅（たび）をする

流

リュウ
ル㊢
なが（れる）
なが（す）

10画

部首　氵
部首名　さんずい

言葉と使い方

流行（りゅうこう）　急流（きゅうりゅう）

上流（じょうりゅう）　流転（◎るてん／りゅうてん）　流れ星（ながれぼし）

町中（まちなか）を川（かわ）が流（なが）れる

落

ラク
お（ちる）
お（とす）

12画

部首　艹
部首名　くさかんむり

言葉と使い方

落書（らくが）き　集落（しゅうらく）　転落（てんらく）

落（お）とし物（もの）

落石（らくせき）に注意（ちゅうい）する

両

リョウ

6画

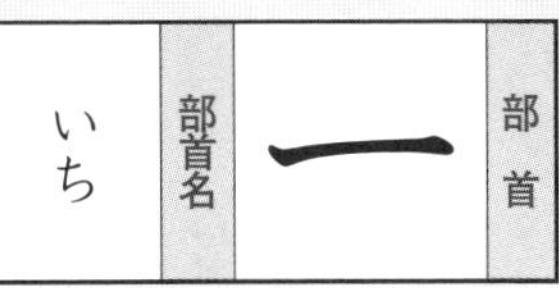

部首	部首名
一	いち

言葉と使い方

両親(りょうしん)　両手(りょうて)

両方(りょうほう)

両面(りょうめん)

道(みち)の▲両側(りょうがわ)に花(はな)を植(う)える

緑

リョク

ロク㊫

みどり

14画

部首	部首名
糸	いとへん

言葉と使い方

緑化運動(りょっかうんどう)

緑茶(りょくちゃ)　◎緑青(ろくしょう)◎

緑(みどり)の大地(だいち)

公園(こうえん)の緑(みどり)がきれいだ

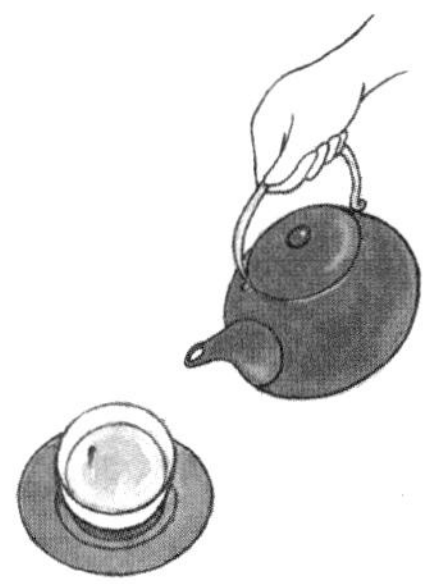

1 つぎの―線の漢字に読みがなをつけなさい。

① 山のふもとに集落がある。（　）（　）

② 地面にねころがって流れ星を見る。（　）（　）

③ 旅先で知り合った人と親しくなる。（　）（　）

④ 落とし物を拾ってとどける。（　）（　）

⑤ 道の両がわに商店がならぶ。（　）（　）

⑥ この川の上流には美しい花がさく。（　）（　）

⑦ 夕食のあとに緑茶を飲む。（　）（　）

⑧ 昔からある旅館にとまる。（　）（　）

2 つぎの漢字の太いところは、何番めに書きますか。○の中に数字を書きなさい。

① 流……○

② 旅……○

③ 両……○

④ 緑……○

⑤ 命……○

3 つぎの―線のカタカナを○の中の漢字とおくりがな（ひらがな）で□の中に書きなさい。

〈れい〉 大 オオキイ花がさく。 大きい

① 流 川がナガレル。 □
② 平 ヒラタイ箱に貝がらを入れる。 □
③ 遊 姉と外でアソブ。 □
④ 味 名物をアジワウ。 □
⑤ 放 野原で犬をハナス。 □
⑥ 負 野球の試合（しあい）でマケル。 □

4 つぎの□に漢字を書きなさい。

① 友だちと□（たび）の計画を練（ね）る。
② □（みどり）の大地が広がる。
③ 日が□（お）ちるのが早くなった。
④ □□（りょうて）で荷物をかかえる。
⑤ □□（きゅうりゅう）をカヌーで下る。
⑥ □□（てんらく）事故（じこ）に注意する。
⑦ はじめて海外□□（りょこう）をする。
⑧ 肉も魚も□□（りょうほう）すきだ。

礼

レイ
ライ㊫

5画

部首	部首名
ネ	しめすへん

言葉と使い方

礼服（れいふく／◎らいふく）　▲失礼（しつれい）
朝礼（ちょうれい）　礼拝（◎らい▲はい／れいはい）
お礼（れい）の手紙（てがみ）を書（か）く

列

レツ

6画

部首	部首名
刂	りっとう

言葉と使い方

列車（れっしゃ）　列島（れっとう）
整列（せいれつ）
店（みせ）の前（まえ）に行列（ぎょうれつ）ができる

練

レン
ね（る）

14画

部首	部首名
糸	いとへん

言葉と使い方

練習（れんしゅう）
▲訓練（くんれん）
からしを練（ね）る

13画

ロ
じ

部首	部首名
𧾷	あしへん

言葉と使い方

路(ろ)線(せん)バス

通(つう)学(がく)路(ろ)　道(どう)路(ろ)

家(いえ)路(じ)につく

線(せん)路(ろ)にそって新(あたら)しい家(いえ)がたつ

8画

ワ
オ 高
やわ(らぐ) 中
やわ(らげる) 中
なご(む) 中
なご(やか) 中

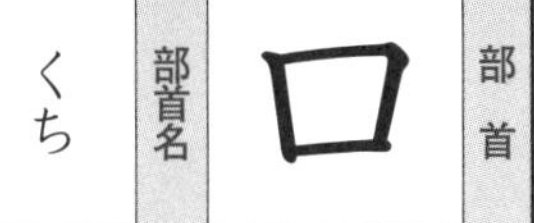

部首	部首名
口	くち

言葉と使い方

和(わ)紙(し)　和(わ)服(ふく)

昭(しょう)和(わ)　◎和(お)▲尚(しょう)

暑(あつ)さが◎和(やわ)らぐ

和(わ)室(しつ)でくつろぐ

1 つぎの―線の漢字に読みがなをつけなさい。

① ラジオ放送で平和をうったえる。（　）（　）
② 朝礼で先生から発表がある。（　）（　）
③ 昼休みにひなん訓練がある。（　）（　）
④ 急行列車に乗る。（　）（　）
⑤ みこしが町を練り歩く。（　）（　）
⑥ 九州は日本列島の一部だ。（　）（　）
⑦ 線路ぞいで電車の写真をとる。（　）（　）
⑧ 姉はよく和服を着る。（　）（　）

2 （　）の中に漢字を書いて、上とはんたいの意味のことばにしなさい。

① 長文―（たん）文
② かた方―（りょう）方
③ とう着―出（ぱつ）
④ 明るい―（くら）い
⑤ 全体―（ぶ）分

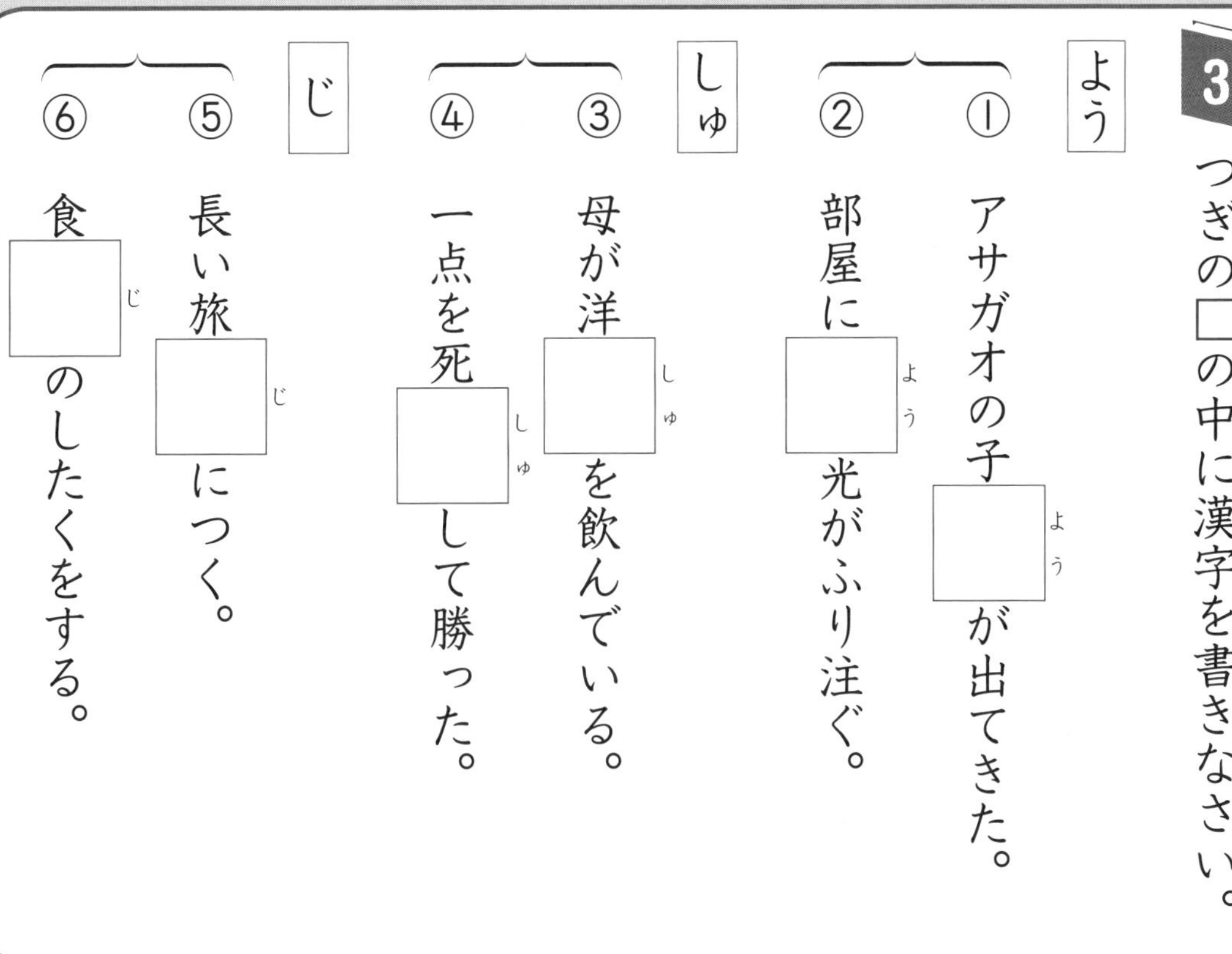

3 つぎの□の中に漢字を書きなさい。

よう

① アサガオの子□(よう)が出てきた。

② 部屋に□(よう)光がふり注ぐ。

しゅ

③ 母が洋□(しゅ)を飲んでいる。

④ 一点を死□(しゅ)して勝った。

じ

⑤ 長い旅□(じ)につく。

⑥ 食□(じ)のしたくをする。

4 つぎの□に漢字を書きなさい。

① ネコが□□(どうろ)にとび出す。

② ていねいにお□(れい)を言う。

③ 長い□□(ぎょうれつ)ができる。

④ サッカーの□□(れんしゅう)をする。

⑤ □□(いちれつ)にならんで待つ。

⑥ 平成(へいせい)の前の年号は□□(しょうわ)だ。

⑦ □□□(つうがくろ)を地図で見る。

⑧ □(わ)紙で人形を作る。

1 つぎの――線の漢字に読みがなをつけなさい。〈一つ2点 計40点〉

① 有名な歌手にあこがれる。（　）
② 旅番組がテレビで放送されている。（　）（　）
③ かわいい子羊が生まれる。（　）
④ ぼくは運命的な出会いをした。（　）
⑤ 薬箱からばんそうこうを出す。（　）
⑥ とうふと油あげのみそしるを飲む。（　）
⑦ 陽光がふり注ぐ太平洋の島に行く。（　）（　）
⑧ 一流のレストランで食事をする。（　）

⑨ 池のコイの様子を見に行く。（　）
⑩ 笛をふく練習をする。（　）（　）
⑪ 元気よく返事をする。（　）
⑫ 幸福なゆめを見る。（　）
⑬ 春には緑の葉をたくさんつける。（　）（　）
⑭ 先生にお礼の手紙を書く。（　）
⑮ 動物園でキリンを見る。（　）
⑯ 日曜日に出かける計画を練る。（　）

100　80　50

とくてん　　点

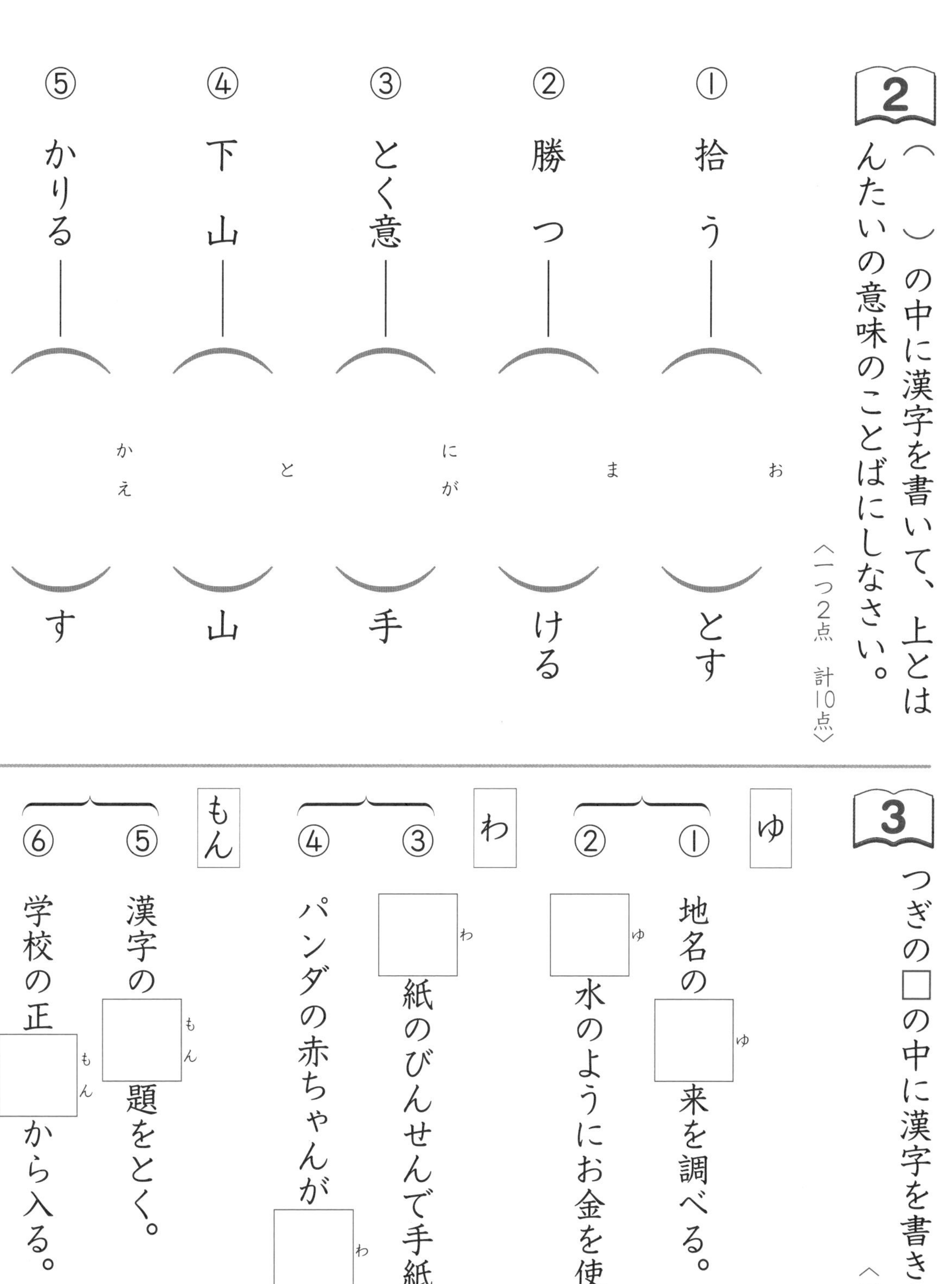

2 （　）の中に漢字を書いて、上とはんたいの意味のことばにしなさい。〈一つ2点　計10点〉

① 拾う―（お）とす

② 勝つ―（ま）ける

③ とく意―（にが）手

④ 下山―（と）山

⑤ かりる―（かえ）す

3 つぎの□の中に漢字を書きなさい。〈一つ2点　計12点〉

ゆ

① 地名の□(ゆ)来を調べる。

② □(ゆ)水のようにお金を使う。

わ

③ □(わ)紙のびんせんで手紙を書く。

④ パンダの赤ちゃんが□(わ)題になる。

もん

⑤ 漢字の□(もん)題をとく。

⑥ 学校の正□(もん)から入る。

べんきょうした日　　月　　日

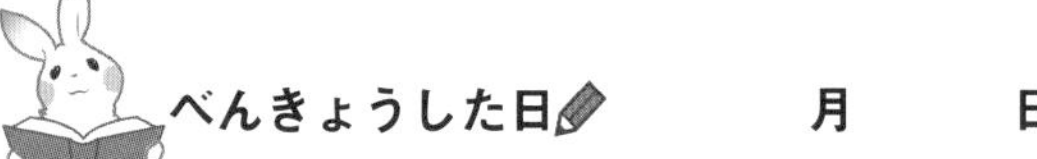

4 つぎの□に漢字を書きなさい。

〈一つ2点　計38点〉

① おくれた□□（りゆう）をのべる。

② 町は十年で□（さま）がわりした。

③ たなに□□（やくひん）のびんがならぶ。

④ □□（りょこう）の□□（よてい）を入れる。

⑤ □（りょく）茶は体によいそうだ。

⑥ □□□（つうがくろ）を絵地図に表した。

⑦ □（あそ）び歌をみんなで歌う。

⑧ □（いのち）がけで子どもを守った。

⑨ 王さまの□（やく）をえんじる。

⑩ 川の水を□（りょう）手ですくって飲む。

⑪ □□（ことば）の□□（いみ）を調べる。

⑫ □□（すいめん）に月がうつる。

⑬ □（なが）れ星に□□（へいわ）をいのる。

⑭ 日曜日は一日中□□（べんきょう）した。

⑮ とれたての魚を□（あじ）わう。

⑯ 店の前に□□（ぎょうれつ）ができる。

クイズであそぼ！ 5

のこる言葉はどれ？

マス目のあいたところに、リストの言葉を入れていきましょう。リストの中で使わない言葉はどれかな？

言葉は、上からと左から読めるようになっているよ。

【リスト】

都立図書館	高速道路	学級代表	絵日記帳	一世一代	屋上庭園
上下水道	勉強部屋	面会時間	路面電車	表音記号	弱肉強食
世界地図	大都会	植物園	日本一	書店員	乗用車
空間	物語	日直	高原	学童	病弱

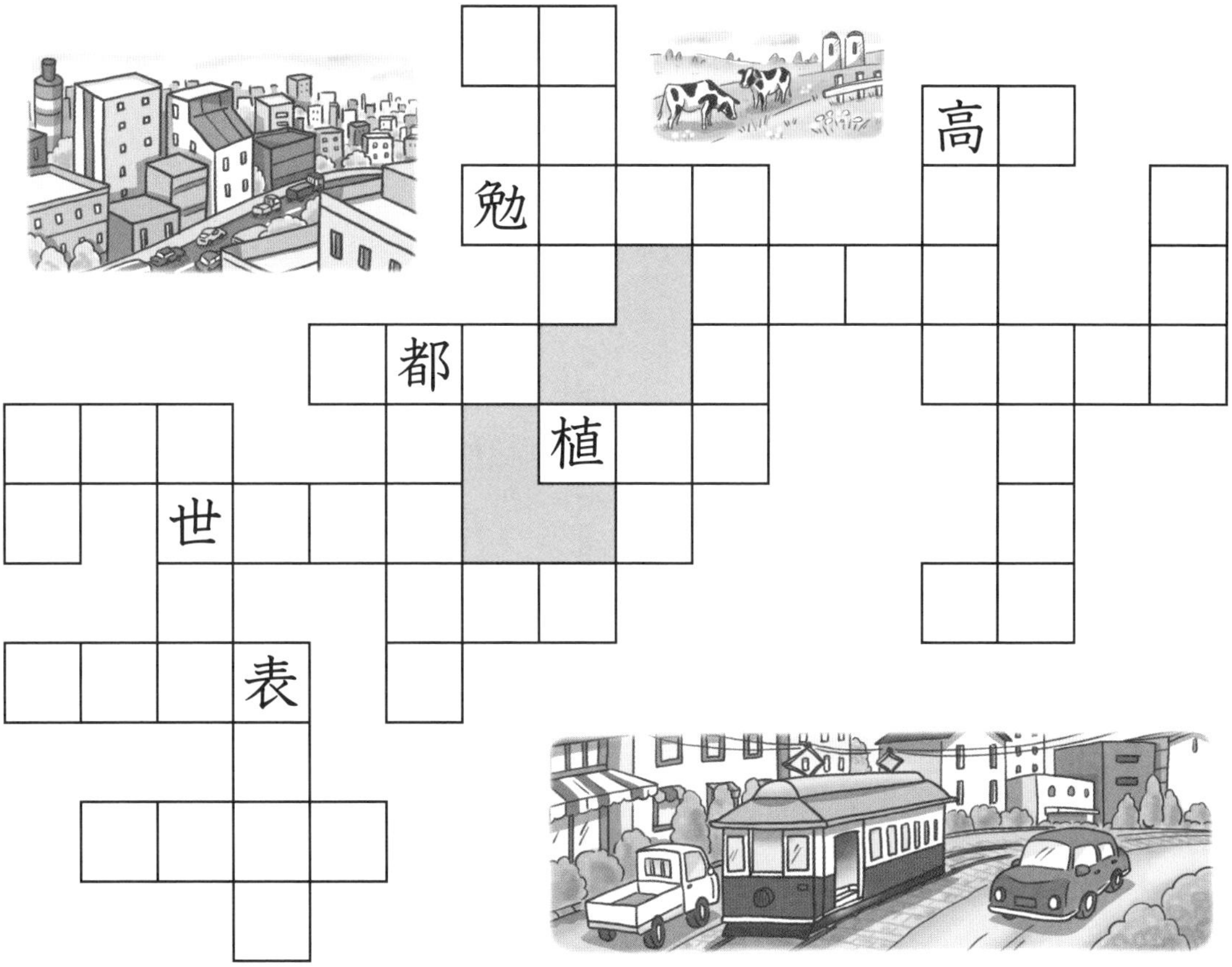

高

勉

都

植

世

表

クイズであそぼ！ 4 (135ページ) の答え

1．明暗　2．全員　3．横道

【答え】

※答えは、別冊「答え」の23ページにあります。

まとめテスト

1 つぎの——線の**漢字の読みがな**を——線の**右**に書きなさい。

1×30(30)　点

1　アルバムに①家族で②旅行したときの③写真をはる。

2　④早起きして⑤畑で作業する。

3　野菜（やさい）が⑥農家からトラックで⑦都会の⑧商店に⑨運ばれてくる。

4　今日は⑩暑いのでれいぞう⑪庫で⑫飲み物をひやしておこう。

5　父に⑬駅で⑭荷物をわたす。

6　この⑮地区の⑯全校を⑰代表してきふのお⑱礼をのべる。

7　父は⑲仕事でおそくなると高速⑳道路を㉑使って帰ってくる。

8　冬には㉒気温がひくくなるので多くの人はコートを㉓着る。

9　春に、㉔世界の㉕童話がたくさんのった本が㉖発売される㉗予定だ。

10　㉘病気で㉙苦しむ人々を㉚助ける。

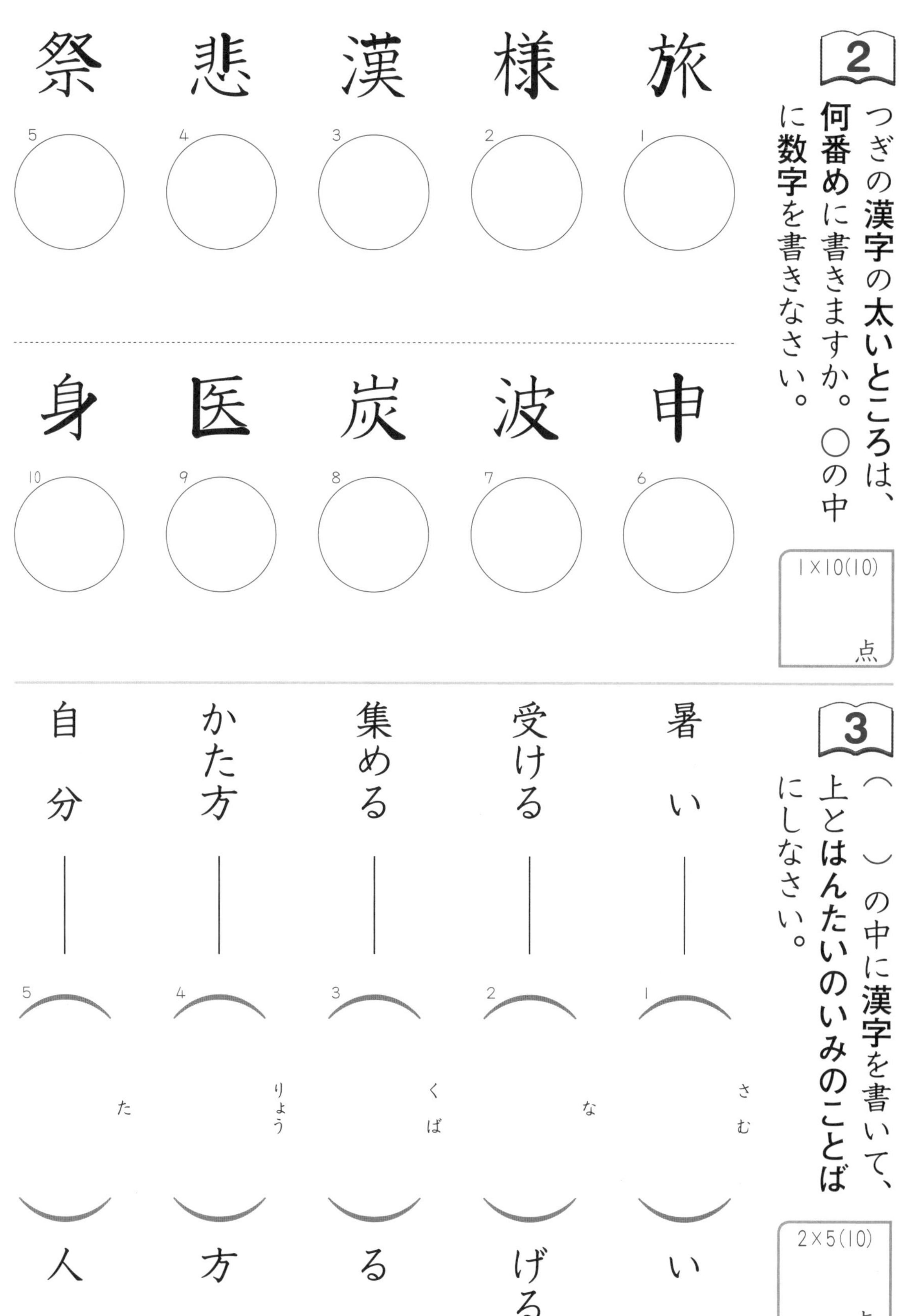

2 つぎの漢字の太いところは、何番めに書きますか。○の中に数字を書きなさい。

1×10(10) 点

1 旅 ( )
2 様 ( )
3 漢 ( )
4 悲 ( )
5 祭 ( )
6 申 ( )
7 波 ( )
8 炭 ( )
9 医 ( )
10 身 ( )

3 （　）の中に漢字を書いて、上とはんたいのいみのことばにしなさい。

2×5(10) 点

1 暑い ― （さむ）い
2 受ける ― （な）げる
3 集める ― （くば）る
4 かた方 ― （りょう）方
5 自分 ― （た）人

4 おなじなかまの漢字を□の中に書きなさい。

2×10(20) 点

さんずい（氵）……1［しょう］火・2［あぶら］絵

いとへん（糸）……3［みどり］色・4［しゅう］電車

ごんべん（言）……5［し］人・6［ちょう］子

こころ（心）……7［わる］口・8［きゅう］用

くさかんむり（艹）……言9［ば］・目10［ぐすり］

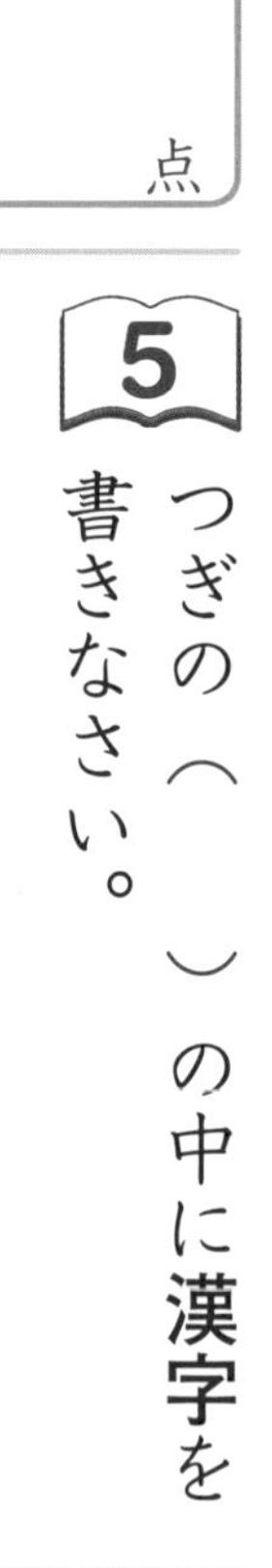

5 つぎの（　）の中に漢字を書きなさい。

2×10(20) 点

図書1（かん）で本をかりる。

読書2（かん）想文を書く。

3（あん）全をかくにんする。

電話番号を4（あん）記する。

車に5（ちゅう）意して道をわたる。

電6（ちゅう）にカラスがとまっている。

太7（よう）のエネルギーで車を走らせる。

姉と二人で8（よう）食を食べに行く。

なわとびの練9（しゅう）をする。

九10（しゅう）地方に雨がふっている。

6 つぎの――線の**カタカナ**を○の中の**漢字**と**おくりがな（ひらがな）**で□の中に書きなさい。

2×5(10) 点

〈れい〉 ㊅大 **オオキイ**花がさく。 大きい

1 ㊅転 ボールが**コロガル**。 1 □

2 ㊅短 ぼくは気が**ミジカイ**。 2 □

3 ㊅始 今日から新年が**ハジマル**。 3 □

4 ㊅美 **ウツクシイ**音楽を聞く。 4 □

5 ㊅負 決勝で**マケル**。 5 □

7 つぎの――線の**漢字**の**読みがな**を――線の**右**に書きなさい。

1×10(10) 点

この船の乗客[1]は二百人です。
電車に乗[2]ってとなり町に行く。

こづかいについて母に相談[3]をする。
相手[4]の目を見て話す。

向こう岸まで橋[5]でわたる。
歩道橋[6]の上からにじを見る。

根気[7]よくセーターをあむ。
大木の根[8]につまずく。

川の上流[9]までさかのぼる。
川にきれいな水が流[10]れている。

8 つぎの□の中に漢字を書きなさい。

2×20(40)　点

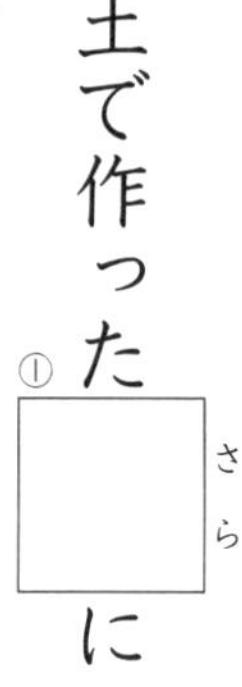

1 紙ねん土で作った①□(さら)に絵の②□(ぐ)でもようをかいた。

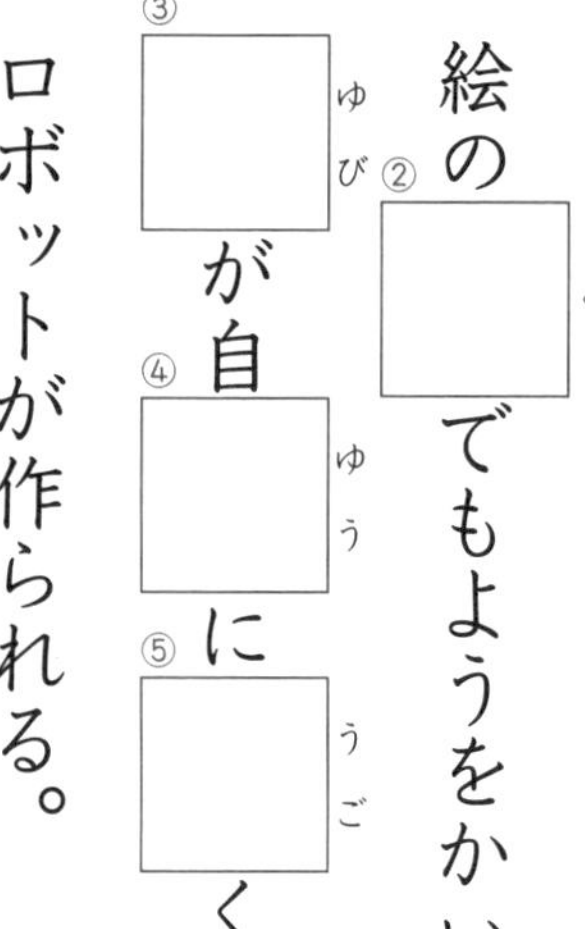

2 ③□(ゆび)が自④□(ゆう)に⑤□(うご)くロボットが作られる。

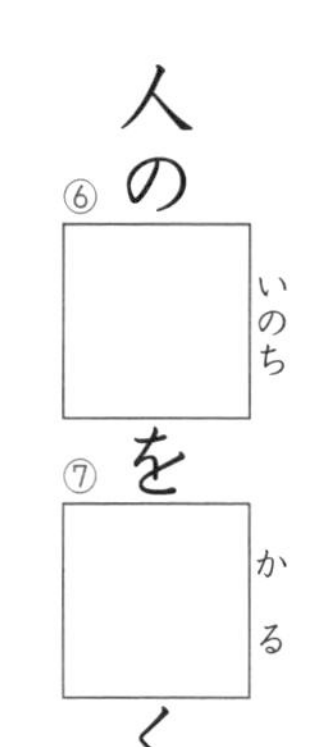

3 人の⑥□(いのち)を⑦□(かる)く見てはいけない。

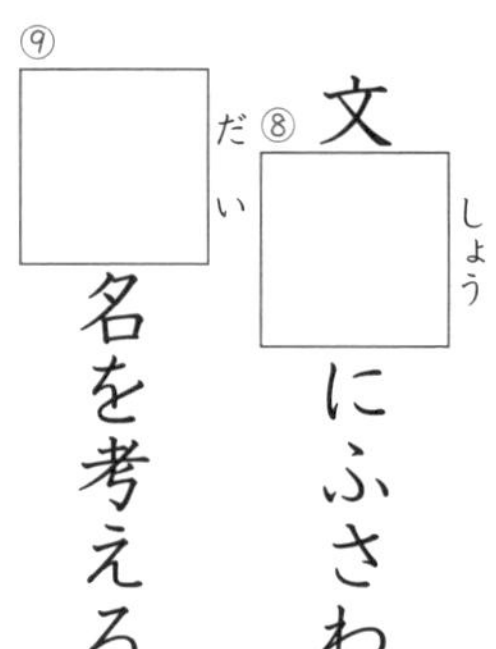

4 文⑧□(しょう)にふさわしい⑨□(だい)名を考える。

5 祖父(そふ)は五十さいをすぎてから⑩□(こう)福な日々を⑪□(おく)った。

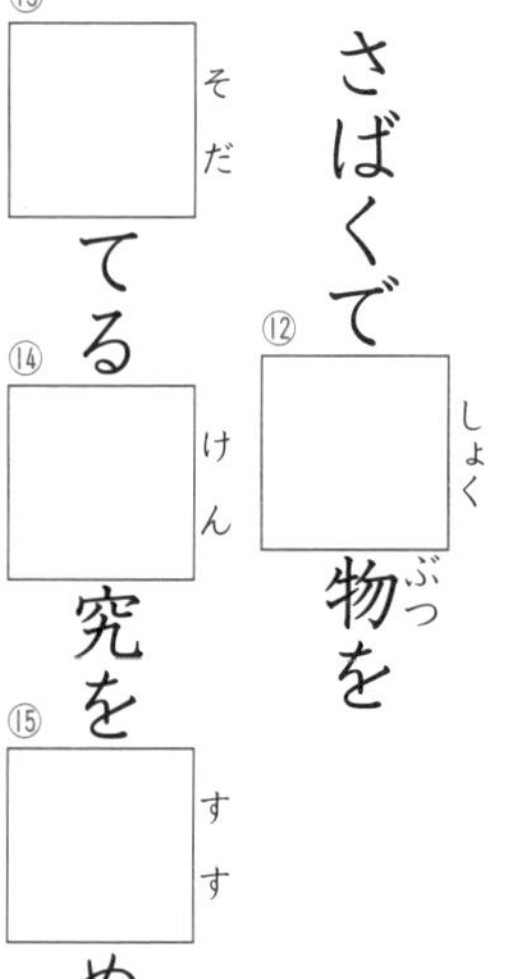

6 さばくで⑫□(しょく)物(ぶつ)を⑬□(そだ)てる⑭□(けん)究を⑮□(すす)めている。

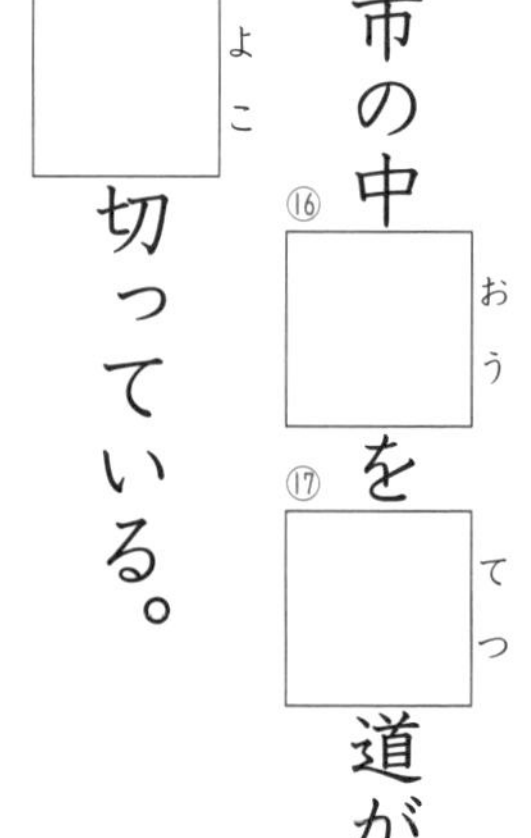

7 市の中⑯□(おう)を⑰□(てつ)道が⑱□(よこ)切っている。

8 よく知っている⑲□(きょく)をたて⑳□(ぶえ)でふく。

合計(150)　点

部首一覧表

表の上には部首を画数順に配列し、下には漢字の中で占める位置によって形が変化するものや特別な名称を持つものを示す。

偏（へん）…
旁（つくり）…
冠（かんむり）…
脚（あし）…
垂（たれ）…
繞（にょう）…
構（かまえ）…

番号	部首	字形	名称
一画			
1	【一】	一	いち
2	【丨】	丨	ぼう たてぼう
3	【丶】	丶	てん
4	【丿】	丿	の はらいぼう
5	【乙】	乙	おつ
		し	おつ
6	【亅】	亅	はねぼう
二画			
7	【二】	二	に
8	【亠】	亠	なべぶた けいさんかんむり
9	【人】	人	ひと
		イ	にんべん
		𠆢	ひとやね
10	【入】	入	いる
11	【儿】	儿	ひとあし にんにょう
12	【八】	八	はち
		八	は
13	【冂】	冂	どうがまえ けいがまえ まきがまえ
14	【冖】	冖	わかんむり
15	【冫】	冫	にすい
16	【几】	几	つくえ
17	【凵】	凵	うけばこ
18	【刀】	刀	かたな
		刂	りっとう
19	【力】	力	ちから
20	【勹】	勹	つつみがまえ
21	【匕】	匕	ひ
22	【匚】	匚	はこがまえ
23	【匸】	匸	かくしがまえ
24	【十】	十	じゅう
25	【卜】	卜	と うらない
26	【卩】	卩	わりふ ふしづくり
		㔾	わりふ ふしづくり
27	【厂】	厂	がんだれ
28	【厶】	厶	む
29	【又】	又	また
三画			
30	【口】	口	くち
		口	くちへん
31	【囗】	囗	くにがまえ
32	【土】	土	つち
		土	つちへん
33	【士】	士	さむらい
34	【夂】	夂	すいにょう ふゆがしら
35	【夕】	夕	た ゆうべ
36	【大】	大	だい
37	【女】	女	おんな
		女	おんなへん
38	【子】	子	こ
		子	こへん
39	【宀】	宀	うかんむり
40	【寸】	寸	すん
41	【小】	小	しょう
		⺌	しょう

番号	部首	字形	名称
42	【尢】	尢	だいのまげあし
43	【尸】	尸	かばね しかばね
44	【屮】	屮	てつ
45	【山】	山	やま
		山	やまへん
46	【川】	川	かわ
		巛	かわ
47	【工】	工	え たくみ
		工	たくみへん
48	【己】	己	おのれ
49	【巾】	巾	はば
		巾	はばへん きんべん
50	【干】	干	かん いちじゅう
51	【幺】	幺	よう いとがしら
52	【广】	广	まだれ
53	【廴】	廴	えんにょう
54	【廾】	廾	こまぬき にじゅうあし
55	【弋】	弋	しきがまえ
56	【弓】	弓	ゆみ
		弓	ゆみへん
57	【彐】	彑	けいがしら
58	【彡】	彡	さんづくり
59	【彳】	彳	ぎょうにんべん
60	【⺍】	⺍	つかんむり

忄→心　氵→水　艹→艸　阝(右)→邑　扌→手　犭→犬　辶→辵　阝(左)→阜

四画

番号	部首	字形	名称
61	【心】	心	こころ
		忄	りっしんべん
		⺗	したごころ
62	【戈】	戈	ほこづくり ほこがまえ
63	【戸】	戸	と
		戸	とだれ とかんむり
64	【手】	手	て
		扌	てへん
65	【支】	支	し
66	【攴】	攵	のぶん ぼくづくり
67	【文】	文	ぶん
68	【斗】	斗	とます
69	【斤】	斤	きん
		斤	おのづくり
70	【方】	方	ほう
		方	ほうへん かたへん
71	【日】	日	ひ
		日	ひへん
72	【曰】	曰	ひらび いわく
73	【月】	月	つき
		月	つきへん
74	【木】	木	き
		木	きへん
75	【欠】	欠	あくび かける
76	【止】	止	とめる
77	【歹】	歹	かばねへん いちたへん がつへん
78	【殳】	殳	るまた ほこづくり
79	【毋】	毋	なかれ
80	【比】	比	ならびひ くらべる
81	【毛】	毛	け
82	【氏】	氏	うじ
83	【气】	气	きがまえ
84	【水】	水	みず

84	【水】	氵	さんずい
		氺	したみず
85	【火】	火	ひ
		火	ひへん
		灬	れんが・れっか
86	【爪】	爪	つめ
		爫	つめかんむり・つめがしら
87	【父】	父	ちち
88	【片】	片	かた
		片	かたへん
89	【牙】	牙	きば
90	【牛】	牛	うし
		牛	うしへん
91	【犬】	犬	いぬ
		犭	けものへん

王・王↓玉　耂↓老　礻↓示　辶↓辵

五画

92	【玄】	玄	げん
93	【玉】	玉	たま
		王	おう
		王	おうへん・たまへん
94	【瓦】	瓦	かわら
95	【甘】	甘	かん・あまい
96	【生】	生	うまれる
97	【用】	用	もちいる
98	【田】	田	た
		田	たへん
99	【疋】	疋	ひき
		𤴔	ひきへん
100	【疒】	疒	やまいだれ

101	【癶】	癶	はつがしら
102	【白】	白	しろ
103	【皮】	皮	けがわ
104	【皿】	皿	さら
105	【目】	目	め
		目	めへん
106	【矛】	矛	ほこ
107	【矢】	矢	や
		矢	やへん
108	【旡】	旡	なし・ぶ・すでのつくり
109	【石】	石	いし
		石	いしへん
110	【示】	示	しめす
		礻	しめすへん
111	【禾】	禾	のぎ

111	【禾】	禾	のぎへん
112	【穴】	穴	あな
		穴	あなかんむり
113	【立】	立	たつ
		立	たつへん

氺↓水　衤↓衣　罒↓网

六画

114	【竹】	竹	たけ
		⺮	たけかんむり
115	【米】	米	こめ
		米	こめへん
116	【糸】	糸	いと
		糸	いとへん
117	【缶】	缶	ほとぎ
118	【网】	罒	あみがしら・あみめ・よこめ

119	【羊】	羊	ひつじ
120	【羽】	羽	はね
121	【老】	耂	おいかんむり おいがしら
122	【而】	而	しかして しこうして
123	【耒】	耒	すきへん らいすき
124	【耳】	耳	みみ
		耳	みみへん
125	【聿】	聿	ふでづくり
126	【肉】	肉	にく
		月	にくづき
127	【自】	自	みずから
128	【至】	至	いたる
129	【臼】	臼	うす
130	【舌】	舌	した
131	【舟】	舟	ふね
		舟	ふねへん
132	【艮】	艮	ねづくり こんづくり
133	【色】	色	いろ
134	【艸】	艹	くさかんむり
135	【虍】	虍	とらがしら とらかんむり
136	【虫】	虫	むし
		虫	むしへん
137	【血】	血	ち
138	【行】	行	ぎょう
		行	ぎょうがまえ ゆきがまえ
139	【衣】	衣	ころも
		衤	ころもへん
140	【襾】	西	にし
		覀	おおいかんむり

七画

141	【見】	見	みる
142	【臣】	臣	しん
143	【角】	角	かく つの
		角	つのへん
144	【言】	言	げん
		言	ごんべん
145	【谷】	谷	たに
146	【豆】	豆	まめ
147	【豕】	豕	ぶた いのこ
148	【豸】	豸	むじなへん
149	【貝】	貝	かい こがい
		貝	かいへん
150	【赤】	赤	あか
151	【走】	走	はしる
		走	そうにょう
152	【足】	足	あし
		𧾷	あしへん
153	【身】	身	み
154	【車】	車	くるま
		車	くるまへん
155	【辛】	辛	からい
156	【辰】	辰	しんのたつ
157	【辵】	⻌	しんにょう しんにゅう
		⻍	しんにょう しんにゅう
158	【邑】	阝	おおざと
159	【酉】	酉	ひよみのとり
		酉	とりへん
160	【釆】	釆	のごめ
		釆	のごめへん
161	【里】	里	さと

※注「⻍」については「遡・遜」のみに適用。

番号	部首	形	名前
161	【里】	里	さとへん
162	【舛】	舛	まいあし
163	【麦】	麦	むぎ
		麦	ばくにょう
八画			
164	【金】	金	かね
		釒	かねへん
165	【長】	長	ながい
166	【門】	門	もん
		門	もんがまえ
167	【阜】	阜	おか
		阝	こざとへん
168	【隶】	隶	れいづくり
169	【隹】	隹	ふるとり
170	【雨】	雨	あめ
170	【雨】	⻗	あめかんむり
171	【青】	青	あお
172	【非】	非	あらず　ひ
173	【斉】	斉	せい
九画			
174	【面】	面	めん
175	【革】	革	かくのかわ　つくりがわ
		革	かわへん
176	【音】	音	おと
177	【頁】	頁	おおがい
178	【風】	風	かぜ
179	【飛】	飛	とぶ
180	【食】	食	しょく
		𩙿	しょくへん
		飠	しょくへん
181	【首】	首	くび
182	【香】	香	か　かおり
十画			
183	【馬】	馬	うま
		馬	うまへん
184	【骨】	骨	ほね
		骨	ほねへん
185	【高】	高	たかい
186	【髟】	髟	かみがしら
187	【鬯】	鬯	ちょう
188	【鬼】	鬼	おに
		鬼	きにょう
189	【韋】	韋	なめしがわ
190	【竜】	竜	りゅう
十一画			
191	【魚】	魚	うお
		魚	うおへん
192	【鳥】	鳥	とり
193	【鹿】	鹿	しか
194	【麻】	麻	あさ
195	【黄】	黄	き
196	【黒】	黒	くろ
197	【亀】	亀	かめ
十二画			
198	【歯】	歯	は
		歯	はへん
十三画			
199	【鼓】	鼓	つづみ
十四画			
200	【鼻】	鼻	はな

※注「飠」については「餌・餅」のみに適用。

漢字一覧表（いちらん）

小学校1年生、2年生、3年生で習う漢字を五十音順（じゅん）にならべました。

小学校1年生

イ 一　ウ 右　雨　エ 円
オ 王　音　カ 下　火
花　貝　学　キ 気
九　休　玉　金
ク 空　ケ 月　犬　見
コ 五　口　校　サ 左
三　山　シ 子　四
糸　字　耳　七
車　手　十　出
女　小　上　森

小学校2年生

イ 引　ウ 羽　雲　エ 園　遠　カ 何　科　夏
家　歌　画　回　会　海　絵　外
角　楽　活　間　丸　岩　顔　キ 汽
記　帰　弓　牛　魚　京　強　教
近　ケ 兄　形　計　元　言　原　コ 戸
古　午　後　語　工　公　広　交
光　考　行　高　黄　合　谷　国
黒　今　サ 才　細　作　算　シ 止　市
矢　姉　思　紙　寺　自　時　室
社　弱　首　秋　週　春　書　少

小学校3年生

ア 悪　安　暗　イ 医　委　意　育　員　院
飲　ウ 運　エ 泳　駅　オ 央　横　屋　温　カ 化
荷　界　開　階　寒　感　漢　館　岸
キ 起　期　客　究　急　級　宮　球　去
橋　業　曲　局　銀　ク 区　苦　具　君
ケ 係　軽　血　決　研　県　コ 庫　湖　向
幸　港　号　根　サ 祭　皿　シ 仕　死　使
始　指　歯　詩　次　事　持　式　実
写　者　主　守　取　酒　受　州　拾
終　習　集　住　重　宿　所　暑　助

立リ	木ホ	白ハ	二ニ	町	男	草	千	青	人
力	本	八	日	天テ	竹チ	足	川	夕	水ス
林	名メ	百ヒ	入	田	中	村	先	石	正セ
六ロ	目モ	文フ	年ネ	土ト	虫	大タ	早ソ	赤	生

野	毎マ	風	肉ニ	東	通ツ	池	前	西セ	場
友ユ	妹	分	馬ハ	答	弟テ	知	組ソ	声	色
用ヨ	万	聞	売	頭	店	茶	走	星	食
曜	明メ	米ヘ	買	同	点	昼	多タ	晴	心
来ラ	鳴	歩ホ	麦	道	電	長	太	切	新
里リ	毛モ	母	半	読	刀ト	鳥	体	雪	親
理	門	方	番	内ナ	冬	朝	台	船	図ス
話ワ	夜ヤ	北	父フ	南	当	直	地チ	線	数

路ロ	様	由ユ	返	秒	坂	童	都ト	丁	代	送	神	昭
和ワ	落ラ	油	勉	病	板	農ノ	度	帳	第	想	真	消
	流リ	有	放ホ	品	皮ヒ	波ハ	投	調	題	息	深	商
	旅	遊	味ミ	負フ	悲	配	豆	追ツ	炭	速	進	章
	両	予ヨ	命メ	部	美	倍	島	定テ	短	族	世セ	勝
	緑	羊	面	服	鼻	箱	湯	庭	談	他タ	整	乗
	礼レ	洋	問モ	福	筆	畑	登	笛	着チ	打	昔	植
	列	葉	役ヤ	物	氷	発	等	鉄	注	対	全	申
	練	陽	薬	平ヘ	表	反	動	転	柱	待	相ソ	身

漢検８級 漢字学習ステップ 改訂三版 ワイド版

2024年3月25日　第1版第5刷　発行
編　者　公益財団法人 日本漢字能力検定協会
発行者　山崎　信夫
印刷所　三松堂 株式会社
製本所　株式会社 渋谷文泉閣

発行所　**公益財団法人 日本漢字能力検定協会**
〒605-0074 京都市東山区祇園町南側 551 番地
☎(075)757-8600
ホームページ https://www.kanken.or.jp/

Printed in Japan
ISBN978-4-89096-412-3 C0081

公益財団法人 日本漢字能力検定協会

改訂三版

漢検

ワイド版

漢検 漢字学習 ステップ

答え

別冊（べっさつ）

8級

「答え」は、
別冊になっています。
とりはずして使って
ください。

名　前

※「答え」をとじているはり金でけがをしないよう、
気をつけてください。

漢検 公益財団法人 日本漢字能力検定協会

700412 (1-5)

ステップ 1

P.10

1

①とも・いけん
②くら・よみち
③さんすう・あんき
④みせ・やす
⑤あさ・わる
⑥い・ほん
⑦あたま・い
⑧かお・あんしん

2

①2
②13
③8
④4
⑤7

P.11

3

①用意
②公園
③野原
④交番
⑤会話
⑥暗室

4

①悪人
②安売
③意
④暗算
⑤委
⑥悪
⑦医学
⑧委

ステップアップメモ

2 ①「医」は、さいごに「乚」を書きます。
③④「委」「安」の「女」の部分の順番に注意しましょう。「女」は「く→ㄑ→女」の順に書きます。

4 ③「意地をはる」は、「自分の考えをおし通そうとする」という意味。

ステップ 2

P.14

1

①すいどう・の
②こいぬ・そだ
③すいえい
④いん
⑤あさひ・じいん
⑥ほし・うんこう
⑦きょうしつ・はこ
⑧いいん

2

①員・泳・飲・意
②暗・院・運・安
※四つの漢字の順番はちがっていても正解。

P.15

3

①院
②引
③医
④意
⑤安
⑥暗

4

①体育
②員
③泳
④院
⑤飲
⑥運休
⑦育
⑧飲食

ステップアップメモ

1 ⑥「星の運行」は、星が決まった道すじを進むこと。

3 ①②「イン」には、「院・引」のほかにも「員・飲」など、同じ読みをする漢字がたくさんあるので注意しましょう。

ステップ3

P.18

1
①たい・ふう・よこ
②ちゅうおう・ゆうじん
③とお・おう
④せんせい・かせき
⑤は・おくがい
⑥あたた・ちゃ
⑦でんしゃ・えき
⑧ひる・きおん

2
①化かす
②温める
③泳ぐ
④運ぶ
⑤育てる
⑥暗い

P.19

3
①化・悪・温・委
②医・屋・横・駅
※四つの漢字の順番はちがっていても正解。

4
①中央
②横
③駅前
④体温計
⑤化
⑥屋
⑦温
⑧文化

ステップアップメモ

1 ⑤「建物の外」という意味があることばとしては、「屋外」のほかに「野外」があります。「屋外」は「おくがい」と読み、「野外」は「やがい」と読みます。

ステップ4

P.22

1
①かい・うん
②おんがくかい・ひら
③にだい
④にかい・はこ
⑤さむ・ゆき
⑥かんてん・た
⑦め・かん
⑧こうちょう・かいかい

2
①10
②14
③10
④12
⑤12

P.23

3
①寒
②感
③回
④界
⑤員
⑥院
⑦医
⑧意

4
①開店
②下界
③音階
④階下
⑤荷
⑥寒中
⑦直感
⑧開

ステップアップメモ

2 ③④「院」「階」の「阝」は、3画で書きます。
3 ②「音感」は、音の高さやひくさ、音色などをきき分ける力のこと。

ステップ5

P.26

1
①はやお・で
②かんじ・かくすう
③むぎ・じき
④わる・きゃくあし
⑤かわぎし・およ
⑥としょかん・にかい
⑦かいがんせん・でんしゃ
⑧しょうねん・あっかん

2
①きおん
②あたた
③そだ
④たいいく
⑤かいか
⑥ひら
⑦きてん
⑧お

P.27

3
①央
②横
③階
④開
⑤漢
⑥館

4
①館
②起立
③漢方
④起
⑤学期
⑥来客
⑦岸
⑧長期間

ステップ6

P.30

1
①ほんとう・きゅうめい
②きゅうよう・かえ
③たま
④おおいそ・えきまえ
⑤おうきゅう・え
⑥ききゅう・おおぞら
⑦がっきゅう
⑧たいふう・さ

2
化→央→究→岸→客→起→期→漢→横→館

P.31

3
①急ぐ
②起きる
③寒い
④開く
⑤教わる
⑥細かい

4
①高級
②宮
③究
④去年
⑤急
⑥急行
⑦去
⑧地球

ステップアップメモ

2 漢字の画数は、究(7)、客(9)、期(12)、化(4)、央(5)、横(15)、館(16)、漢(13)、起(10)、岸(8)です。

3 ⑥「こまかい」は「細かい」と書きます。「か」をわすれないようにしましょう。「細い」と書くと、読み方が「ほそい」にかわります。

ステップ7

P.34

1
①でんしゃ・くかん
②えき・ぎんこう
③ま
④ほどうきょう・かい
⑤はし・え
⑥きょくち・ゆき
⑦こま・さぎょう
⑧さっきょく・てんさい

2
①2
②14
③16
④8
⑤11

P.35

3
①意・感
②安・寒
③暗・曜
④泳・温
⑤橋・村

4
①地区
②休業
③曲
④銀色
⑤局
⑥橋
⑦区切
⑧曲

ステップアップメモ

1⑥「局地」は、「かぎられた土地や地いき」という意味。

3②「家・室・客・宮」なども「安・寒」と同じなかまの漢字です。

力だめし1

P.36

1
①えき・でんしゃ
②きりつ
③さっきょくか
④どうきゅうせい・すいえい
⑤ぎんこう
⑥ちく・いいんちょう
⑦きょねん
⑧きゅうじょう・かいもん
⑨こうい・の
⑩ちゅうおう
⑪さむ
⑫きょく
⑬くら・ほし
⑭たいいくかん・はこ
⑮かん
⑯ちょうき・に

P.37

2
①6
②7
③5
④3
⑤4

3
①漢・温
②客・宮
③急・意
④横・橋
⑤院・階

ステップアップメモ

1⑧「球」には、「キュウ」のほかに「たま」という読み方もあります。「丸い形のもの」「ボール」などの意味がある漢字です。

力だめし 1

P.38

4

①起きる
②化ける
③安い
④温める
⑤泳ぐ
⑥育てる

5

①屋上
②岸
③作業
④宮・横
⑤急
⑥究
⑦入院・用意
⑧界

ステップアップメモ

4

⑤「泳ぐ」の「泳」の画数（漢字の点や線の数）は8画。

⑥「育」には、「育む（はぐく-む）」という読みもあります。「育くむ」と書かないように注意しましょう。

5

①「屋上」は、「屋根」の「上」と考えることばの意味がわかります。

③「業」は、「丶→丷→丷→业→业→业→业→业→丵→丵→業」の順に書きます。

⑥「究」の部首は、「穴」です。注意しましょう。

ステップ 8

P.42

1

①くしん・そだ
②かる
③ずこう・どうぐ
④にがて・かもく
⑤ひる・けいしょく
⑥しゅっけつ・あんしん
⑦くん・とうじ
⑧がっきゅうかい・かかり

2

①9
②12
③11
④10
⑤12

P.43

3

①係
②計
③区
④苦
⑤局
⑥曲
⑦級
⑧球

4

①具
②君
③苦
④係員
⑤血
⑥君
⑦気軽
⑧血

ステップアップメモ

1

①「苦心」は、「ものごとをなしとげるために、いろいろと苦労をすること」という意味。

⑤「軽食」は、「かんたんな食事」という意味。

ステップ 9

P.46

1
①はやお・けっしん
②みなみ・ほうこう
③さむ・けんきゅう
④えき・む
⑤こすい・ひか
⑥とうばん・き
⑦ぶんこ・やす
⑧けんりつ・としょかん

2
①起
②期
③血
④決
⑤研
⑥県

P.47

3
区→血→君→具→
研→庫→湖→業→
銀→橋

4
①研
②決行
③金庫
④決
⑤湖
⑥県
⑦湖
⑧向

ステップアップメモ

2 ①「起用」は、「これまで活やくしていなかった人を使う」という意味。

3 漢字の画数は、橋(16)、君(7)、業(13)、庫(10)、研(9)、湖(12)、具(8)、銀(14)、血(6)、区(4)です。

ステップ 10

P.50

1
①きゅうこん・そだ
②しゅっこう・ふね
③にちようび・なつまつ
④こうばん・きごう
⑤やね・な
⑥こううん・せいてん
⑦ぎん・さら
⑧みなと・かっき

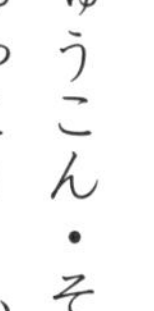

2
①こう
②しあわ
③だいこん
④ね
⑤ほうこう
⑥む
⑦けっしん
⑧き

P.51

3
①苦い
②向ける
③曲げる
④幸せな
⑤悪い
⑥温まる

4
①港
②幸
③空港
④番号
⑤祭
⑥幸
⑦皿
⑧根

ステップアップメモ

2 ①②「幸」には、「コウ・しあわ-せ」のほかに「さいわ-い・さち」という読みもあります。「さち」は中学校で学習する読みです。

ステップ 11

P.54

1

①けらい・つか
②しか・かよ
③あたら・かいし
④どうぐ・つか
⑤まいにち・は
⑥ゆびさき
⑦こうちょう・はじ
⑧し

2

①あまい ― 苦い
②心配 ― 安心
③重い ― 軽い
④ねる ― 起きる
⑤生きる ― 死ぬ

P.55

3

①しめい
②ゆびき
③しあ
④つか
⑤ねんし
⑥はじ
⑦きょねん
⑧さ

4

①使用
②使
③歯
④指
⑤原始
⑥仕上
⑦死力
⑧親指

ステップアップメモ

1 ①「家来」の読みは、「けらい」です。「からい」とは読みません。

ステップ 12

P.58

1

①ちょうない・ぎょうじ
②じかい・じかん
③も・さら
④い・じっこう
⑤あか・みの
⑥にゅうがくしき
⑦つぎ・ま
⑧みずうみ・し

2

①事
②次
③使
④歯
⑤幸
⑥港
⑦研
⑧県

P.59

3

①寒・実
②活・決
③館・飲
④姉・始
⑤持・指

4

①実
②詩
③持
④目次
⑤工事
⑥式
⑦事実
⑧持

ステップ13

P.62

1
①ゆうしょく・にほんしゅ
②きし・しゃせい
③しゅしょく・こめ
④いってん・ししゅ
⑤おも
⑥いもうと・にんきもの
⑦くさと・ごぜんちゅう
⑧さかや・か

2
①5
②1
③6
④12
⑤8

P.63

3
①仕
②始
③写
④者
⑤主
⑥手

4
①主
②写
③悪者
④守
⑤取
⑥酒
⑦取
⑧主人公

ステップアップメモ

2 ①「写」は、「丶→冖→冖→写→写」の順(じゅん)に書きます。さいごの横画をわすれないようにしましょう。
②「式」の「、」は、さいごに書きます。「、」を書きわすれないようにしましょう。

ステップ14

P.66

1
①すいえい・う
②きゅうしゅう・ちか
③お・さら
④こうえん・ひろ
⑤みなら・だいく
⑥きゃく・しゅうけい
⑦でんわ・じゅわ
⑧しゅうじ・たいせつ

2
①受
②終
③習
④拾
⑤横

P.67

3
①受ける
②守る
③実る
④始まる
⑤集まる
⑥写す

4
①集会
②拾
③終点
④集合
⑤習
⑥州
⑦受
⑧終

ステップアップメモ

3 ④「始まる」の送りがなに注意しましょう。「始る」とは書きません。

4 ⑦「受信(じゅしん)」は、「手紙、電話、電子メールなどを受けること」。

力だめし 2

P.68

1

①きも
②ばんごう
③かるいし
④さら
⑤しゃこ・どうぐ
⑥さかや
⑦つか・なら
⑧み
⑨ぬし
⑩にゅうがくしき
⑪かかりいん
⑫こんき
⑬し・うつ
⑭まつ
⑮む
⑯と

ステップアップメモ

1 ⑥「酒屋」は、「さけや」とは読みません。ほかにとくべつな読み方をする熟語は「金具（かなぐ）」「上着（うわぎ）」など。

3 ⑥「指名」は、「とくに決められた人の名をしめすこと、名指し」という意味。

P.69

2

①はじまる
②のばす
③楽しい
④生きる
⑤せめる

曲げる　守る　終わる　死ぬ　苦しい

3

①血
②決
③事
④次
⑤止
⑥指
⑦終
⑧秋

P.70

4

①君
②研究
③空港
④湖
⑤主人公
⑥仕事・始
⑦苦
⑧幸
⑨県
⑩集会
⑪歯・血
⑫受
⑬作者
⑭拾
⑮州
⑯指

ステップアップメモ

4 ①「君」は、「きみ」のほかに「クン」という読み方があります。文の内容から考えて使い分けましょう。
⑤「主人公」は、「話の中に出てくる中心人物」のこと。
⑪「血」を「皿」と書かないように注意しましょう。
⑯「指」の部首は「扌（てへん）」です。同じなかまの漢字は「持・拾」などがあります。

ステップ15

P.74

1

①にかい・す
②こうげん・がっしゅく
③やす・やど
④よわ・てだす
⑤さむ・かさ
⑥きんじょ・ばいてん
⑦なつ・あつ
⑧たいじゅう・まいにち

2

①暑中
②宿屋
③急所
④助走
⑤重体
⑥住人

P.75

3

①げしゅく
②あまやど
③ちょうしょ
④ところ
⑤しゅうぎょうしき
⑥お
⑦しゅうかい
⑧あつ

4

①助手
②重
③住所
④宿
⑤暑
⑥台所
⑦助
⑧住

ステップ16

P.78

1

①やきゅう・か
②た・しょうか
③けんどう・しょう
④き
⑤おお・じょうしゃ
⑥しょうばい・せいけい
⑦よこ・ぶんしょう
⑧の

2

①詩・研・根・始
②宮・写・章・暑

※四つの漢字の順番(じゅんばん)はちがっていても正解(せいかい)。

P.79

3

①商
②消
③所
④暑
⑤指
⑥始
⑦終
⑧州

4

①昭
②乗
③消
④商店
⑤勝
⑥楽章
⑦乗客
⑧勝

ステップアップメモ

3 ②「消火」は、同じ読みの「消化」とまちがえないように注意しましょう。
⑧「九州」は、福岡(ふくおか)県・佐賀(さが)県・長崎(ながさき)県・大分(おおいた)県・熊本(くまもと)県・宮崎(みやざき)県・鹿児島(かごしま)県・沖縄(おきなわ)県をあわせた地いきのことです。

ステップ17

P.82

1
①しんかい・ぎょ
②しんわ・よ
③しょくりん・まも
④すいえい・もう
⑤どくしょ・ふか
⑥み・つう
⑦まうえ・たま
⑧うえき

2
①負ける ― 消す
②寒い ― 暑い
③もやす ― 消す
④あさい ― 深い
⑤おりる ― 乗る
(選択肢：消す　勝つ　深い　乗る　暑い)

P.83

3
①植・根
②神・社
③深・消
④妹・始
⑤昭・暗

4
①神父
②植
③真
④申
⑤身長
⑥神社
⑦深夜
⑧写真

ステップアップメモ

3 ①「きへん（木）」は、植物に関係のある漢字につくことが多い部首です。

4 ④「申」と「田」は同じなかまの漢字で、形もにているので書きまちがえないよう注意しましょう。

ステップ18

P.86

1
①あきまつ・すす
②しゃしん・せいり
③せわ・いそ
④ちほう・むかしばなし
⑤む・ぜんりょく
⑥み・ととの
⑦かがく・しんぽ
⑧あいて・きも

2
①集
②州
③消
④昭
⑤身
⑥進

P.87

3
①整える
②進める
③深い
④植える
⑤助ける
⑥重ねる

4
①全
②大昔
③世界
④整
⑤進学
⑥世
⑦全
⑧相

ステップアップメモ

2 ③「消化」は、「体内に取り入れた食物をえいようとしてきゅうしゅうしやすい形にかえるはたらき」「読んだり聞いたりしたものを理解して自分のものとすること」という意味。

ステップ19

P.90

1
①くうこう・みおく
②こうそく・とお
③かぞく・みなと
④くうそう・せかい
⑤じゅうぶん・きゅうそく
⑥くん・はや
⑦うんそう・けんどう
⑧たこう・であ

2
①他人
②昔
③曲線
④消火
⑤去年

P.91

3
①じそく
②はや
③せいり
④ととの
⑤しょく
⑥たう
⑦ぜんしん
⑧すす

4
①自他
②息
③送
④感想
⑤息
⑥速
⑦水族館
⑧送電

ステップアップメモ

2 ④「消火」は「火を消すこと」、「点火」は「火をつけること」という意味。どちらも「火」がつくことばです。反対の意味を表すことばは、一部の漢字が同じ場合があります。

ステップ20

P.94

1
①いいん・こうたい
②だきゅう・きゅう
③かえ・ま
④たいがん・おおごえ
⑤じだい・の
⑥だいさんしゃ・き
⑦う・よ
⑧だいめい・みずうみ

2
①記号
②代金
③強打
④第一
⑤期待
⑥対決

P.95

3
①題
②代
③対
④体
⑤次
⑥事
⑦身
⑧深

4
①打者
②対立
③千代
④代
⑤打
⑥待
⑦第
⑧宿題

ステップアップメモ

2 ⑤「期待」は、「そうなったらいいなと結果をあてにしたり、楽しみに待ったりする」という意味。同じ読みのことばには「気体」「機体」などがあります。

4 ①⑤「打」の「丁」を「寸」と書かないように注意しましょう。

ステップ21

P.98

1
①いそ・つ
②たんしょ・ちょうしょ
③けんちじ・かいだん
④きいろ・みずぎ
⑤はる・そそ
⑥はしらどけい・むかし
⑦しょう・せきたん
⑧でまえ・ちゅうもん

2
①想
②送
③息
④速
⑤中
⑥柱

P.99

3
①注・港
②打・拾
③代・他
④後・待
⑤進・送

4
①炭
②着
③短
④着地
⑤炭
⑥注意
⑦相談
⑧柱

力だめし3

P.100

1
①じょうきゃく・あんぜん
②まうえ
③う
④うえき
⑤しんちょう
⑥しょうか
⑦しゅくだい
⑧こだい
⑨はしら
⑩ととの
⑪はや
⑫あつ
⑬かぞく
⑭だいさんごう・しあ
⑮ちゅうい
⑯すす

P.101

2
①対・助・昭・短
②宿・全・息・第
※四つの漢字の順番(じゅんばん)はちがっていても正解(せいかい)。

3
①真実
②商業
③石炭
④水深
⑤感想
⑥神社

ステップアップメモ

1 ⑧「古代」は、「古い時代、大昔」という意味(いみ)。
⑫「暑い」は、気温が高いときに使います。

3 ①④「シン」の読みがある漢字が「真・深・神」と三つあるので、意味を考えてえらびましょう。

力だめし3

P.102

4
①じゅうしょ
②す
③ちゃくち
④つ
⑤きたい
⑥ま
⑦たんしょ
⑧みじか

5
①体重
②勝
③申
④見送
⑤昔話
⑥銀・校章
⑦世界
⑧他人・相談

ステップアップメモ

4
①②「住」とにた形の漢字に「注」「柱」があるので気をつけましょう。
③④「着」には、「チャク」「つ-く」のほかに、「き-る」「き-せる」「つ-ける」という読みもあります。
⑧「短い」は、おくりがなにも注意しましょう。「短かい」とは書きません。

5
⑥「校章」は、「その学校のマークを表したバッジなど」のことです。その学校に通う人が、服やぼうしにつけたりします。

ステップ22

P.106

1
①ちょうし・こうしん
②でんわちょう・みせ
③じんせい・お
④いっちょう・か
⑤けってい
⑥にわ・う
⑦しんぶん・しら
⑧あたた・かてい

2
①にげる — 追う
②長い — 短い
③ぬぐ — 着る
④むかえる — 送る
⑤止まる — 進む

P.107

3
①ちょうきょう
②しら
③ていじ
④さだ
⑤ついきゅう
⑥お
⑦もくじ
⑧つぎ

4
①校庭
②二丁目
③調
④定
⑤追
⑥定員
⑦中庭
⑧手帳

ステップアップメモ

1
④とうふの数を数えるときは「丁」を使います。物の数を数えることばをおぼえておきましょう。

2
⑤「進む」の反対の意味を表すことばには、「おくれる」もあります。

ステップ23

P.110

1

①じてんしゃ・の
②つごう・ちゅうし
③きてき・な
④しゅじんこう・な
⑤きょうと・みやこ
⑥ちかてつ・しゅうてん
⑦さむ・おんど
⑧とうしゅ・か

2

①柱・炭・投・都
②庭・定・転・鉄

※四つの漢字の順番はちがっていても正解。

P.111

3

①着せる
②転がす
③定める
④調べる
⑤注ぐ
⑥短い

4

①転校生
②口笛
③転
④一度
⑤都市
⑥投書
⑦鉄道
⑧投

ステップアップメモ

1 ②「都合」は「つごう」と読みます。「とごう」とは読みません。

3 ②「転」には、「転がす」のほかに、「転げる」「転がる」「転ぶ」の訓読みがあります。

4 ⑥「投書」は、「意見を新聞社・放送局などに送ること」。

ステップ24

P.114

1

①にわ・まめでんきゅう
②うご・はじ
③しま・す
④じょうとう・にく
⑤ゆ・ちゃ
⑥ふゆ・とざん
⑦かんどう・か
⑧うんてん・はんとう

2

①11
②12
③11
④7
⑤7

P.115

3

①湯
②豆
③定
④庭
⑤帳
⑥丁
⑦注
⑧柱

4

①湯気
②大豆
③等
④木登
⑤登校
⑥等分
⑦島国
⑧活動

ステップアップメモ

2 ②「登」の「癶」の部分は、「フ→ヲ→ヲ→癶→癶」の順に書きます。

3 ②「豆ふ」は、大豆という豆からできているので「豆」という漢字を使います。

ステップ 25

P.118

1

①ようぐ・くば
②のうえん
③どうわ・さっか
④でんぱ・ぐあい
⑤かかりいん・てはい
⑥ばいすう・こた
⑦なみかぜ・はか
⑧ほんばこ・せいり

2

①童顔
②重箱
③波音
④百倍
⑤配分
⑥農家

P.119

3

①転・軽
②波・湯
③倍・仕
④運・進
⑤客・守

4

①配
②農作業
③箱
④波長
⑤波
⑥配
⑦童心
⑧何倍

ステップアップメモ

2 ②「重箱」は、食べものを入れる箱で、いくつも重ねることができます。

4 ④「波長」は、ここでは「考え方や感じ方の通じぐあい」という意味。
⑦「童心」は、「子どものようにむじゃきな心」のこと。

ステップ 26

P.122

1

①はたけ・う
②さかみち・みなと
③うし・そ
④ひにく・は
⑤こくばん・け
⑥しま・しゅっぱつ
⑦はんたい・ほうがく
⑧まいにち・いた

2

①反対
②相手
③登校
④短所
⑤安全

P.123

3

①はん
②そ
③ばん
④いた
⑤しんぱい
⑥くば
⑦しんちょう
⑧しろみ

4

①発見
②坂
③麦畑
④反感
⑤皮
⑥鉄板
⑦板
⑧反

ステップアップメモ

2 ④「短所」は「よくないところ。たりないところ」、「長所」は「よいところ。すぐれているところ」という意味。「短所」とにている意味のことばには「欠点」があります。

ステップ27

P.126

1

①こうない・びか
②くら・ひめい
③きぶん・はなうた
④しゅうじ・ふで
⑤きたい・うつく
⑥ひょうざん・いっかく
⑦ちく・だいひょう
⑧ひっき・も

2

①14
②12
③8
④10
⑤11

P.127

3

①美しい
②悲しい
③表れる
④配る
⑤動かす
⑥等しい

4

①氷
②鼻水
③表
④筆箱
⑤美人
⑥氷
⑦悲
⑧筆

ステップアップメモ

1 ⑧「筆記用具」は「書く道具。えんぴつやペン、筆など」。

2 ②「悲」の「非」の部分(ぶぶん)は、「丨→ㇷ→ヨ→ヨ→ヨ丨→ヨ丨卜→非→非」の順(じゅん)に書きます。

④「配」の「己」の部分は3画で書きます。

4 ①⑥「氷」は、「丶」を書く位置(いち)に注意しましょう。

ステップ28

P.130

1

①びょうよ・はじ
②じょうとう・ふく
③じふしん・つよ
④てっきょう・ぶひん
⑤いしゃ・きゅうびょう
⑥う・しょうひん
⑦いちぶ・くかん
⑧か・ま

2

①秒
②病
③氷
④表
⑤代
⑥題
⑦悲
⑧皮

P.131

3

①部・都
②科・秒
③坂・場
④鉄・銀
⑤度・庫

4

①品
②秒
③病
④勝負
⑤病院
⑥野球部
⑦服
⑧作品

力だめし4

P.132

1
①しゅうごう・しゅっぱつ
②そくど
③いっちょう
④のうか・はたけ
⑤じゅうびょう
⑥とし
⑦へや・はなうた
⑧てちょう
⑨けってい
⑩ま
⑪はんたい
⑫ふえ・さかみち
⑬いた
⑭お
⑮うつく・しま
⑯ふく

P.133

2
①12
②5
③9
④12
⑤8

3
①こうてい
②にわ
③てんこう
④ころ
⑤いっとう
⑥ひと
⑦しんぱい
⑧くば

P.134

4
①登る
②悲しみ
③反らす
④調べる
⑤定める
⑥投げる

5
①鉄道
②品
③豆
④波・二倍
⑤病気
⑥皮
⑦筆箱
⑧表・運動

ステップアップメモ

1 ⑦「部」は一字では「ブ」と読みますが、「部屋」ということばのときは「へや」と読みます。

2 ③「追」の「辶（しんにょう・しんにゅう）」は、3画で書きます。

ステップアップメモ

4 ②「悲」には、「ヒ」「かな-しい」「かな-しむ」という読みがあります。

5 ④「二倍」の「倍」は、「部」と漢字の形がにているので、注意しましょう。

⑤「病」には、「やまい」という読みもあります。

⑥「皮」は、「ノ→厂→广→皮→皮」の順に書きます。

ステップ 29

P.138

1

①しあわ・ものがたり
②へんじ・ま
③たい
④ひら・ひろ
⑤にもつ・あつ
⑥べんきょう・あいま
⑦まめ・ふく
⑧はな・くうき

2

①とじる ― 開く
②うれしい ― 悲しい
③かりる ― 返す
④集める ― 配る
⑤止まる ― 動く

P.139

3

①曲
②局
③動
④童
⑤服
⑥福

4

①水平
②返
③福
④植物
⑤勉学
⑥放
⑦返答
⑧放送

ステップアップメモ

1 ①「物語」は、「ものがたり」と読みます。「物語り」とは書きません。
⑧「放」には、「はな-す」のほかに「ホウ」「はな-つ」「はな-れる」「ほう-る」という読みもあります。

ステップ 30

P.142

1

①や・めいちゅう
②まえ・あじみ
③いのち・おも
④いみ・しら
⑤と・こた
⑥こんかい・やくめ
⑦ひょうめん・こま
⑧しょうてん・やっきょく

2

平→式→役→命→
面→倍→族→勝→
農→駅

P.143

3

①みかた
②あじ
③もんだい
④と
⑤ほうそう
⑥はな
⑦へんじ
⑧かえ

4

①水面
②味
③問
④問答
⑤命名
⑥市役所
⑦薬
⑧薬草

ステップアップメモ

2 漢字の画数は、平(5)、命(8)、農(13)、役(7)、族(11)、面(9)、倍(10)、勝(12)、式(6)、駅(14)です。

3 ③④「問」の読みには、「とん」もあります。「問屋(とんや)」などと使います。

ステップ31

« P.146

1
①じゆう・かた
②ゆうりょく
③ゆうえんち・ふうせん
④あぶら・だいこん
⑤くさぶえ・あそ
⑥ゆうすう・かがくしゃ
⑦もんだい・よそう
⑧せきゆ・こうじょう

2
①役
②薬
③味
④身
⑤湯
⑥油

« P.147

3
①遊・速
②油・湖
③宿・定
④昭・暗
⑤放・整

4
①予感
②由来
③重油
④油絵
⑤予定
⑥遊具
⑦有名
⑧遊

ステップアップメモ

3 ②「さんずい（氵）」は、水に関係（かんけい）する漢字を表します。

4 ②「由来」は、「ものごとが起こってきたわけや道すじ、いわれ」という意味。

ステップ32

« P.150

1
①ことば・いみ
②ようしゅ・の
③にわ・は
④すいへいせん・たいよう
⑤ようす
⑥ようもう・つく
⑦たいせいよう・しま
⑧ひつじ・お

2
①羊
②洋
③葉
④歯
⑤遊
⑥有
⑦主
⑧酒

« P.151

3
①放・数
②様・板
③葉・薬
④動・助
⑤筆・笛

4
①洋服
②羊雲
③太平洋
④陽気
⑤言葉
⑥洋
⑦葉
⑧様

ステップ 33

P.154

1

①しゅうらく
②じめん・なが
③たびさき・した
④お・ひろ
⑤りょう・しょうてん
⑥じょうりゅう・うつく
⑦りょくちゃ・の
⑧むかし・りょかん

2

① 10
② 7
③ 4
④ 14
⑤ 7

P.155

3

①流れる
②平たい
③遊ぶ
④味わう
⑤放す
⑥負ける

4

①旅
②緑
③落
④両手
⑤急流
⑥転落
⑦旅行
⑧両方

ステップアップメモ

1 ①「集落」は、「家が集まり、人が生活しているところ」。

3 ④「味わう」のおくりがなに注意しましょう。「味う」とは書きません。

⑤「放す」を同じ読みの「話す」とまちがえないように。

ステップ 34

P.158

1

①ほうそう・へいわ
②ちょうれい・はっぴょう
③ひる・れん
④れっしゃ・の
⑤ね
⑥きゅうしゅう・れっとう
⑦せんろ・しゃしん
⑧わふく・き

2

①短
②両
③発
④暗
⑤部

P.159

3

①葉
②陽
③酒
④守
⑤路
⑥事

4

①道路
②礼
③行列
④練習
⑤一列
⑥昭和
⑦通学路
⑧和

ステップアップメモ

2 ①「長文」と「短文」は、「長」と「短」が反対の意味を表す漢字です。

3 ①「子葉」は、たねから芽(め)が出たときにさいしょに出る葉っぱのことです。

力だめし5

P.160

1
①ゆうめい
②たび・ほうそう
③こひつじ
④うんめい
⑤くすりばこ
⑥あぶら
⑦ようこう・たいへいよう
⑧いちりゅう
⑨ようす
⑩ふえ・れんしゅう
⑪へんじ
⑫こうふく
⑬みどり・は
⑭れい
⑮どうぶつえん
⑯ね

P.161

2
①落
②負
③苦
④登
⑤返

3
①由
②湯
③和
④話
⑤問
⑥門

P.162

4
①理由
②様
③薬品
④旅行・予定
⑤緑
⑥通学路
⑦遊
⑧命
⑨役
⑩両
⑪言葉・意味
⑫水面
⑬流・平和
⑭勉強
⑮味
⑯行列

ステップアップメモ

1 ⑦「太平洋」は「太」、「大西洋」は「大」なので注意しましょう。

3 ③「和」には、「日本。日本の」という意味があります。
⑤⑥「問」と「門」は、漢字の形がにているので注意。

P.163

クイズであそぼ！⑤の答え

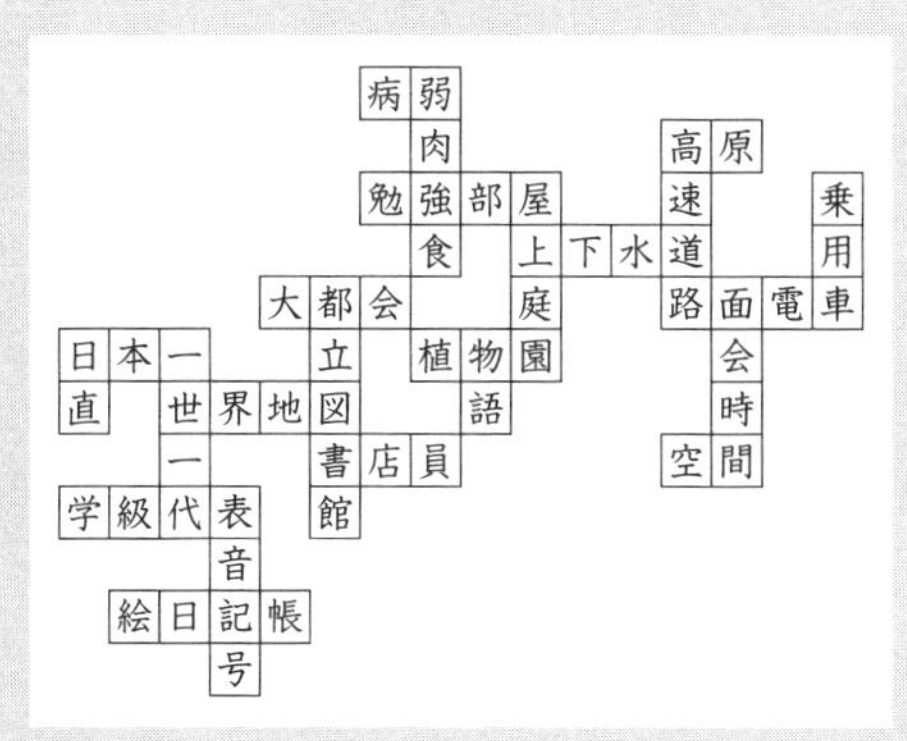

【答え】 学童

P.164

1

1
①かぞく
②りょこう
③しゃしん

2
④はやお
⑤はたけ

3
⑥のうか
⑦とかい
⑧しょうてん

4
⑨はこ
⑩あつ
⑪こ
⑫の

5
⑬えき
⑭にもつ

6
⑮ちく
⑯ぜんこう
⑰だいひょう

7
⑱れい
⑲しごと
⑳どうろ
㉑つか

8
㉒きおん
㉓き

9
㉔せかい
㉕どうわ
㉖はつばい

10
㉗よてい
㉘びょうき
㉙くる
㉚たす

P.165

2

1 3
2 10
3 4
4 5
5 6
6 5
7 8
8 9
9 7
10 7

P.166

3

1 寒
2 投
3 配
4 両
5 他

4

1 消
2 油
3 緑
4 終
5 詩
6 調
7 悪
8 急
9 葉
10 薬

5

1 館
2 感
3 安
4 暗
5 注
6 柱
7 陽
8 洋
9 習
10 州

P.167

6

1 転がる
2 短い
3 始まる
4 美しい
5 負ける

7

1 じょうきゃく
2 の
3 そうだん
4 あいて
5 はし
6 ほどうきょう
7 こんき
8 ね
9 じょうりゅう
10 なが

P.168

8

1
①皿
②具

2
③指
④由

3
⑤動
⑥命
⑦軽

4
⑧章
⑨題

5
⑩幸
⑪送

6
⑫植
⑬育
⑭研
⑮進

7
⑯央
⑰鉄
⑱横

8
⑲曲
⑳笛